長江後浪推前浪, 世上新人趕舊人

우리말로 "장강의 뒷물결은 앞 물결을 밀어내고, 세상에 새로 나타난 사람은 머뭇거리던 예전 사람 쫓아낸다"고 옮길 수 있다.

길이 6300㎞의 기나 긴 장강은 서쪽의 티베트 고원으로부터 출발해 동쪽 상하이 인근에서 바다로 빠져 나간다. 그 긴 강에서 중국 사람들은 자연의 섭리, 그에 따라 명멸하는 인간세상의 부침浮沈을 읽는다. 덧없이 흘러가는 세월에 사람 사는 세상의 풍경이 따라 흘러가는 장면을 읊었다. 처세의 이치를 밝힌 청나라 때의 책 『증광현문增廣賢文』에 나오는 구절이다.

長江의 뒷물결

고진갑·유광종 공저

장강의 뒷물결

1판 1쇄 발행 2012년 11월 27일
1판 2쇄 발행 2012년 12월 5일

글 고진갑 유광종
펴낸곳 책밭
펴낸이 전미정
디자인 남지현
캘리그라퍼 이정원
교정·교열 방소은 이동익
마케팅 조동호
출판등록 2011년 5월 17일 제300-2011-91호
주소 서울 중구 필동 1가 39-1 국제빌딩 607호
전화 070-7090-1177
팩스 02-2275-5327
이메일 go5326@naver.com
홈페이지 www.npplus.co.kr
ISBN 978-89-966569-6-8 03340
정가 15,000원

ⓒ고진갑, 유광종, 2012

도서출판 책밭은 (주)늘품플러스의 출판 브랜드입니다.
이 책은 저작권법에 따라 보호받는 저작물이므로 무단 전재와 무단 복제를 금지하며,
이 책 내용의 전부 또는 일부를 이용하려면 반드시 저작권자와 (주)늘품플러스의 동의를 받아야 합니다.

長江의
뒷물결

저자 서문

중국이 전통적으로 중시하는 인재의 기준은 현능賢能이다. 그래서 덕행이 뛰어난 사람을 임용하고 재능이 빼어난 이를 등용한다는 뜻의 '임현취능任賢取能'이라는 성어가 나오기도 했다.

인재의 중요한 기준이랄 수 있는 '현능'이라는 단어에서 현賢은 어떤 종류의 인재를 가리킬까. 뒤의 능能은 우리가 짐작하는 그대로다. 한 분야에서 탁월한 재능을 지닌 사람일 것이다. 문제는 현이다. 우리 식으로 풀면 '어질다'다. 그러나 그렇게 간단하지는 않다.

마오쩌둥毛澤東이 세상을 뜰 무렵인 1976년 그가 후계자로 지정한 사람은 화궈펑華國鋒이었다. 우유부단하면서 정치적으로 무능해 덩샤오핑鄧小平에게 권좌를 내 준 사람으로 우리가 기억하는 인물이다. 그러나 그는 매우 성공적인 후계자였다. 문화대혁명을 막후에서 이끌며 중국에 극단적인 좌파의 기운을 몰고 다녔던 사인방四人幇을 제거하고, 개혁개방의 새 바람을 몰고 왔던 덩샤오핑의 복권과 집권의 토대를 만들어준 인물이기 때문이다.

마오쩌둥이 말년에 빚은 정치적 과오는 분명했다. 문화대혁명과 그 앞에 벌어진 대약진운동大躍進運動 등으로 많은 사람이 처참하다 싶을 정도의 정치적 박해와 굶주림 속에 죽어갔다. 그러나 사회주의 중국을 건국한 히어로답게 그는 후계자로 아주 괜찮은 사람을 뽑았다.

한 증언에 의하면 마오쩌둥이 후계자로 화궈펑을 지명한 이유는 그가 '신의가 두터우며 가식이 없어厚重少文' '나라를 안정시

킬 수 있는 安邦定國' 사람이었기 때문이라고 한다. 북경일보 2007년 1월 15일자

아울러 함께 꼽히는 그의 덕목은 '깊이 머금어 함부로 드러내지 않는다'는 뜻의 '함이불로含而不露', 그리고 성실老實함이다. 이런 사람에게는 남과 함부로 부딪히지 않으면서도 제가 가야할 방향을 제대로 잡아가는 능력이 있다.

공산당이 이끄는 정치의 근간을 훼손하지 않으면서 앞 사람의 공적을 이어받아 미래를 열어가는繼往開來 힘과 덕이 갖춰져 있는 것이다. 이 점이 중요하다. 그런 덕목과 능력이 있으니 남과 함부로 다투지 않으면서 제 할 일을 차분히 하는 사람이다. 마오쩌둥은 그런 화궈펑의 미덕을 봤고, 결국 후계자로 선정해 개혁개방에 이은 중국 발전의 토대를 닦았다.

마오쩌둥이 화궈펑에게서 본 그 장점이 우리식으로 말하자면 '어질다'고, 한자로 적으면 '현賢'이다. 중국의 전통적인 인재 감별법에서도 이 글자는 항상 능력과 재능만을 뜻하는 '능能'의 앞에 둔다. 능보다는 현이 우선이며, 이 현 뒤에 그를 받쳐주는 보완재補完材 성격으로 능을 두는 식이다.

공산당 18차 당 대회가 끝나고 향후 10년 동안 중국을 이끌 새 지도부가 탄생했다. 서열 1위로 올라선 시진핑을 보는 시각은 다양하다. 그러나 중국의 전통적 인재 감별법인 '현능'의 개념으로 보면 시진핑의 부상은 어쩌면 당연하다.

그는 통합적 리더에 해당한다. 한 분야에서의 두드러진 특기가 돋보이는 사람이 아니라 남과 기꺼이 어울려서 무엇인가 새로운 에너지를 창출할 수 있는 '여백'의 힘을 지닌 인물로 보인다. 마오쩌둥이 화궈펑을 후계자로 지목하면서 눈여겨봤던 덕목의

계승이라고 볼 수 있다는 얘기다. 그럼에도 중국 권력이동의 자세한 내용은 잘 알려지지 않는다. 검은색 커튼 뒤에서 이뤄지는 정치적 파벌 사이 교섭과 타협의 과정이 짙은 비밀 속에 가려져 있기 때문이다. 그러나 우리에게는 그 검은색 커튼 뒤에서 이뤄지는 권력 이동의 과정이 늘 관심거리다.

한반도에 대한 중국의 힘이 나날이 증가하고 있다는 점 때문이다. 권력의 이동을 잘 살펴서 그들이 구성하는 중국의 힘에 제대로 대응하는 능력이 우리에게는 필요하다는 현실적인 이유도 크다. 중국 권력 이동에 관한 중국 국내외의 여러 소식들을 제대로 정리하고, 이를 비교적 용이한 방법으로 한국 독자들에게 전달하는 일이 필요한 시점이다. 아울러 어떤 사람이 어떤 선발과정을 거쳐 중국 권력 최상층에 오르는지를 아는 일도 우리에겐 필요하다. 이 책은 그런 대한민국의 현실적 수요에 부응하기 위해 만들어졌다.

중국의 복잡한 정치권을 들여다보는 시각은 여럿이다. 그 중에서 가장 뛰어난 쪽은 홍콩의 관측통들이다. 홍콩은 중국의 은밀한 곳을 비추는 탐조등探照燈 역할을 하는 곳이다. 이 책은 그 중에서 가장 빼어난 중국 관측통들의 소식을 정리하는 데 주력했다. '명경明鏡 출판사'의 여러 책자들을 참조했고, 명보明報와 둬웨이多維 등 유력 언론들의 심층 보도를 분석하며 유용한 정보를 골랐다.

아울러 미국 뉴욕타임즈NYT와 영국 BBC를 비롯해 일본과 싱가포르, 대만에서 제시하는 여러 분석과 정보 중에서 근거가 있으며, 유력한 분석이라고 여겨지는 내용들을 두루 참조했다.

저자 둘은 다년간의 중국 취재 경험으로 이런 정보와 분석들을 취합하는 데 힘을 기울여 책으로 엮었다. 실제 접촉한 중국의 취재원들로부터 얻은 시각과 정보도 이 책을 이루는 큰 힘으로 작용했다.

18차 당 대회를 통해 올라온 시진핑 등 7인의 정치국 상무위원은 중국을 이끄는 최고 권력 엘리트들이다. 이들이 전통적 인재 개념인 '현능'에 정말 부합하는지는 두고 볼 일이다. 그러나 한 가지는 분명하다. 7인 모두 한결같이 오랜 행정경험과 학습, 큰 틀에서 정책을 조율하는 전략의 마인드를 지녔다는 점이다.

그러나 이들 가운데 일부는 복잡한 파벌 사이 다툼 속에서 정략적인 선택, 그리고 그로부터의 혜택을 받고 올라온 점도 부인할 수 없다. 따라서 이 책을 통해 우리는 공산당 일당전제—黨專制 의 중국식 정치가 지닌 장점과 단점을 함께 살필 수 있다.

상무위원 7인 외에 이 책에서는 막판까지 이들과 경합하다 낙오한 리위안차오와 왕양을 더 추가했다. 개혁적 성향이 돋보이는 두 사람의 탈락이 중국 정치권의 한 단면을 보여줄 수도 있다는 점 때문이다.

이 책이 떠오르는 중국과 교류하려는 다양한 분야의 한국인에게 두루 읽히기를 바란다. 중국 권력 심층의 매커니즘에 대한 이해를 통해 우리는 인맥 사이의 네트워크가 권력이라는 현실적 힘을 두고 어떻게 작동하는지를 알 수 있다. 그는 궁극적인 중국 이해에서 아주 중요한 부분을 차지하고 있기 때문이다.

2012년 11월 저자 고진갑, 유광종

목차

저자 서문 **4**

14 중국의 최고 권력은 이렇게 만들어진다

검은 커튼, 흑막黑幕 뒤의 비밀스러운 교섭 **18**
권력이 넘어가는 과정 **22**
새 권력자의 면면 **30**

34  시진핑

부친의 커다란 그늘 **39**
토굴로 쫓겨났던 미래의 공산당 총서기 **47**
부친의 복권, 그리고 시진핑의 비상 **57**
시중쉰과 후야오방, 그리고 시진핑 **67**
신통하게 내세울 업적은 없지만…… **73**
활짝 펼쳐진 '권력 고속도로' **81**
카우보이 기질, 그리고 냉정한 전략가 **87**

92  리커창

말이 없는, 말 잘하는 학생 102
특별한 인연, 공청단의 후진타오 105
탄탄대로의 벼슬길, 그러나 성적은 "글쎄?" 111
농업기지에서 공업기지로 119
중국적인, 매우 중국적인 엘리트 관료 123

130  장더장

중앙으로 진출한 연변의 지방관, 그리고 장쩌민 136
말 많았던 광둥성 당 서기 시절 142

150 위정성

부친과 마오쩌둥의 오랜 인연 **154**

미국 망명한 스파이 형 때문에…… **160**

아주 유능한 붉은 집안 출신의 관료 **168**

174 류윈산

욕 많이 먹는 중요한 자리 **178**

빗발치는 비난 속의 뚝심 **185**

192 왕치산

농촌에서 만난 귀한 각시 **196**

개혁적 마인드 지닌 젊은 관료 **202**

"급한 불은 이 사람에게 맡겨라" **210**

214 장가오리

짐 운반꾼에서 출발한 사회생활 **217**
당대의 실권자 장쩌민의 '사람'으로 **224**

232 리위안차오

태자당이자 공청단, 그리고 상하이방 **235**
의리를 죽음으로 지켰던 아버지 **240**
고향의 지방관 자리에서 드러낸 실력 **249**

260 왕양

고생으로 점철했던 유년과 청소년기 **264**
덩샤오핑의 개혁 기운에 올라타다 **271**
주룽지, 원자바오와의 인연 **275**
보시라이와의 혈전 **281**
비교적 우직한 정치인? **288**

중국 공산당 간부 선출

당원 8260만여명 ▷ 당 대표 2270명 ▷ 공산당 중앙위원회 (중앙위원, 후보위원 370명 전후) ▷ 정치국 위원 25명

- 전국 40개 선거구에서 직접 투표로 선출 (정원보다 15% 이상 많은 후보를 상대로 차액선거)
- 당대회에서 직접 투표로 선출 (정원보다 15%이상 많은 후보를 상대로 차액선거)
- 당대회 직후 열리는 중앙위 전체회의에서 선출(등액선거)

공산당 17차 당 대회 2007년 10월 22일

후진타오 (胡錦濤)
공산당 총서기/공청단파 리더/국가 주석

우방궈 (吳邦國)	원자바오 (溫家寶)	자칭린 (賈慶林)	리창춘 (李長春)	시진핑 (習近平)	리커창 (李克强)	허궈창 (賀國强)	저우융캉 (周永)
정치국 상무위원	정치국 상무위원	정치국 상무위원	정치국 상무위원	정치국 상무위원	정치국 상무위원	정치국 상무위원	정치국 상무위원
상하이방	무 파벌	상하이방	상하이방	태자당	공청단	태자당+상하이방	상하이방
전인대 상무위원장	국무원 총리	정치협상회의 주석		국가 부주석	국무원 부총리	기율검사위원회 서기	정법위원회 서기

리커창 (李克强)
국무원 총리/공청단

장더장 (張德江)
전인대 상무위원장/상하이방

위정성 (俞政聲)
정치협상회의 주석/상하이방

공산당 18차 당 대회 2012년 11월 15일

▶ 정치국 상무위원 7명

정치국 회의에서 선출
(등액선거)

차액선거 : 정원보다 많은 후보를 내서 최소 득표자 순으로 탈락시키는 선거
등액선거 : 정원과 같은 수의 후보를 내서 찬반을 표시해 당선자를 결정하는 선거

시진핑 (習近平)
공산당 총서기/태자당

류윈산 (劉雲山)
국가 부주석
상하이방+공청단

왕치산 (王岐山)
기율검사위원회 서기/태자당

장가오리 (張高麗)
국무원 부총리/상하이방

중국의
최고
권력은
이렇게
만들어진다

무협지나 역사 소설, 전쟁을 다룬 중국 TV드라마 등에 자주 등장하는 단어가 있다. 사람과 말을 뜻하는 '인마人馬'다. 사람과 말, 직접적인 뜻은 그렇게 풀지만 그 속에 도사리고 있는 진정한 의미는 '병력兵力'이다.

무협지나 드라마 등에서는 "저들이 어디에 속한 병력"이냐는 물음이 자주 나온다. 그때 반드시 이 '인마'라는 단어가 등장한다. 새로 등장한 낯선 군대의 정체가 무엇이냐는 이야기인데, 실제 자신과 서로 칼과 창을 겨눠야 하는 적군이라면 문제는 심각해진다.

그렇지 않은 반대의 경우라면 원군援軍으로 받아들여 공동의 적과 함께 싸움을 벌인다. 따라서 제 앞에 등장한 낯선 집단이 늘 나와 싸워야 하는 상대인지, 아니면 어깨를 함께한 채 적을 공격할 우군인지를 먼저 가리는 일이 아주 중요하다. 다툼과 경쟁, 나아가 피를 부르는 '전쟁 의식'이 뿌리 깊이 박힌 중국인의 의식 속에서는 그런 작업이 매우 중요하다.

중국은 우리가 알고 있는 수준 이상으로 전쟁에 관한 의식이 발달한 곳이다. 중국 역사 속에서 벌어진 전쟁의 숫자를 꼽는 일은 어렵지 않다. 예를 들어 전쟁이 치열하게 불붙었던 춘추春秋 시대 약 300년 동안 싸움이 벌어지지 않았던 해는 30년 정도에 불과하다. 나머지 모든 기간은 '너 죽이고 나 살기' 식의 치열한 전쟁이 벌어졌다.

한 통계에 따르면 중국 역사를 4000년으로 잡고 따졌을 경우 지금까지 각종 기록으로 나타난 전쟁은 모두 3700여 회라고 한다. 적어도 기록에 등장할 수준이라면 그 전쟁은 참혹했으리라고 봐야 한다. 그런 전쟁의 횟수가 4000년 중 3700여 회에 달한다는 말은 중국인이 늘 전쟁 속에서 살았다는 의미다.

그래서 중국인은 요즘에도 그 '인마'를 입에 자주 올린다. 새로 등장한 사람이나 세력의 배경을 물을 때도, 비즈니스에서 갑자기 나타난 기업의 정체를 살필 때도 늘 등장한다. 전쟁과 그에 대비하는 싸움 의식이 특히 발달한 중국의 역사적 배경 때문이다.

18차 당 대회를 끝낸 중국의 정치권 또한 예외는 아니다. 후진타오胡錦濤의 뒤를 이어 시진핑習近平이 무대에 오른 이번 중국 공산당 당 대회에서도 다툼과 경쟁, 거래와 타협을 전제로 한 게임의 속성은 확연하게 드러났다. 덩샤오핑鄧小平의 개혁개방 이후 집단지도체제를 꾸리며 나름대로 안정적인 정권교체를 선보이고 있는 중국이기는 하지만, 그 안에는 각기 다른 배경을 지닌 정치 세력들이 '공산당 일당전제'라는 공동의 목표 아래 정밀한 권력 분배를 통해 안정적으로 국정을 운영하는 중이다.

그래서 정권 교체기를 맞는 중국의 정치권을 치열한 암투, 그리고 빈틈없는 교섭과 타협의 시각에서 보는 경우가 많다. 적어도 중국 공산당 최고 지도부를 구성하는 정치국 상무위원 멤버의 한 사람 한 사람이 어느 '인마'에 속해 있으며 이들은 다른 '인마'들과 무엇을 어떻게 주고받아 종국에는 안정적인 집단지도체제를 형성하는지 살피는 사람이 많다는 얘기다.

검은 커튼, 흑막黑幕 뒤의 비밀스러운 교섭

중국 최고위 정치권이 권력을 두고 벌이는 거래와 타협의 상세한 내막은 제대로 알려져 있지 않다. 대개 그들이 어떤 시기에 어떤 합의 절차를 거치는지는 알려져 있으나, 그 디테일한 내용은 여전히 두꺼운 검은색 장막에 가려져 있기 때문이다.

공산당에 가입한 뒤 일반적인 관리에 임용돼 '벼슬아치'로 생활하는 사람이 공산당 최고위 지도층에 오르는 경로는 이렇게 알려져 있다. 우선 밑바닥 최일선의 공무원으로서 실력을 쌓고, 정해진 위계를 한 단계씩 차분하게 밟아야 한다. 커다란 사건과 사고를 피해야 하며, 사소한 실수가 있더라도 누구나 인정할 만한 관리管理 경력을 쌓아야 한다. 그런 과정에서 각종 인연과 출신 배경에 따라 해당 관료는 다양한 인맥을 형성한다.

한때 잘 나갔던 장쩌민江澤民 전 공산당 총서기 중심의 상하이방上海幫이 대표적이다. 그들은 덩샤오핑이 개혁개방을 추진하면서 그런 노선에 맞춰 가장 좋은 실적을 냈던 상하이上海시의 당 지도자 및 일반 공무원들로 이뤄진 파벌이다. 그에 맞서는 가장 강력한 파벌의 하나는 공청단共青團이다.

공산주의청년단의 약칭인 '공청단'은 핵심 인력을 키우기 위해 공산당이 청년 그룹을 끌어들여 만든 조직이다. 공산당 최고 지도부의 미래 엘리트 양성을 위한 기관이라고 보면 무방하다. 이 공청단 그룹의 대표적 인물이 후진타오 현 공산당 총서기다. 차세대 권력 지도층에 진입할 공청단 예비 그룹은 현재 가장 막강한 세력을 형성하고 있다. 이제 총리에 오른 리커창李克强이 대표주자다.

일반에게 잘 알려져 있는 태자당太子黨 그룹도 막강하다. 혁명원로, 또는 고위 공산당 지도자의 자녀 또는 후대後代로 이뤄진 파벌이다. 2012년 11월 공산당 총서기 자리에 오른 시진핑이 바로 이에 해당하는 인물이다. 혁명원로이자 덩샤오핑 개혁개방 노선의 선봉자이었던 시중쉰習仲勳이 그의 부친이다.

현재의 중국 권력을 구성하는 위의 세 그룹이 두부 모 자르듯이 명확하게 나눠지지는 않는다. 상하이방의 백그라운드를 지닌 차세대 주자가 동시에 공청단의 신분 또는 태자당 출신일 수도 있다는 말이다. 그러나 일선 공무원으로부터 권력 정점을 향해 점차 승진하는 과정에서 이들이 믿고 의지하며, 결국 권력 최상층으로 진입할 때 결정적으로 어느 파벌의 지원을 받느냐에 따라 그들의 권력 성분成分은 상하이방이나 공청단, 태자당 등으로 갈리게 마련이다.

그래서 출신 성분에 따라 일목요연하게 파벌을 나눌 수는 없는 노릇이다. 경우에 따라 이들은 이합집산離合集散을 거듭하며 새로운 개념의 파벌을 만들 수도 있기 때문이다. 그래도 권력 정점을 유지하고 있는 실제 권력자 누군가의 뒤에 줄을 대고 서면서 상하이방이나, 공청단, 태자당 그룹으로 나뉘는 경우가 많다.

시진핑을 예로 들어보자. 그가 1979년 공산당 당원으로 공직 생활을 시작한 곳은 베이징의 핵심부서다. 그러나 이어 시골의 조그만 행정구역의 부서기로 자원해 내려가고, 이어 동남부 주요 지역의 지방 행정을 두루 맡는다. 그러면서 상하이로 부임했다가 급기야 공산당 최고 핵심인 정치국 상무위원에 오른다.

중국의 관계에 발을 들여놓은 때는 1979년, 그리고 공산당 정치국 상무위원에 오른 것은 2007년이다. 약 30년 동안 그가 걸어온 길은 다양하고 복잡하다. 그리고 마침내 2012년 공산당 권력 서열 1위까지 오르는 과정도 단순치가 않다. 그를 그저 '태자당 그룹'의 핵심 주자로서 탄탄대로를 걸어 중국 최고 권력자로 부상했다고 설명할 수는 없다.

이 책에서 찬찬히 훑어보겠지만 그는 태자당 그룹에 속해 있다고 보이면서도, 후진타오가 이끄는 공청단파와도 묘한 접점을 지니고 있다. 아울러 상하이방의 장쩌민 전 공산당 총서기와는 권력 정상에 오르기까지 제법 긴 시간 정치적 이해를 함께 했던 인연도 있다. 권력 정상에 오르는 과정에서 힘을 키우기 위해서는 늘 자신의 세력을 부식해야 하는 정치 마당의 속성 때문에 그렇다. 따라서 중국 국내외에서 권력 그룹을 몇 개의 파벌로 정리하는 방식은 이미 정상에 섰거나 은퇴는 했더라도 실질적인 힘을 구사하는 실권자實權者 중심으로 전체 판도를 설명하기 위한 임의적인 것이다.

대개 일정한 권력을 차지하는 중국의 정치인들은 스스로 쌓은 정치적 역량에 따라 그 밑에 여러 사람을 모으고 관리한다. 조그만 그룹을 형성한다는 얘긴데, 이들을 앞에서 소개한 '인마'의 개념으로 관찰하면 편리하다.

어쨌든 중국 공산당 최고 지도부의 탄생은 철저한 비밀주의의 커튼 뒤에서 이뤄진다. 따라서 그 두꺼운 비밀의 커튼 앞과 뒤에서 이뤄지는 다툼과 타협의 전모는 상세히 밝히기 어렵다. 어느 쪽 '인마'가 다른 '인마'들과 어떻게 다투고, 결국은 어떻게 타협을 이루는지는 5년_{지도부의 임기는 5년 중임을 원칙으로 한다. 따라서 정확하게는 10년이다} 마다 열리는 전체 당 대회에서 드러나는 서열, 최고 지도부 밑의 차하次下 공산당 및 관료 조직의 인사이동에 따라 윤곽이 나타난다.

권력이 넘어가는 과정

중국 공산당원은 2012년 현재 8260만 명 정도에 달한다. 13억 인구의 6%를 조금 넘는 수준이다. 이들이 중국을 이끈다는 점은 잘 알려져 있다. 옛날의 중국으로 따지면 이들은 사대부士大夫, 중국식으로 말하자면 '향신鄕紳 그룹'에 해당한다. 이 향신은 문자文字를 알았던 계층이다. 문자에 대한 이해력을 앞세워 수도에 세워진 왕조의 통치 이념을 이해하고, 그에 편승해 지역에서 일정한 권력을 유지했던 사람들이다.

현대판 향신인 중국 공산당원은 여러모로 그들과 닮았다. 황제의 통치 이데올로기에 순응하고 과거제를 통해 관계에 들어가 출세했던 향신, 공산당 '중앙'의 이념에 충성하면서 역시 중국을 다스리는 관료 또는 정치인으로 성장하는 공산당원은 이름만 다를 뿐 실제 역할은 거의 같다.

그 방대한 공산당원 중 엘리트로서 중국 권력 정점에 오르는 사람은 극히 제한적이다. 천운天運을 타고나야 가능할 정도로, 8200만의 당원에서 정점의 구성원인 공산당 정치국 상무위원회 7인 멤버로 뽑히려면 타고난 운과 함께 초인적인 노력이 덧붙여져야 가능하다.

공산당은 당 중앙 조직부를 통해 관리들의 인사를 진행한다. 신분에 대한 철저한 검증이 따르고, 거쳤던 관직에서 쌓은 업적도 냉정하고 엄밀한 평가를 받는다. 대형 사고를 미연에 막지 못했다거나, 벌어진 사고에 재빨리 대응하지 못해 화를 키운 사람은 치명적인 감점을 당한다. 또 당 조직부는 엘리트 간부를 뽑기 위해 젊은 관료들을 특별히 챙기는 등 치밀하게 인사를 관리한다.

공산당 중앙이 있는 수도인 베이징에서 머무는 관리를 경관京官, 지방에서 일을 하는 관리를 지방관地方官으로 나눠 부르는 것도 예나 지금이나 같다. 출세한 중국 관료들은 이 둘을 오가는 게 보통이다. 국무원 산하 중앙부처에서 일을 하다가 지방 주요 지역의 성省과 자치구 등을 순회한다. 당 조직부는 그런 관료의 업적과 청렴도 여부, 중요한 실책 등을 엄밀하게 챙겨 관리한다.

그런 과정을 거쳐 올라온 사람들이 대개 300명을 웃돌게 마련인 공산당 중앙위원회 위원, 그리고 다시 그로부터 추려내 이른바 '당 중앙'이라고 부르는 권력기구 공산당 정치국보통 25명이다이다. 이로부터 다시 올라서는 멤버가 바로 공산당 정치국 상무위원이다. 이번 18차 당 대회에서는 그 멤버를 과거 9인에서 7인으로 줄였다.

13억 인구를 이끄는 중국 공산당의 권력 서열은 이런 순서로 정해진다. 공산당 정치국 상무위원이 그 앞을 차지하고, 정치국원, 이어 중앙위원회 위원과 후보위원 순서다. 이게 중국 권력의 구성 모습이다. 엄격한 위계位階가 있고 그에 따라 각자의 업무를 분장分掌한다.

공산당은 중국의 모든 분야를 이끈다. 정부를 구성하는 기본적인 원칙도 마찬가지다. 당 서열에 따라, 타협이 이뤄진 절차에 따라 당 서열에 맞춰 정부의 자리를 차지하는 게 보통이다. 시진핑의 부상 전에 있었던 후진타오-원자바오 집권 시기에는 당 서열 3위였던 원자바오가 국무원 총리를 맡았으나, 이번 시진핑 집권기에는 서열 2위 리커창이 국무원 총리를 담당한다.

공산당이 실질적인 권력의 핵심이어서 국가행정을 집행하는 국무원도 정해진 당내의 서열에 따라 중요한 직책이 나눠진다. 국회에 해당하는 전국인민대표대회全人大와 비非 공산당 계열의 인사까지 모두 끌어들여 정치적 안정을 꾀하기 위해 만든 정치협상회의政協의 주요 자리도 공산당 서열에 따라 정해진다.

공산당 전체 당 대회는 5년에 한 차례씩 열린다. 보통 '전국대표대회'라고 하는데, 앞에 차수를 의미하는 숫자를 두고 그 뒤에 다시 '대大'를 붙여 표기한다. 시진핑이 공산당 총서기에 등극한 2012년의 당 대회는 18번째라서 '18大'로 적었다. 최고 지도부가 만들어지면 임기는 보통 10년이다. 재임 기간 안에 한 차례의 전체 당 대회를 열어야 한다.

이 당 대회에서 공산당 권력 서열에 관해 최종적인 확정 작업을 마친 뒤 이듬해 3월에는 전인대와 정협 회의가 열려 이미 정해진 공산당 내 서열에 따라 분장키로 한 국가 행정, 의회 등의 자리에 해당자가 취임한다. 시진핑이 18대에서 정해진 서열1위에 따라 2013년 3월에 국가주석에 취임하고, 서열 2위로 정해진 리커창이 국무원 총리, 서열 3위인 장더장이 의회인 전국인민대표대회 상무위원장을 맡는 식이다.

그러나 중국의 모든 권력을 대표하는 공산당 내의 서열을 정하는 과정은 결코 쉽지 않다. 중국 정계에서 이미 성장하기 시작한 각종 '인마'들이 권력의 향배에 따라 서로 다투고 부딪치기 때문이다. 그래서 중국 지도부는 공산당 정치국 상무위원이 전체적인 모습을 바꾸는 10년 주기의 당 대회를 앞두고 늘 베이징 북부, 허베이성 베이다이허北戴河에 모인다. 길게는 한 달 이상의 일정으로 바닷가 휴양지인 베이다이허에 모여 비밀스러운 회의에 참석한다.

권력의 분배, 서열에 따라 다양한 '인마'를 배치하는 작업을 앞두고 벌이는 마지막 타협의 자리다. 베이다이허 회의는 사실 연간 행사다. 그러나 권력 지도부가 모두 바뀌는 시점의 베이다이허 회의는 아주 비상한 관심을 끄는 자리다. 10년마다 다가오는 권력 분배에 관한 합의가 마지막으로 이뤄지는 장소이기 때문이다.

2012년에도 어김없이 중국 지도부는 베이다이허에 모였다. 이 자리에서 중국 공산당의 최고 권력은 시진핑과 리커창이 이어받는다는 방안을 확정했다. 시진핑이 현 후진타오 중국 공산당 총서기 겸 중국 국가주석의 자리를 물려받고, 리커창이 현 원자바오溫家寶 총리의 자리를 이어받아 차기 국정國政을 주도한다는 그림이었다.

그를 두고 한국 언론 등에서 엇갈렸던 관측의 하나가 차기 최고 지도부의 멤버 구성 숫자였다. 당 대회 전의 중국 공산당 최고 지도부인 정치국 상무위원은 아홉 명이다. 다음 지도부 또한 이 멤버의 숫자를 유지한다는 게 한 편의 관측이었고, 권력 분배의 문제에 따라 아홉 명을 7인 멤버로 줄인다는 게 또 다른 편의 전망이었다.

9로 할지, 아니면 7로 할지 알 수가 없다는 말은 아직 차기 지도부인 공산당 정치국원이 정해지지 않았다는 얘기다. 그러나 사실은 그렇지 않다. 이미 정해져 있는데, 외부에서 관측을 할 수 없었을 뿐이라고 보는 게 타당하다. 그렇게 허술할 정도로 권력의 분배와 배치 과정에서 방황을 거듭한다면 지난 30여 년 동안 13억 인구를 개혁개방의 한결같은 노선으로 이끌어온 중국 공산당이 아니다.

올해 8월에 열린 베이다이허 휴양지에서의 회합은 이미 각 '인마'들 사이에서의 권력 분배 작업을 최종적으로 확인했던 자리다. 한 달 이상의 '장기간'에 걸쳐 회의가 열리지 않았다는 점, 권력 지도부가 베이다이허에서 잠시 모습을 드러낸 뒤 곧 공식 석상에 나타났다는 점 등은 최종적인 권력 분배 작업이 이미 막바지 조율을 거쳐 끝났다는 점을 의미한다.

따라서 외부의 관측자들은 좀체 비밀이 새지 않는 중국 공산당의 흑막 속 권력 배치도를 두고 억측을 시도하는 대신, 11월 8일 열렸던 18차 당 대회의 결말을 잘 지켜보는 게 오히려 나았다. 후진타오와 원자바오를 뜻하는 '후원胡溫'의 과거 10년이 시진핑과 리커창을 의미하는 '시리習李'의 시대로 넘어가는 장면이 그 대회에서 극적으로 드러났다.

최종까지 진통을 거듭하는 모습은 역대 당 대회에서 드러났듯이 보편적인 현상이다. 베이다이허 회의에서는 보통 중요한 정치국 상무위원과 정치국원에 누구를 올릴 것인가를 두고 큰 타협과 교섭이 벌어진다. 그리고 그 결과를 두고 각 상무위원에 속하는 '인마'들에 대한 배치가 교섭의 대상으로 떠오른다. 막바지 진통이라는 것은 대개 그런 과정이라고 볼 수 있다.

상무위원 멤버를 두고 베이다이허 회의에서 최종 마무리를 짓지 못하는 경우도 있지만, 그래도 큰 틀은 정해놓고 상무위원 하위 멤버에 관한 교섭을 벌이는 경우에 불과하다. 그 막바지 타협이 잘 이뤄지지 않을 경우 당 대회가 언제 열릴지에 대한 발표가 늦어지는 상황이 벌어질 수도 있다. 그러나 그를 두고 혹심한 권력 암투가 벌어진다고 할 정도는 아니다.

당 대회는 보통 일주일에서 10일 정도 열린다. 회의 자체는 후진타오와 원자바오의 '후원' 지도부가 주도한다. 권력을 차기 지도부로 이양하는 극적인 장면은 없다. 공산당 깃발 아래에서 신구新舊의 지도부가 서로 나타나 상대를 치하하고 격려하는 장면도 역시 없다.

10년 주기의 권력 이양기 때 당 대회의 막바지 클라이맥스는 개막식 이후 벌어지는 전체 회의가 끝난 뒤 열릴 중앙위원회 전체회의다. 이번 시진핑이 당 총서기를 차지한 당 대회를 예로 들자면, '18차 당 대회 1차 중앙위원회 전체회의18大 1中全'다. 중앙위원회는 형식상 중국 공산당의 최고 의결기구다.

앞에서도 소개했듯이 이 중앙위원회는 후보위원까지 합쳐서 300명이 넘는다. 권력이 다음 세대의 지도부로 넘어갈 때 이 중앙위원회 위원들도 모두 새로 뽑는다. 중앙위원회의 멤버가 많아 상시로 회의를 할 수 없어 그 편의적인 운용을 위해 만든 곳이 정치국이다. 그 정치국원 구성 멤버는 보통 25명이다. 그 위에 다시 정치국 상무위원이 포진해 정치국과 중앙위원회를 관장한다.

당원만 8200만 명이 넘는 중국 공산당의 방대한 체계 정점에는 정치국 상무위원회가 올라 앉아 있는 형국이다. 그 정치국 상무위원이 당 대회 폐막식에 이어 1차 중앙위원회 전체회의_{中全}를 마친 뒤 기자들과 대면하는 자리가 있다. 당 대회가 열리는 거대한 규모의 베이징 인민대회당 내부의 한 대형 홀이다.

그 홀에는 미리 신청한 중국 국내와 외국의 언론매체 기자 수백 명이 기다리고 있는 게 보통이다. 중국 새 최고 지도부는 여기서 첫 모습을 드러낸다. 제 시간에 이르면 홀 중앙 연단 옆의 문이 열리고 사람들이 들어선다. 누가 앞에 서느냐가 곧 차기 중국 최고 지도자로 오른 사람이 누구냐를 의미한다.

이 새 지도부가 꾸려지기 몇 년 전부터 떠돌던 온갖 추측과 전망은 이 시각에 모두 진실과 오류, 예지叡智와 억측으로 냉정하게 나뉜다. 들어서는 사람이 아홉 명이면 차기 중국 공산당 최고 지도부인 정치국 상무위원은 9인 멤버, 일곱 명이면 멤버는 7인이다.

들어오는 순서가 곧 차기 중국 최고 권력의 서열이다. 그 서열에 따라 새 정치국 상무위원은 차례로 무대에 선다. 이어 최고 지도부의 최고로 뽑힌 '서열 1위'가 마이크 앞에 선다. 그리고 자신의 소개에 이어 새로 등장한 정치국 상무위원을 한 사람씩 소개한다. 그 다음에는 기자들의 질문을 전혀 받지 않은 채 차례대로 퇴장한다.

검은색 커튼 뒤에서 잠깐 나와 바깥에 모습을 드러낸 새 지도부가 다시 흑막 속으로 사라지는 느낌을 준다. 이들은 차기 지도부의 정점을 구성했음에도 일반적인 자리에서 모습을 좀체 드러내지 않는다. 공식적인 석상에서 미리 정해진 각본대로 엄격한 정치적 발언만을 행하며, 천재지변 등 국가적으로 위급한 상황을 맞이할 때도 역시 정해진 지도자로서 정해진 행동의 선을 넘는 경우가 거의 없다. 수평선 끝의 배와 같은 모습이다. 잠시 모습을 드러냈다가 곧 사라지고 마는 그런 배 말이다.

새 권력자의 면면

차기 중국 최고 지도부 중 서열 1위로 올라선 사람은 시진핑이다. 미국과 맞먹는 이른바 'G2의 시대'를 연 중국의 최고 지도자가 어떤 인물일까에 관한 호기심이 일지 않을 수 없다. 그는 부지런한 일선 행정가, 그리고 노련한 중국 정치인의 길을 걸어왔다.

그러나 13억 인구와 방대한 면적의 중국을 새로 이끌고 갈 시진핑의 앞길은 그렇게 평탄하지만은 않다. 그의 전임자 후진타오는 취임 초기인 2003년에 중증급성호흡기증후군SARS이 중국 전역으로 번지는 큰 위기를 맞은 것 외에 제법 순탄한 집권기를 거쳐 왔다. 그 전임인 장쩌민 시대의 중국이 경제적으로 순항했고, 그를 바탕으로 후진타오는 안정적인 국제환경 속에서 지속적인 발전을 시도해 상당한 성과를 낳았다.

장쩌민 시기에 닦아 놓은 경제적 기반을 후풍後風으로 삼아 후진타오와 원자바오가 이끌었던 '중국호號'는 지난 10년 동안 눈부신 항해를 거듭했던 셈이다. 그 결과는 매우 잘 알려져 있다. 중국은 이제 미국과 맞먹는 세계 양대 강국, 즉 G2로 올라섰다. 경제력 외에 유인 우주선에 무인 정거장까지 쏘아 올린 과학기술의 도약, 적어도 동아시아에서는 미국에 필적할 국방력까지 갖췄다.

그러나 중국의 문제는 많다. 언론에서 흔히 접하는 중국의 문제는 빈부격차의 확대, 국영 또는 국유기업의 과도한 시장 점유, 수출 중심의 경제성장이 맞는 대외적 환경의 한계성, 관료의 부패 심화, 부동산 등 고속 성장기의 후유증으로 남겨진 거품 등이다. 이 정도의 문제가 지닌 심각성은 이미 한국 국내외 언론을 통해 너무나 잘 알려져 있다.

시진핑에 앞서 과거 10년 동안 중국을 이끌어 온 후진타오-원자바오後-溫 집권기가 남긴 문제는 이제 그를 이어 등장할 시진핑-리커창시-리의 몫으로 남아 있다. 후-원 집권에 대한 평가는 다양하다. 그러나 전체적으로 보면, 상찬賞讚보다는 비판이 앞선다.

후-원의 시기를 '정체停滯'로 표현하는 사람도 많다. 의료보험 분야 등에 있어서 서민생활을 위한 개혁조치를 이뤘다고 평가하는 사람도 있지만 크게 두드러지는 것은 별로 없는 편이기 때문이다. 불만은 몇 가지로 모아진다. 강력한 성장 중심의 정책을 위해 국유 및 국영기업 위주로 짜인 경쟁력 구성판에 개혁의 손길을 뻗치지 못했으며, 경제성장 못지않게 중요한 정치적 개혁에는 아예 손을 대지 못했다는 점이다.

전자는 시장의 왜곡화, 민영기업의 쇠퇴, 경쟁력의 저하로 이어졌다는 지적이다. 정치개혁에 관한 논의는 중국에서 매우 조심스럽기는 하지만 지식층을 비롯한 중산층의 열망이 뭉쳐진 민감한 화두다. '공산당 일당 독재'의 원칙을 무너뜨리지 않는 한도에서 공산당은 적절한 정치적 개혁을 시도했어야 한다는 시각이 압도적이다. 그런 정치적 개혁의 지체와 부진으로 중국의 법치주의 실현, 관료 부패 등에 대한 감독 시스템의 부재 등을 낳았고 결국 중국 사회가 기형적인 구조를 심화하는 결과로 이어졌다는 비판이다.

공산당의 정통성을 의심하는 사람도 많다. 대표적인 게 2012년

2월 발생해 세계적으로 관심을 끌었던 '보시라이薄熙來 사건'이다. 보시라이는 공산당 정치국원으로서 충칭重慶시 당 서기를 맡다가 아내 구카이라이谷開來의 영국인 독살, 각종 비리와 부정 혐의, 막료 격인 충칭 공안국장 왕리쥔王立軍의 청두成都 미국 총영사관 망명 기도로 결국 낙마한 인물이다. 거기다가 과거 마오쩌둥毛澤東식의 극좌極左 노선에 관한 회고적인 붐을 조성했다는 비판까지 받고 있다. 공산당의 정통성에 의문을 표시하는 사람들은 "보시라이의 각종 사건들이 불거지는 동안 공산당은 결국 무엇을 하고 있었느냐"고 묻는다. 결국 흑막 속에서 이뤄지는 권력의 거래에만 능할 뿐 공산당은 13억 중국 인구의 이익을 제대로 지키지 못하고 있다는 지적이다.

경제적 구조조정의 실패, 정치개혁의 지독한 지체, 이어 공산당의 정통성까지 의심받는 상황에까지 몰리며 중국 지도부는 국내외의 거센 비판과 도전에 직면하고 있다. 후-원 집권 10년이 남긴 이런 문제는 고스란히 다음 지도자 시진핑과 리커창이 어깨에 짊어져야 한다. 그러나 새로 중국 권력 정점에 오른 시진핑과 나머지 상무위원 멤버들의 면면은 개혁적이라기보다는 관리형에 가깝다. 이들은 대개가 다 지난 30여 년 동안 이어져 온 중국 개혁개방의 일선에 서서 행정을 이끌었던 경험자들이다. 공산당 중앙, 즉 최고 지도부가 정한 틀에서 한 걸음도 벗어나지 않으면서 착실하게 그 방침에 따라 일을 집행해 성공을 거둔 사람들이다.

따라서 정치인보다는 정치가, 테크노크라트technocrat보다는 과감하게 문제를 자르며 추스르고 나가는 개혁가가 필요한 중국의 상황에서 이들이 이미 드러난 중요한 문제를 어떻게 처리할 수 있을 것인가에 대해서는 기대보다 회의가 많은 것도 사실이다. 개혁의 드라이브보다는 현 상황을 개선하는 데 정책의 주안점을 둘 것이라는 관측도 많이 나온다. 그럼에도 이들은 파벌과 인맥으로 이뤄진 중국의 정단에서 공산당 중앙의 엄밀한 검증을 거쳐 올라온 최고의 인재들이다. 풍부한 일선 행정 경험이 무엇보다 큰 장점이고, 당 중앙과 빈틈없이 보조를 맞추면서 제 경력과 업적을 관리한 정치적 감각이 탁월하다. 치열한 파벌 사이의 다툼 속에서 성장하면서 키운 전략적 안목도 매우 높다.

때문에 이들이 어떻게 중국 공산당의 틀 속에서 성장해 지금의 자리까지 올랐는지를 아는 일이 중요하다. 중국의 독특한 권력구조 형성의 맥락을 이해하기 위해 이들이 성장한 과정을 짚어보는 작업도 따라야 한다. 한반도와 연륙連陸한 중국은 대한민국과 정치적 연관성이 높다. 아울러 경제적 협력 관계는 나날이 발전하고 있다. 거꾸로 말하면 중국 대륙의 대對 한반도, 특히 대한민국에 대한 영향력이 하루가 다르게 커지고 있는 상황이다.

중국의 힘을 구성하는 7인의 정치 역정에 관한 이해는 그래서 중요하다. 그들은 듣고 배운대로 자신의 역량을 다시 발전시켜 중국의 발전에 이바지할 전망이다. 우리는 그들의 사고와 경험을 이해해 중국이 구성하는 힘에 대응해야 한다. 북한과의 통일, 경제적 발전, 미국과의 지속적인 안보 협력 등 중국을 빼놓고서 이야기할 수 없는 중요한 사안이 아주 많다. 이제 새로 등장한 중국의 파워 엘리트들의 성장 궤적을 추적해 보자.

習近平

1953년 생

1969년 산시 옌촨 량자허 대대 지부 서기

1975년 칭화대학 화공과 기본유기합성

1979년 국무원 판공청, 중앙군사위 판공청 비서

1982년 허베이 정딩현 부서기

1983년 허베이 정딩현 서기

1985년 푸젠 샤먼시 부시장

1988년 푸젠 닝더 서기

1990년 푸젠 푸저우시 서기

1999년 푸젠성 부서기 대리 성장

2000년 푸젠성 성장

2002년 저장성 서기

2007년 상하이 서기

2007년 정치국 상무위원, 중앙당교 교장

2007년 중앙서기처 서기, 국가부주석, 중앙당교 교장

2012년 공산당 총서기

시진핑

이제 그의 시대가 열렸다. 중국 지도부 가운데 누가 황제皇帝, 즉 최고의 권력인 공산당 총서기 자리에 오를 것인가를 두고 설왕설래가 적지 않았다. 중국 혁명 원로 또는 고관의 자제를 일컫는 이른바 '태자당파'의 일원으로 중국 정단에서 줄곧 성장해 차세대 정치스타로서의 이름을 얻었으나, 시진핑이 중국 공산당 권력 서열 1위에 오르기까지에는 적잖은 풍파가 있었다.

그는 줄곧 전임 중국 공산당 총서기이자 국가주석인 후진타오胡錦濤 중심의 공산주의청년단共青團 파벌이하 '공청단'에 밀리는 입장이었다. 공청단의 차세대 주자로 부상했던 리커창李克强이 권력 서열 1위를 물려받으리라는 관측이 지배적이었다. 그러나 2007년 열린 공산당 17차 당 대회에서 그는 보기 좋게 리커창을 누르고 공산당 정치국 상무위원 서열 6위에 올랐다. 그 전까지 자신을 압도하던 리커창은 서열 7위였다.

그 5년 뒤에 열린 2012년의 공산당 18차 당 대회에서 그는 예상대로 서열 1위의 총서기 자리를 차지했다. 그의 저력은 어디에서 나오는 것일까. 우선 그는 경력 면에서 다른 경쟁자들에 결코 뒤지지 않는다. 밑바닥 경험도 충분하다. 아울러 권력 파벌의 경쟁적 속성을 잠재울 만한 인품의 깊이와 크기에서도 탁월하다는 평을 듣는다.

그러나 그 배경은 제법 복잡하다. 권력을 서로 각자의 실력에 맞게끔 나눠야 하는 중국 공산당의 파벌 사이 힘의 균형이 제대로 맞아 떨어져야 하기 때문이다. 중국 공산당 내부에는 1990년대 중국을 이끌었던 장쩌민江澤民 전 공산당 총서기 중심의 '상하이방上海幇'이 있고, 후진타오가 이끄는 막강한 '공청단파'가 있다. 여기에 시진핑과 같은 혁명 원로 또는 공산당 고위 간부 자제들이 이루는 '태자당太子黨 그룹'이 존재한다.

그 밖에도 각자 걸어왔던 경력에 따라 뭉친 여러 권력 그룹들이 가세하고 있다. 태자당 출신이면서도 장쩌민 총서기 밑에서 '상하이방'의 이력과 함께 자체적으로 중국 석유공업 부문의 인맥을 이끌었던 '석유방石油幇'의 쩡칭훙曾慶紅 등이 좋은 사례다. 이렇게 다양한 파벌들이 존재하면서 중국의 권력 교체기는 매우 복잡한 양상을 띠게 마련이다.

전임자인 후진타오, 그 전임자인 장쩌민이 중국 공산당 권력 1위로 올라선 데에는 다른 힘이 작용했다. 마오쩌둥에 이어 2세대의 모든 권력을 장악한 뒤 중국의 개혁과 개방을 이끌었던 덩샤오핑鄧小平 때문이다. 덩샤오핑은 개혁개방을 지속적으로 안정적인 틀에 올려 세우고자 후계자를 장쩌민으로 정했다. 아울러 장쩌민의 뒤를 이을 후계자로 1992년 후진타오를 점지點指한 뒤 그를 정치국 상무위원으로 세웠다.

덩샤오핑 이후 중국은 장쩌민과 그 뒤를 잇는 후진타오의 집단지도체제를 선보였다. 막후에서 실력을 행사하는 덩샤오핑의 존재는 복잡한 중국의 권력 구도에서 큰 무게추로 작용했다. 그러나 1997년 덩샤오핑이 타계한 뒤로 중국 권력 교체는 더 복잡한 양상을 띠고 있다. 권력의 분산과 적절한 안배가 큰 주제였고, 그에 따라 파벌 사이의 복잡한 힘겨루기가 벌어져 왔다.

장쩌민과 후진타오는 이미 세상을 떠난 덩샤오핑의 권력이 만들어 냈던 후계 구도였다. 정치 무대의 뒤에 선 막강한 힘의 권력자가 후계자들을 차례로 선택하는 상황이었다. 그러나 시진핑은 덩샤오핑의 권력이 장쩌민과 후진타오로 나눠진 뒤에 새로 탄생한 후계자다. 덩샤오핑이 살아있을 때보다 훨씬 복잡한 권력 파벌 사이의 교섭과 타협이 필요했다는 얘기다.

그 점에서 시진핑의 부상을 볼 필요가 있다. 그는 어떻게 복잡한 파벌 사이의 다툼과 경쟁을 피해 권력 정상에 올라왔으며, 각자 다른 이해관계의 파벌들로부터 어떤 양보를 이끌어 내서 서열 1위의 총서기 자리를 꿰찼는지가 궁금하다. 먼저 그 이야기를 시진핑의 아버지로부터 끌어낼 필요가 있다.

부친의 커다란 그늘

시진핑이 중국 권력 그룹 안에서 어떤 파벌에 속한 인물인지를 따질 때 우선 나오는 이야기가 그 출신과 관련 있는 '태자당 그룹'이다. 그의 부친 시중쉰習仲勳 1913~2002 때문이다. 시중쉰은 공산당 중앙선전부 부장, 국무원 부총리를 역임한 사람이다. 덩샤오핑이 중국을 이끌어 갈 때에는 '8대 원로元老'에 이름을 올린 인물이기도 하다.

시중쉰은 1928년 중국 공산당에 입당했다. 이어 그의 활동이 펼쳐졌던 무대는 고향인 산시陝西였다. 당나라 때의 수도 장안長安, 그리고 현재의 주요 도시인 시안西安이 있는 곳이다. 그곳에서 유격 활동을 펼치다가 시중쉰은 1935년 '산시-간쑤甘肅 지역 소비에트 정부'의 주석 자리에 오르기도 한다. 사회주의 건국 전에는 공산당 중앙위원 후보위원, 중앙조직부 부부장을 거쳐 1949년 건국 뒤에는 중앙선전부 부장, 국무원 비서장 등 요직에 오른다.

그러나 시중쉰에게는 큰 풍파가 몰아닥쳤다. 1962년 마오쩌둥에 의해 정치적으로 몰려 무려 16년 동안 공백기를 맞는다. 정치 무대를 배경으로 한 소설이 문제였다. 시중쉰과 함께 서북 지역에서 활약하다 숨진 건국 영웅 류즈단劉志丹을 그린 이 소설은 당시의 권력자 마오쩌둥의 의심을 받았다. 영웅적인 묘사를 한 것까지는 좋았으나, 그 정도가 최고 권력자인 마오쩌둥 본인의 수준을 넘어섰다는 의심을 받았던 것이다.

시진핑 **39**

그 소설을 펴내는 데 중요한 역할을 했던 시중쉰은 마오쩌둥에 의해 심각한 정치적 비판에 몰렸다. 시중쉰은 급기야 공산당 지도부에 의해 '반당反黨 분자'라는 오명을 뒤집어써야 했고, 잇따른 조사와 심문에 이어 감옥에 갇혀야 했다. 그 장남으로 1953년에 태어난 시진핑 또한 그런 부친의 정치적 영향을 피해갈 수 없었다. 일설에는, 베이징에서 학교를 다니다가 1966년부터 벌어진 문화대혁명 기간에 시진핑은 당내에서 벌어진 부친에 대한 박해 사실이 알려진 뒤 부친을 두둔하는 발언을 했다가 '반동 학생'으로 몰렸다고 한다. 시중쉰의 일가에 몰아닥친 정치적 비운은 문화대혁명이 끝난 뒤 억울한 일을 당했던 사람들에 대한 대 사면을 주도한 후야오방胡耀邦에 의해 끝을 맺는다.

시중쉰은 거센 중국의 권력 다툼 속에서도 끝까지 의리를 지켰던 사람에 속한다. 문화대혁명이 끝난 뒤 시중쉰은 정치적 복권復權을 거쳐 요직에 오른다. 중국 개혁개방의 총설계사인 덩샤오핑이 전면에 부상한 뒤에는 시중쉰의 정치적 비중은 상당히 높아진다.

중국 초기 개혁개방의 거센 흐름을 선두에서 이끌었던 남부의 광둥廣東성 책임자로 부임해 광둥의 경제발전을 주도했고, 공산당 중앙서기처 서기, 정치국 위원, 전국인민대표대회 상무위원회 부위원장의 요직을 두루 거쳤다. 그런 요직이 중요한 것은 아니다. 그런 자리에 있으면서 그가 보인 덕망이 제법 괜찮았다는 게 중국 정단의 일반적인 평이었다는 점이 중요하다.

시중쉰이 어떤 사람이었는가에 관한 물음은 많다. 그에 관해서는 시중쉰이 사회주의 중국 건국 직후인 1950년대 초반 고향인 산시에서 활동했던 이야기들이 입에 오르내린다. 그는 고정적인 형식에 매달리는 사람이라기보다 원칙에 충실한 인물이라는 평이 압도적이다. 예를 들어 건국 직후인 1950년에는 대대적인 '반혁명 집단 진압鎭壓反革命'이 벌어진다.

당시 중국은 건국 직후의 혼란기를 과거의 지주, 자본가 계급에 대한 살벌한 숙청으로 정리해 나가는 상황이었다. 각 지역에서 격렬하게 벌어진 이 진압으로 전체적인 희생자 숫자는 100만 명에 달했던 것으로 알려져 있다. 이 과정에서 고향인 산시의 서북국西北局 제2서기를 역임하고 있던 시중쉰은 다른 태도를 보였다고 한다. 그는 줄곧 공산당 핵심인 마오쩌둥의 방식을 그대로 답습하는 것에 대해 반대한 사람 중의 하나다.

'반혁명 집단 진압'에서도 시중쉰은 온건한 조치를 취했다고 알려져 있다. 이른바 '반혁명 분자'를 색출해 살해하는 사람의 수는 서북 지역의 경우 다른 지역의 절반을 밑돌았고, 과거 국민당 시절에 일정한 계급 밑의 사람은 건드리지 않았던 것으로 유명했다.

중국의 문화에서 사람을 품평할 때 나오는 단어가 있다. '정파이正派'라는 말이다. 사람의 인품에 '바를 정正'이라는 글자가 들어가는 경우다. 이 말은 사람에 대한 가장 좋은 평가의 하나다. 사람의 행동거지 하나하나, 또 그를 낳게 하는 마음 씀씀이가 '바르다'고 하는 것은 그 사람이 삿된 길을 생각지 않고 원칙이 필요한 경우면 원칙을 생각하고, 그에 따라 명분과 이치에 맞는 행동을 보인다는 얘기다.

사람 사는 세상에 온갖 비바람이 쏟아지며 험한 꼴을 당하는 경우가 많다 보면, 옳은 생각에 선량한 마음을 지녀 남에게 따뜻한 훈풍薰風을 불어주는 사람은 빛을 내게 마련이다. 중국에서는 그런 사람을 '정파이'라고 부르며 마음속으로 존경한다. 시중쉰은 정파적 이해관계에 따라 상대에게 때로는 가혹할 정도로 칼을 겨누는 중국의 정계에서는 아주 드물게 '정파이'라는 평가를 듣는 인물이다.

그가 거친 굵은 역사의 고비가 하나 있다. 덩샤오핑의 시대에 기라성 같았던 많은 정계의 인물들을 제치고 두각을 나타낸 사람이 후야오방胡耀邦이다. 5척 단신短身의 후야오방은 참 기개가 대단한 인물이었다. 1930년대 초반 중국 공산당에 가입한 인물로서 혁명기의 온갖 풍상을 다 겪었고, 문화대혁명 시기에는 마오쩌둥 뒤에서 활동한 사인방四人帮으로부터 모진 정치적 고초를 당한 사람이기도 했다. 그러나 그의 열정은 대단했다. 봉건적 질서를 혁파하고 새로 출범한 사회주의 중국에서 그는 매우 순수한 열정을 지닌 개혁가에 해당했다. 급기야 중국의 폐쇄적 사회주의 틀을 깨고 개혁개방의 흐름을 만들어 낸 덩샤오핑이 가장 아끼던 부하로서 덩샤오핑이 추진했던 개혁개방의 선봉에 서서 맹활약을 펼쳤다.

1981년 중국 공산당 중앙위원회 총서기직에 오른 후야오방은 덩샤오핑과 함께 열정적으로 중국의 개혁개방을 이끈 인물이다. 그러나 1986년에 이르러서는 아주 심각한 갈등이 이 두 사람에게 찾아온다. 당시 중국은 개혁개방의 열기 못지않게 그 불균형 성장에 따른 사회적 불만이 적잖게 쌓여갔다. 가장 민감하게 반응한 사람들은 대학생들이었다.

1986년에 일기 시작한 중국의 '학생 시위 중국에서는 學潮라고 적는다'의 지향점 가운데 하나는 정치적 개혁이었다. 개혁개방의 경제적인 성과에 만족하지 않고 좀 더 폭넓은 개혁과 개방을 위해 젊은 학생들이 정치개혁의 목소리를 내기 시작했던 시점이다. 이런 흐름에서 후야오방은 전향적이었다. 이들의 요구에 끌려가는 정도가 아니라, 장구長久적인 발전을 위해서 중국 공산당 또한 정치개혁을 진지하게 검토해야 한다는 입장이었다.

1986년은 수도 베이징을 비롯해 전국 각 주요 도시에서 학생들의 정치적 자유화에 관한 목소리가 점점 높아지던 해였다. 후야오방은 중국 국내에서뿐 아니라 해외 순방길에 나서서도 중국의 정치개혁에 관한 필요성을 제기하고 다녔다. 형식상 중국 최고 권력 서열에 오른 사람이 '일당전제'의 중국 공산당식 통치의 틀에 손을 대겠다고 공언하는 것은 어쩌면 매우 위험한 일이기도 했다.

막후의 실권자 덩샤오핑은 이 점을 매우 경계했다. 아울러 후야오방은 덩샤오핑을 비롯한 1세대 혁명 원로들이 정계에서 공식적으로 은퇴할 것을 촉구했다고 한다. 덩샤오핑에게는 이 점이 매우 치명적으로 받아들여졌다는 것이다. 자신이 실력자로 전면에 내세운 후야오방에게 정계에서의 은퇴까지 요구받았으니, 덩샤오핑은 실제 자신의 권위가 직접 도전받았다고 판단한 셈이다. 중화권 언론들은 이 점을 덩샤오핑이 후야오방의 제거에 나선 직접적인 계기였다고 소개한다.

당시 시중쉰은 후야오방의 주변을 관리해주는 공산당 중앙서기처 서기였다. 일종의 비서실장으로 총서기를 보좌하는 자리였다. 중화권 언론들이 전하는 내용에 따르면 시중쉰 또한 정치개혁에 매우 긍정적인 입장이었고, 덩샤오핑을 필두로 한 원로 그룹의 일선 후퇴를 지지했다고 한다.

그러나 덩샤오핑의 정치적 의지는 완강한 편이었다. 결과적으로 보면, 덩샤오핑의 개혁개방은 우선 경제적인 분야에만 한정된 듯한 인상이다. 덩샤오핑이 언급한 개혁개방의 범주에는 중국의 당정 시스템 개선, 인사혁신, 국무원 등 정부 기구개편의 내용도 들어 있었으나 공산당의 일당전제라는 확고한 틀을 건드리는 본질적인 정치개혁에는 관심이 없었던 편이다.

따라서 1986년을 전후해 전국적으로 확산하는 젊은 대학생들의 시위와 정치개혁에 관한 요구를 매우 민감하게 받아들이는 편이었다. 아울러 당 내부에서 그런 목소리를 내는 후야오방이 자신의 은퇴까지 거론하자 결국은 후야오방에 관한 제거를 실행에 옮기기로 결정했다. 그 시점이 1986년이었다.

그해 5월 쓰촨四川으로 지방 시찰에 나선 후야오방은 정치개혁 요구에 관한 발언 중 "덩샤오핑 동지가 솔선해서 은퇴하는 일에 찬동한다. 이는 매우 좋은 모범적 사례에 해당할 것이다…… 나도 총서기 임기를 채우면 바로 물러나 후진들에게 길을 터줄 작정이다"는 식의 발언을 했다고 한다. 이후 덩샤오핑을 비롯한 원로 그룹, 아울러 후야오방의 정치적 자유화에 반감을 갖고 있던 중국 정계의 좌파들에 의한 '후야오방 제거'는 공식화한다.

시중쉰은 그런 후야오방의 거의 유일하다시피 했던 원군援軍이었다. 공개석상에서 후야오방의 정치적 개혁을 가장 지지했던 것은 물론이고, 고위급 당직자 회의에서도 그는 후야오방을 끝까지 두둔한 거의 유일한 사람이었다. 급기야 덩샤오핑은 1987년 1월 초 자택에서 후야오방을 제거하기 위한 마지막 수순으로 당 원로와 주요 당직자들 몇 명만 불러 놓고 이른바 '생활회生活會'라는 비공식 모임을 주도한다.

두 차례에 걸쳐 열리는 '생활회'에서 후야오방의 실각은 공식화한다. 이 회의에서 덩샤오핑이 주로 의견을 개진하면 참석자들은 그를 모두 묵인했다고 한다. 그러나 단 한 사람, 시중쉰은 처음 참석한 회의 석상에서 강력하게 반발한 것으로 알려져 있다. "당 총서기 해임은 공식적으로 처리해야 한다. 이 회의의 결정은 불법"이라며 참석자들을 향해 격렬하게 항의했다는 것이다. 그의 항의가 매우 거칠어 같이 회의에 참석했던 후야오방이 나서서 "그만해요, 중쉰 동지…… 내가 물러서면 그만이지요"라며 말렸다고 한다. 이 같은 스토리는 중화권 언론 등에 매우 자세히 알려져 있는 내용이다. 후야오방의 비서로서 당시의 상황을 낱낱이 알고 있는 린무林牧라는 인물의 증언이다. 덩샤오핑은 그런 시중쉰을 향해서 "당신들이 민주라고 떠드는데, 나와 이 자리에 있는 사람들의 입을 막는 것은 민주적인 행동이냐"며 냉소 섞인 한 마디를 던졌다고 한다.

그런 곡절을 거쳐 후야오방은 그해 낙마한다. 아울러 덩샤오핑과 당시의 좌파들로부터 당내에서 혹심한 비판을 당한다. 울화병이라고 할 수 있었을 것이다. 후야오방은 그런 정치적 비판을 견디지 못하고 1989년 4월 심장병 발작으로 급서急逝하고 만다. 그를 추모하는 베이징 대학생들이 천안문 광장에 모여들어 결국 번진 것이 1989년의 '6.4 천안문 사태'다.

시진핑의 가족과 관련자들의 증언에 따르면 시중쉰은 후야오방의 사망, 이어 벌어진 천안문 사태 뒤에도 자신의 정치적 입장을 굽히지 않았다고 한다. 천안문 사태 때 대학생을 유혈진압하는 방안에 대해서도 시중쉰은 반대의 입장을 분명히 했으며, 후야오방의 뒤를 이어 등장한 공산당 총서기 자오쯔양趙紫陽의 정치적 자유화 입장을 지지하기도 했다. 1990년 전국인민대표대회에서는 천안문 사태 유혈진압의 방식에 찬성하지 않는다는 발언을 했다는 게 중화권 언론들의 전언이다. 그는 2002년 타계한다.

중국에서는 이런 시중쉰의 의리와 절개를 높이 사는 편이다. 아울러 후야오방, 자오쯔양으로 이어지는 정치개혁에 거의 유일하게 찬성했던 당의 고위직 인사라는 점에서 그의 성향을 높이 평가하는 사람이 많다. 2005년 자오쯔양이 연금 상태에서 사망했을 때 시진핑을 포함한 시중쉰의 가족들이 당의 견제에도 불구하고 조화弔花를 보내 조문을 한 사실은 하나의 미담으로 전해지고 있다.

시중쉰은 중국 고위층을 이루는 권력자 그룹에서 사람 사이의 인정人情, 그리고 옳다고 생각하는 신념을 굽히지 않는 절개節槪, 공산당 일당전제에서 한 걸음 더 나아가 권력의 분산까지 외쳤던 개방적 성향 등으로 이름이 높다. 그래서 중국인들은 시중쉰을 '높은 풍격과 밝은 절개高風亮節'의 인물로 평가한다.

토굴로 쫓겨났던 미래의 공산당 총서기

그런 아버지 밑에서 태어난 시진핑은 어떤 인물일까. 전체적으로 보면 그는 부친의 풍모를 적잖게 닮은 스타일이다. 그의 권력 서열 1위 등극 소식과 함께 전해지는 중국의 국내외 언론들은 시진핑을 '정치적인 판단, 실무 행정에 모두 뛰어난 사람'으로 소개하고 있다.

인품도 높이 사는 사람이 많다. 합리적이면서 온건하며, 남의 말에 귀를 기울이는 편이라고 소개한다. 아울러 처신하는 데 있어서도 매우 신중하며 주변의 사람들로부터 덕망이 높다는 평을 듣는다는 소개도 덧붙이고 있다. 단점보다는 장점, 흠을 잡기보다는 칭송하는 사람이 많은 편이다. 그런 평가는 시진핑이 비록 공산당 고위 간부의 자제로 태어나긴 했으나 어려운 시절의 어려운 생활을 모두 거쳤고 일선 행정에서부터 주요 지방의 최고 행정 수장을 거치면서 정치적 성적을 착실하게 쌓아 올렸다는 점에서 나온다. 아울러 차세대 정치스타로 부상한 뒤에도 특별한 잡음 없이 주변을 관리한 점에도 사람들은 후한 점수를 매긴다.

1953년 베이징에서 태어났지만, 엄밀한 의미에서 말하자면 그의 고향은 산시陝西다. 부친과 조상들의 터전이 그곳이었기 때문이다. 그러나 연원淵源을 더 거슬러 올라가면 그의 먼 조상은 중국 남부의 장시江西에 거주했다. 그 다음으로 조상이 발길을 옮긴 지역은 전통적으로 우리가 '중원中原'이라고 일컫는 허난河南이다.

이 허난이 산시陝西, 그리고 남쪽의 후베이湖北와 이어지는 곳이 있다. 행정적인 명칭으로는 덩저우鄧州라고 하는 곳이다. 세 개의 성省이 교차하는 중요한 길목이어서 예로부터 '삼성웅관三省雄關'이라고 적는 곳이다. 이 덩저우를 설명하면서 빼놓을 수 없는 사람이 바로 중국 개혁개방의 총설계사로서 '사회주의 시장경제'의 혁명적 전환을 이끌어 낸 주인공, 덩샤오핑이다.

덩샤오핑의 고향은 일반적으로 서남부의 쓰촨四川 광안廣安현으로 알려져 있다. 일설에는 덩샤오핑이 그곳에서 여러 계통의 피가 섞인 객가客家 집안의 일원으로 태어났다고 한다. 그러나 그 뿌리는 허난의 덩저우라는 설이 유력하다. 덩샤오핑의 성씨姓氏인 '덩鄧'이 이 덩저우의 첫 글자에서 유래했다고도 말한다.

시진핑의 부친 시중쉰의 원적지도 이 덩저우다. 덩저우시의 공식 사이트에도 '이 지역의 유명인물'이라는 항목에 덩샤오핑과 시중쉰을 열거하고 있다. 그런 점에서 덩샤오핑과 시중쉰, 그리고 나아가 2012년 중국 최고 권력자 자리에 오른 시진핑은 조상이 살아온 원래의 고향을 같은 곳에 두고 있는 관계라고 볼 수 있다.

이 덩저우는 지금으로부터 2000여 년 전인 춘추전국 시대 무렵에 등鄧이라는 나라가 존재했던 지역이며, 애초에는 중국 문명 발상지의 하나로 꼽혔다고 한다. 아울러 서쪽으로는 산시의 문화, 남쪽으로는 중원의 풍토와는 전혀 다른 남방의 초楚 문화가 겹쳐 지나갔던 곳이어서 문화의 융합성이 매우 강했다고 전해진다. 아울러 다른 문화를 받아들이는 개방성이 매우 뛰어나기도 했던 곳으로 이름이 알려져 있다.

그래서 덩샤오핑이 '죽竹의 장막'으로 철저히 가려진 중국에 흐름 자체를 전환시킨 개혁개방의 새 기운을 몰아온 것 아니냐는 사람도 있다. 아울러 그 지역에 연고를 뒀으면서 덩샤오핑의 지휘 아래 '중국의 남대문南大門'이라 불리는 남단 광둥廣東의 책임자로 내려가 개방 초기의 중국에 거대한 활력을 뿜어낸 시중쉰의 개방적 사고 또한 여기서 나온 것 아니냐는 이야기도 나온다.

그것은 땅에서 나오는 인연, 즉 지연地緣으로 사람의 성향을 말하는 내용이다. 한국에서는 어떨지 모르지만, 이런 추정과 분석은 중국에서 꽤 통한다. 특히 시진핑 일가의 원래 고향과 관련해서는 허난에 앞서 조상들이 거주했던 장시의 이야기가 더 나오는 경우도 있다. 중국에서는 '한 지역 사람의 기질은 그 땅이 키운다一方土地, 養一方人'는 말이 전해진다. 중국의 거대한 국토, 그 안에 담긴 다양한 지역적 문화와 사람의 기질을 연결하는 말이다. 그런 점 때문에 그의 고향에 관한 설들이 분분하다.

따라서 시진핑을 허난 사람이라거나, 장시 출신이라거나 딱 꼬집어서 말하기는 어렵다. 그보다는 그의 부친 시중쉰이 태어나 활동하며 정치적으로 성공했던 산시의 기질을 많이 타고 났다는 말을 듣는다. 산시의 투박하고 굳건한 의지력, 척박한 황토 고원에서 생존을 이어가는 사람들의 강인함 등이 시진핑의 이미지에는 담겨져 있다.

한편으로는 허난의 덩저우라는 문화적 맥락을 타고 중국 땅에 태어난 사람이 덩샤오핑이자, 시중쉰이며, 그의 아들 시진핑이라고 할 수 있다. 시진핑은 혁명에 참가해 사회주의 중국을 건국

하는 데 공을 세운 고급 간부 아버지 시중쉰을 두고 태어났음에도 불구하고 초년의 생활은 시련의 연속이었다.

시진핑이 태어난 1953년에는 부친 시중쉰이 당 중앙의 선전부 부장이라는 고위직을 맡고 있던 시점이었다. 이 선전부 부장은 나중에 서술하겠지만, 일당전제一黨專制를 통치의 큰 틀로 삼고 있는 공산당의 중국에서는 매우 중요한 자리다. 당의 정치적 결정에 따른 주요 정책을 각종 언론 매체 등에 실어 전국의 모든 국민에게 전달하고 선전해야 한다. 아울러 사람들의 커뮤니케이션의 형식과 내용을 관장하며, 가장 중요하게는 민감한 이데올로기를 통제하는 자리다.

요직 중의 요직에 해당하는 게 이 공산당 중앙선전부다. 따라서 그 부장은 직급으로는 장관급이지만 당내에서의 정치적 비중은 그보다 훨씬 높다. 시진핑이 태어난 뒤 3개월이 지나서 시중쉰은 다시 국무원으로 자리를 옮겨 유명한 중국 총리 저우언라이周恩來를 보좌했다. 시진핑의 유년에 해당하는 그 10년 동안은 매우 평탄한 시기였다. 부친의 정치적 지위가 흔들림 없었기 때문이었다.

그러나 1962년 시중쉰의 일가에 검은 구름이 닥쳤다. 시중쉰은 이미 국무원 부총리로서 정치적 위상이 높아져 있던 시점이었다. 앞에서 이야기한 대로 중국 건국 전 서북西北지역의 책임자로 함께 있던 '류즈단劉志丹 소설 사건'이 정치적인 풍파에 올라타고 말았다. 그 초고를 검토했던 시중쉰에게도 혐의가 씌어지고 말았던 것이다.

중국 건국 전과 그 직후의 정치적 풍파는 아주 참혹할 정도로 많았다. 그리고 한 번 그런 풍파가 휩쓸고 지나가면 늘 그곳에는 피비린내가 풍겼다. 중국의 권력 투쟁은 함부로 일어나지 않는다. 그 투쟁의 결과가 매우 참담하기 때문이다. 그럼에도 당시에는 그런 정치적 투쟁이 많이 발생했다. 최고의 권력자 마오쩌둥의 요소가 그를 만든 원인이다.

마오쩌둥은 문화대혁명을 기점으로 개인 우상화에 나선다. 그에 앞서 그는 권력의 칼날을 쥐고 자신에 맞설 수 있는 사람들을 자르기 시작했다. 류즈단의 소설이 문제로 떠오른 이유도 그를 지나치게 미화했다는 이유 때문이었다. 특히 정치적 풍파를 몰고 다녔던 당 정치국 상무위원 캉성康生이라는 인물이 그를 주도했다. 따라서 류즈단과 오랜 동료인 시중쉰은 자연스레 마오쩌둥이 펼친 권력의 마장魔掌을 벗어날 수 없었다.

이 사건은 아주 큰 희생을 낳았다. 일설에는 이 사건에 휘말린 사람은 6만여 명, 직접적으로 희생된 사람만 6000명 정도에 달한다고 한다. 캉성은 이 사건을 통해 마오쩌둥의 당내 권력을 더 강화하는 계기를 만들었고, 사실상 4년 뒤 펼쳐질 '10년 동안의 대 재난' 문화대혁명의 길을 텄다는 평을 듣는다.

무려 16년의 긴 세월이었다. 시중쉰은 마오쩌둥의 잔혹한 권력욕에 걸려 공장의 노동자로 일하거나 지속적으로 조사받고 또는 감옥에 갇혀 길고 어두우며 차가웠던 시간을 보내야 했다. 당 선전부 부장, 국무원 부총리의 요직 등을 차례로 거치며 순조롭게 올라가던 부친의 정치적 좌절은 그 집안 일가족에게도 어두운 그늘을 드리웠던 것이다.

시진핑은 유년기를 행복하게 보냈으나 그 다음의 시기는 부친의 정치적 몰락과 궤를 같이 해야 했다. 베이징에서 줄곧 자라 그곳의 당 간부와 고위 관료 자제들이 들어가는 '베이징 81학교'에 입학했고 이어 번진 문화대혁명 때는 덩달아 '반동 집안의 자식'이라는 멸시를 받아야 했다.

이는 중국 공산당 18차 당 대회가 열릴 무렵부터 한국 언론에도 제법 잘 알려진 이야기들이다. 시진핑은 문화대혁명을 겪다가 1968년 마오쩌둥이 지시한 청년들의 농촌 학습, 즉 하방下放을 계기로 농촌과 산골 등지에 가는 수많은 청년들의 대열에 오른다. 그가 열차에 올라 향한 곳은 부친의 고향이었던 산시陝西였다.

당시 청년들의 하방은 산에 오르고 시골로 향한다는 의미의 이른바 '상산하향上山下鄕'으로도 불렸다. 이 대열에 참가한 사람들을 도시 지역에서 공부를 거쳤다고 해서 지식청년이라는 의미의 '지청知靑'이라고 적는다. 전국적으로 약 2000만 명에 가까운 지청들이 당시의 대열에 참가해 시골로 향했다고 한다. 시진핑은 베이징에서 막 중학을 마친 나이였다.

그에 앞서 시진핑은 '반당 분자'로 몰린 부친의 정치적인 상황 때문에 소년관리교육소에 들어갈지도 모를 상황이었다. 따라서 그런 엄혹한 수용소에 들어가느니 차라리 시골로 향하는 게 어쩌면 나을지도 모를 일이었다. 시진핑은 결국 중국 공산당의 혁명 성지라로 일컬어지는 옌안延安에 도착했고, 이어 산골 오지인 량자허梁家河로 배정을 받았다.

이 지역은 전형적인 황토고원지대였다. 높은 곳에 천연적으로 만들어진 황토 일색의 고원지대여서 사람들은 달리 주택을 만들지 않고 고원의 적당한 곳에 굴을 파고 살았다. 한자로는 '요동窯洞'이라고 적는 곳이다. 중국의 대표적인 민가民家 건축 양식 중의 하나다. 우리식으로 말하자면 일종의 토굴土窟 같은 곳이다. 나름대로 고원지대에 적응한 주택 양식의 하나다.

언론 등에서 시진핑의 량자허 생활을 토굴에서 숙식해야 하는 비참한 상황으로 묘사를 했는데, 사실 이 요동은 도시인에게는 다소 낯설지만 나름대로 그 고원의 환경에서 잘 적응하기 위해 만들어진 민가다. 그러나 부친이 막강한 공산당 고위 간부이자 국무원 부총리여서 베이징 귀족학교를 다니며 편하게 생활했던 시진핑에게는 고통스러운 경험이었을 법하다.

그 당시의 일화로는 여러 가지 이야기가 나온다. 시진핑이 량자허의 지식청년으로 현지 생활을 이기기 위해서는 토굴과 같았던 요동의 민가에 들끓던 이와 벼룩을 이겨야 했고, 고된 노동의 시간 등을 겪어야 했다는 점이다. 그러나 그 점은 당시의 수많은 젊은 중국 청년들도 마찬가지였다. 단지 재미있게 전해지는 것은 시진핑과 개, 그리고 빵의 이야기다.

그의 회고에 따르면 어느 날 베이징에서 가져온 가방을 정리하다가 그 안에서 빵을 발견했다고 한다. 그는 이어 먹지 못하게 된 빵을 무심코 문앞의 개에게 던져줬다가 그 광경을 어느 촌민에게 들켰다는 것이다. 그 때문에 그는 '귀한 빵을 함부로 개에게 주는 철없는 청년'이라고 손가락질을 받았다는 얘기다.

시진핑이 꿋꿋하게 그 모든 과정을 겪었던 것은 아닐지 모른다. 일설에는 그가 힘겨운 시골 노동생활을 이기지 못해 베이징으로 도망쳤다는 얘기가 있다. 물론 그 혼자만이 아니다. 많은 청년들이 그런 도피 행렬에 올랐던 모양이다. 시진핑도 잠시 베이징으로 돌아왔다가 붙잡혔다고 한다. 결국 6개월 정도 강제노동을 하고 사상교육을 받은 뒤 다시 량자허로 돌아갔다. 그는 그곳에서 모두 7년의 시간을 보냈다.

시진핑은 여러 차례 공식 석상에서 당시의 경험이 소중했다고 털어놓기도 한다. 기층 민중의 경험을 쌓아 그로부터 건전한 사고방식을 키웠다는 게 그 내용이다. 실제 그는 당시의 경험을 자주 털어놓는 것으로 유명하다. 기회가 있을 때마다 밑바닥 삶을 살아가는 사람들로부터 많은 것을 배웠다고 강조하는 편이다.

당시 시중쉰의 집안은 처와 자식들이 모두 흩어진 상태, 중국식 성어로 적자면 '처리자산妻離子散'의 처지였다. 시진핑의 모친인 치신齊心과 누나 치차오차오齊橋橋, 남동생 시위안핑習遠平 모두 중국 전역에서 따로 떨어져 살고 있었다. 각자 '반당 분자의 아내와 자식들'이라는 정치적 오명 때문에 박해 속에서 생활해야 했던 것은 물론이다.

시진핑은 그가 있었던 량자허에서 부락 사람들에게 인기가 많았던 것으로 알려져 있다. 산간오지의 사람들 생활에 익숙해졌고, 그들을 몸과 마음으로 이해하고자 했던 노력 덕분이었다. 그런 산골생활을 보내면서도 시진핑은 공산주의청년단共青團 가입을 위해 부단히 노력을 기울였다. 그러나 번번이 좌절했다. 부친의 정치적 오명이 그의 앞길을 가로막았기 때문이었다.

그는 모두 여덟 차례에 걸쳐 공청단 입단 원서를 제출했다. 그리고 마침내 공청단에 발을 들여놓는 데 성공했고, 1974년에는 급기야 공산당 입당에도 성공했다. 그리고 이어서 자신이 머물던 량자허의 대대 지부의 서기 자리를 차지했다. 산시 지역으로 내려온 수많은 지식청년 가운데 이는 첫 사례라고 알려져 있다. 여기에는 부친 시중쉰의 힘이 작용했으리라고 보는 사람이 적지 않다.

산시가 있는 곳이 건국 전 시중쉰이 활동했던 서북西北지구였기 때문이다. 비록 정치적 박해를 당하고 있는 처지라고 하더라도 불과 30여 년 전에 이곳에서 왕성하게 사회주의 혁명 활동을 펼치던 시중쉰의 후광이 작용했으리라는 분석이다.

시진핑이 량자허에서 활동하며 아주 무거운 보릿단을 메고 10리를 넘게 걸어 '힘이 센 청년'으로 알려졌다는 사실 등은 제법 유명한 일화다. 시진핑은 지부 서기에 오른 뒤에도 그렇게 열심히, 우직하게 일하는 인상을 현지 주민들에게 남겼다. 당시 산시 지역에서는 처음으로 메탄가스를 활용한 난방법을 도입했다고 하며, 농사에 필요한 제방과 수로水路 정비에도 적극 나섰다고 한다.

시중쉰 일가에 몰아닥쳤던 한설寒雪은 1975년에 이르러 조금씩 풀리기 시작한다. 이해 시중쉰은 말년의 마오쩌둥 지시에 의해 감옥에서 풀렸고, 허난河南의 한 공장에 휴양 차 도착했다. 그리고 시진핑에게도 봄의 기운이 다가섰다. 옌안 지역에 할당했던 두 명의 베이징 명문 칭화清華대학 입학 정원 중 하나를 시진핑이 얻었다. 그에게는 인생의 커다란 반전反轉이었다.

그가 떠나던 날 마을 사람들은 시진핑을 배웅하기 위해 토굴 앞에 모여들었고, 10리 밖까지 줄을 이어 배웅했다고 한다. 10여 명은 더 멀리 옌안까지 배웅 나와 하룻밤을 여관에서 함께 보냈다고 한다. 그때 기념으로 찍은 사진은 요즘 중국 언론들이 즐겨 인터넷 등에 올리는 단골 메뉴다. 남의 고충을 이해하려는 자세, 그리고 센 힘을 아끼지 않고 현장에서 열심히 일하는 모습, 아무런 가식 없이 함께 어울리는 마음씨 좋은 청년의 이미지를 두루 갖춘 시진핑에게 촌민들은 진심 어린 아쉬움과 격려를 보냈을 것이다.

그는 그렇게 7년 동안의 시골생활을 청산하고 베이징으로 돌아왔다. 사람들은 이 시기를 미래의 중국 최고 권력자 탄생에 필요했던 '단련기'라고 말한다. 육체적 고생 못지않게 부친의 정치적 좌절로 심한 고통을 겪어야 했던 시기였으나 시진핑은 이를 매우 긍정적으로 겪어낸 듯하다. 어쩌면 이 시기의 고생은 그가 앞으로 걸어야 할 환로宦路에서 가장 중요한 밑거름으로 작용했을 것으로 보인다.

부친의 복권, 그리고 시진핑의 비상

시진핑은 칭화대학에서 화공학과를 다녔다. 공부에 열심이었다고 한다. 침착하며 노련했고, 친구 사이의 관계에서도 신의를 지키며 의리를 중시하는 스타일이었다고 전해진다. 1976년은 시중쉰, 시진핑 일가에 닥친 봄기운이 집안으로 스며드는 시기였다. 그해 9월 9일 마오쩌둥이 사망했다. 중국 정치의 거인으로 일컬어지는 마오쩌둥은 아무래도 시중쉰 일가에게는 커다란 짐이기도 했다.

문화대혁명에 비판적이었으며 개혁의 마인드를 지녔던 덩샤오핑이 복권해 공산당 중앙으로 진출했고, 그의 동지이자 후배인 후야오방이 당 조직부장을 맡고 있던 시점이었다. 오랜 정치적 박해에서 벗어나 뤄양洛陽에 남아 있던 시중쉰은 후야오방 등의 지원에 힘입어 정치적 복권에 성공한다.

당에 복귀한 시중쉰은 1978년 4월 광둥廣東 당 위원회 제2서기에 부임한다. 그는 이로써 덩샤오핑이 이끌고 후야오방과 자오쯔양 등이 뒤를 지탱하는 중국 개혁개방의 힘찬 열차에 올라탄다. 거저 승차하는 그런 경우가 아니라, 매우 중요한 역할을 앞장서서 하는 선봉의 위치였다.

당시 중국 개혁개방의 흐름은 강력한 추진력을 필요로 했다. 덩샤오핑의 과감한 개혁 성향의 뒤를 받침해 줄 실행력이 있어야 했다. 그 역할의 중요한 부분을 시중쉰이 해낸다. 그가 중국 개혁개방의 실험적 도시였던 선전深圳을 개방특구로 지정하는 방안,

광둥의 주하이珠海와 산터우汕頭 등에도 특구의 성격을 부여하자는 제안을 내놓았다는 것이다.

이 점에서 보면 시중쉰은 중국 개혁개방의 중요한 돌파구를 마련한 사람일지 모른다. 당시 중국 지도부로서는 매우 생각해 내기 힘든 '발상의 전환'이었기 때문이었다. 이런 역할을 통해 시중쉰은 중국 개혁개방의 거친 흐름 속에서 정치적 위상을 높여 나간다.

시진핑은 부친의 복권과 중요한 정치적 활동이 펼쳐질 무렵 대학을 졸업한다. 1979년이었다. 졸업 뒤 그가 선택한 직장은 공산당 중앙군사위원회와 국무원 판공청이었다. 중국에서 실질적인 힘의 크기로 따질 때 가장 막강한 영역, 인민해방군의 모든 것을 지휘하는 곳이 당 중앙군사위였다. 모친의 소개에 따라 그곳을 택했다고 알려져 있으나, 아무래도 그 안에는 다른 곡절이 숨어 있는 듯하다.

당시 중앙군사위 비서장은 경뱌오耿飚였다. 그 비서로 취직한 것이다. 경뱌오는 당의 실세였다. 당 중앙인 정치국 위원이자 국무원 부총리였다. 따라서 그의 비서는 매우 요직에 해당하는 자리였다. 당의 중요한 지도자로서 군사위원회의 일상적 업무, 나아가 국가 행정을 주도하는 국무원 부총리 경뱌오의 정치적 비중이 워낙 컸기 때문이었다.

시진핑의 몸짓과 말투, 그리고 풍겨 나오는 인상은 대개가 투박하고 진솔하다. 특히 18차 공산당 당 대회가 끝난 뒤 벌어진 신임 공산당 총서기와 정치국 상무위원 기자회견 자리에서 보인

연설 솜씨 또한 전임자인 후진타오 등과 비교할 때도 매우 파격적이었다. 입에서 나오는 말 그대로 전하는 식의 그 화법은 정해진 문장을 얌전하게 읽는 식의 중국 공산당 고위 관료와는 사뭇 다르다. 그래서 그를 덜 정치적인 인물로 보는 사람도 많다. 그러나 그는 어디까지나 많은 곡절을 겪어야 하는 중국의 험난한 정계를 거슬러 올라가 중국 최고의 권력에 오른 인물이다.

그런 점에서 볼 때 시진핑의 그런 진솔한 풍모는 어쩌면 정치적이라고도 할 수 있다. 더 통 크게 주변을 정리하며 더 크게 사람들을 끌어 모아 권력 일인자의 자리에 올라선 고도의 정치적 감각의 소유자라고 볼 수 있다는 얘기다. 홍콩 명경 출판사가 펴낸 『시진핑 전기』의 저자 가오샤오高曉는 시진핑의 중앙군사위 시절을 정치적 야망이 자라나는 시기로 간주했다.

아울러 그는 시진핑이 아버지의 후광에 힘입어 군사위 비서로 사회에 첫발을 내디딘 데 대한 주변의 비판을 의식해 그 다음 임지로 허베이河北의 작은 현 부서기로 옮긴 점도 나름대로의 정치적 계산에 의한 것이라는 분석을 내놓는다. 이는 어쩔 수 없는 일이다. 정치에 몸을 들인 사람은 정치적인 감각을 키워야 한다. 그렇지 않을 경우 어디선가 불어닥칠지 모를 역풍에 휘말리기 십상이기 때문이다.

아울러 정치의 길에 발을 들여놓은 이상 그 초입初入의 여정에 있던 시진핑의 입장에서는 자신의 경력을 관리할 필요가 있었던 상황이다. 그러나 이 시점에 그가 자신의 판단만으로 지방의 일선 행정관을 자임하지는 않았으리라는 게 일반적인 추정이다. 아무래도 그의 막강한 정치적 백그라운드인 부친 시중쉰의 심모원려深謀遠慮가 작용했다고 보는 게 타당하다.

시중쉰은 시진핑이 허베이의 정딩현 부서기로 부임할 무렵에는 이미 당내의 중요한 자리를 확고하게 차지하고 있는 상태였다. 당 중앙위원 자격을 얻은 것은 물론, 공산당 중앙의 핵심 부서인 중앙서기처 서기에 앉아 있었다. 그는 순수한 열정으로 중국의 사회주의 혁명 일선에서 뛰다가 당정黨政의 요직을 거친 뒤 모진 정치적 박해에 시달리며 16년의 공백기를 거쳐 다시 복권한 상황이었다.

공산당의 의사결정구조, 특히 인재를 선발해 등용하는 메카니즘을 충분히 알고 있었다. 아울러 당시의 거대 흐름인 중국 개혁개방의 전반적인 추세 속에서 향후 어떤 정치적 경력의 소유자가 중국의 권력자로 성장할지에 관한 안목을 충분히 갖추고 있었다고 봐야 한다.

당시의 큰 흐름은 덩샤오핑이 주도했고, 그 충실한 부하였던 후야오방이 덩의 정치적 철학을 집행하고 있었다. 덩과 후야오방이 지니고 있던 정치적 신념의 철학적 토대는 실사구시實事求是였다. 장황한 이론이나 추상적 관념보다는 실질적으로 무엇인가를 이뤄야 중국이 개혁개방에 성공할 수 있다고 봤던 것이다. 그 둘의 정치적 성향을 잘 아는 사람이 후야오방의 정치적 보좌역이었던 시중쉰이다. 공산당 실력자인 후야오방과 정치적으로 함께 호흡했던 시중쉰으로서는 당시의 중국 시공時空을 감싸는 큰 정치적 추세를 간과할 수 없었을 것이다.

실제 『시진핑 전기』의 작가 가오샤오에 따르면 시중쉰은 아들 시진핑이 허베이의 정딩현으로 부임한 뒤 허베이 지역 최고 책임자에게 여러 차례에 걸쳐 전화를 걸어 아들의 신상에 관한 문제를 상의했다고 한다. 그러나 당시 허베이 당 위원회 제1서기인 가오양 高揚은 시중쉰의 그런 태도를 못마땅하게 여겼고, 혁명가 집안의 자제인 시진핑이 젊은 나이에 일선 행정 관료를 제치고 높은 자리 정딩현 부서기에 올라앉은 점도 탐탁지 않게 여겼다고 한다.

그런 정황으로 따져 볼 때 시중쉰은 자신의 아들인 시진핑이 정치인으로 성장하는 데 필요한 경력 관리에 상당히 신경을 쓰고 있었다는 추정이 가능하다. 따라서 26세에 대학을 졸업한 뒤 중국 권력의 심장부인 중앙군사위원회 비서로 취직한 아들이 허베이 정딩현의 시골 부서기로 부임한 데에는 시진핑의 자체적인 판단보다는 미래의 유력 정치인으로 아들을 키우고자 했던 시중쉰의 판단이 결정적인 작용을 했으리라는 분석이다.

허베이 정딩현에서 보인 시진핑의 활동은 적잖게 알려져 있다. 정딩현은 베이징으로부터 자동차로 6시간 이상을 달려야 닿는 곳이다. 도로 상황이 좋지 않으면 그 이상의 시간도 감수해야 한다. 그곳에서 시진핑은 영화 세트장을 마련한 일화로 유명하다. 궁벽한 시골 농촌에서 개혁개방 초기 영화 세트장을 짓는다는 구상은 참 신선했다.

당시 중앙텔레비전 CCTV는 중국의 대표적인 고전 소설 『홍루몽 紅樓夢』을 드라마화하려는 작업에 착수해 있던 상황이었다. 이를 안 시진핑 정딩현 부서기가 현지에 대규모 세트장을 지어 CCTV 드라마 촬영팀을 유치하고자 한 것이다. 우선 눈에 띄는 것은 시진핑의 발상이었다. 그 점은 지역경제 활성화를 위한 행정관으로서의 발상치고는 당시의 상황으로 볼 때 매우 참신하고 드문 것이었다.

아울러 추진력도 있었다. 그는 베이징으로 달려가 CCTV 측과 협의 끝에 드라마 촬영장을 정딩현 세트장에 마련하기로 약속을 받았다. 그 프로젝트는 성공적이었다. CCTV는 드라마 〈홍루몽〉을 정딩현이 마련한 '영국부榮國府'에서 찍었고, 이는 결국 성공적인 지방경제 활성화의 사례로 꼽혀 전국에 알려졌다.

그러나 이 대목에서 우리가 눈여겨봐야 할 게 있다. 시진핑이라는 시골의 현 부서기가 중국의 관영 CCTV의 드라마 촬영을 어떻게 유치했을까라는 점이다. 중화권 언론들은 이 과정에서도 역시 시진핑의 신분, 그리고 그의 막강한 정치적 백그라운드인 부친 시중쉰의 정치적 위상이 크게 작용했으리라고 본다. 그러나 세상에 나올 때부터 지니고 태어난 '집안 어르신'의 막강한 백그라운드, 그래서 특권적인 이익을 평범하게 즐기는 수혜자에 머물렀다면 시진핑은 오늘날의 권력을 차지하기 힘들었다고 봐야 한다.

우리는 부친 시중쉰이 아들 시진핑에게 끼치는 영향력을 이 글에서 '시중쉰의 요소要素'라고 정리해 둘 필요가 있다. 이는 당 중앙군사위 비서에서 출발해 여러 경로를 거쳐 종국에는 중국 공산당 권력 서열 1위인 당 총서기 자리에까지 오르는 시진핑의 길고 험한 정치적 여정에 매우 중요한 작용을 일으키기 때문이다. 시진핑의 정치 생애에서 이는 결코 빼놓을 수 없는 부분이다.

시진핑은 그러나 부친이 드리워 주는 깊고 넓은 정치적 그늘에만 안주하고 있지 않았다. 일을 찾아서 끊임없이 움직이고, 주민과의 소통을 넓혔으며, 기층 주민들의 의견을 반영해 무엇인가를 발전적으로 이끌기 위해 노심초사했다. CCTV 촬영 세트장을 지어 정딩현의 존재를 알리고, 이를 통해 관광산업을 일으켜 부를 축적하는 작업은 그런 노력의 한 결과였다.

아울러 혁명세대 간부들의 생활고를 해결하는 데 앞장섰다고 알려져 있으며, 자동차 대신 낡은 자전거에 올라타고 업무를 보러 다니는 식의 근검한 생활을 유지해 주변 사람들로부터 '건방지지 않은 간부의 자제'라는 인상을 줬다고 한다. 그럼에도 전체적인 실적은 크게 두드러지는 게 없다. 건국에 이어 문화대혁명을 거친 뒤의 시기라서 인사와 정무政務 일반이 매우 혼란스러웠던 정딩현의 체계를 바로 잡는 데 일조했다는 식의 평가는 나온다.

각종 중국 국내외 언론의 보도에 따르면 정딩현에서 그 상급 기관인 허베이 당 위원회의 고위 간부로 자리를 옮기는 것이 시중쉰과 시진핑의 희망이었다고 한다. 그러나 이는 결국 이뤄지지 못한다. 앞에서 언급한 허베이 당 위원회 제1서기인 가오양의 반대가 그 원인이었다는 것이다. 가오양이라는 인물은 원칙에 매우 충실하려는 철저한 스타일이었다.

그런 가오양은 당 중앙인 서기처의 서기 자리에 있었던 시중쉰의 전화를 여러 번 받았다고 한다. 시진핑을 허베이 당 위원회로 끌어올려 달라는 게 전화의 내용이었다. 일종의 청탁이었던 셈이다. 그러나 가오양은 이를 거절했다. 결국 가오양의 강경한 입장 때문에 시진핑의 허베이 당 위원회 진출은 실패한다. 이 부분은 나중에 다시 덧붙이기로 한다.

이어 시진핑이 향하는 곳은 동남부 푸젠福建이다. 어떻게 보면 시진핑에게는 전화위복轉禍爲福이었을지 모른다. 이 푸젠은 그 이후에 중국의 개혁개방을 대표하는 선봉지역의 하나로 발전했다. 개혁개방의 큰 흐름에 올라타기 쉬운 곳으로 자리를 옮겼으니 시진핑이 두각을 나타낼 기회는 더 빨리 다가올 수 있었기 때문이다. 그 자리는 샤먼厦門이었다.

그가 샤먼으로 부임한 해는 1985년이었다. 샤먼에서는 부시장을 맡았다. 전임 부시장은 후야오방의 며느리 안리安黎가 맡고 있었으나, 주변 사람들에게 자신의 집안을 자랑하고 호화생활을 하는 등의 추문으로 후야오방에 의해 경질 방침이 정해졌었다. 그 후임으로 시진핑이 샤먼의 부시장 자리에 올랐다.

지금의 샤먼은 중국 경제의 선봉 역할을 했던 곳으로 유명하지만, 당시 그가 부임할 때는 위상이 높지 않았다. 아직 극히 적은 일부분이 경제특구로 지정된 상태여서 본격적인 투자유치와 경제 개발을 서두르지 못하고 있었기 때문이었다. 이곳을 이끄는 책임자는 샹난項南이라는 인물이었다. 역시 후야오방의 신임을 얻은 부하로 나중에 푸젠 경제 개발의 초석을 닦은 사람으로 알려져 있다.

시진핑은 부친인 시중쉰이 옆에서 돕고 있던 공산당 총서기 후야오방의 결정에 따라 푸젠의 샤먼으로 왔고, 그 푸젠의 전체적인 경제발전은 후야오방의 수하인 샹난이 이끌고 있었다. 따라서 부친 시중쉰에서 후야오방으로 이어지는 인연으로 샤먼에 부임한 뒤 다시 그로부터 뻗어나가 샹난과 다시 맺어지는 중국식의 정치적 네트워크에 올라탄 셈이었다.

따라서 그는 곧 승진했다. 그냥 부시장에서 1년 만에 상무 부시장 자리에 올랐다. 그리고 샤먼을 방문한 샹난은 늘 시진핑을 찾았다고 했다. 푸젠성의 일인자가 샤먼을 방문할 때마다 특별히 시진핑을 챙기는 모습이 주변의 관료들에게 어떻게 비쳤는지는 별도의 설명이 필요 없을 것이다.

샤먼에서 보인 시진핑의 업적은 특별한 게 없다. 착실하게 자신을 드러내지 않으며, 여전히 검소한 생활로, 특유의 뛰어난 친화력 등으로 지방 인사들과 두루 좋은 관계를 맺었다고 한다. 그는 어쨌든 샤먼에서는 일인자가 아니었다. 따라서 특별한 업적을 내세울 수 없다고 해서 크게 이상한 일은 아닐 것이다. 변화가 있었다면 부임한 현지에서 푸젠의 전체적인 정무를 이끌던 시진핑의 후견인 샹난이 1986년 '가짜 약' 사건으로 낙마한다는 사실이다.

시진핑은 샤먼에서 3년 동안의 근무를 마친 뒤 1988년 푸젠에서도 오지에 속하는 닝더寧德의 당 서기로 부임한다. 샹난이 낙마한 뒤 시진핑이 푸젠의 닝더 당 서기로 부임하는 동안에는 아주 큰 변화의 조짐이 일고 있던 시기였다. 그의 부친과 공산당 총서기 후야오방, 나아가 1989년의 '6.4 천안문 사태'까지 이어지는 이상한 신호이기도 했다.

시진핑이 길고 먼 중국의 환로宦路를 걸어가 결국은 중국 권력 서열 1위의 자리에 오르기까지 가장 중요하게 작용했던 토대는 앞에서 적은 '부친 시중쉰의 요소'다. 그로 인해 시진핑은 순조롭게 사회에 첫발을 내딛을 수 있었고, 초급 간부로 승진하면서 지방 행정의 경력을 두루 쌓는 동안에도 역시 그의 영향을 강하게 받았다.

그 '시중쉰의 요소' 뒤에는 또 다른 큰 그림자가 있다. 바로 후야오방 전 공산당 총서기다. 그는 부친인 시중쉰이 끼쳤던 영향만큼 역시 강력한 인연으로 그의 정치적 앞길을 좌지우지하는 큰 요인이기도 했다. 그런 후야오방의 신변에 중대한 변화가 일어난다. 바로 시진핑이 샤먼의 부시장으로 재임할 때였고, 곧 푸젠의 닝더 당 서기로 부임을 앞둔 시점이기도 했다.

시중쉰과 후야오방, 그리고 시진핑

후야오방이 차지하는 중국 정치 역사 속의 비중은 의외로 높다. 그가 비록 중국 현대 정치사의 거인巨人 덩샤오핑에 의해 공산당 총서기 자리에서 쫓겨나 비운悲運에 휩쓸려 세상을 떠난 인물이지만, 중국 개혁에 관한 그의 열정을 기억하는 사람들로부터 받는 흠모欽慕의 열기는 대단하다. 그는 개혁개방의 총설계사로 중국의 부상을 이끈 덩샤오핑의 그림자 밑에서 실질적인 개혁을 위해 노력한 인물이라는 평가를 받는다.

그러나 후야오방을 인품과 정치적 이상, 그리고 청렴한 생활 정도의 시각에서만 보는 것은 금물이다. 그가 끼친 실질적인 정치적 영향력이 결코 작지 않기 때문이다. 후야오방은 오늘날의 공산주의청년단共靑團의 초석을 다지고, 그로부터 젊은 인재들을 뽑아 현대 중국 최고 권력에 진입시킨 주인공이다.

후진타오는 그의 직접적인 발탁으로 중앙의 정계에 진출한 인물로 꼽힌다. 중간에 그를 후야오방에게 소개한 쑹핑宋平 전 공산당 중앙조직부 부장 및 공산당 정치국 상무위원이 후진타오에게는 1차적인 정치 은인이지만, 후진타오를 앞날의 큰 재목으로 키워준 사람은 어디까지나 후야오방이다. 그런 점에서 후진타오의 '정치적 스승'은 후야오방이다. 아울러 후야오방은 원자바오 총리를 중앙판공실의 부하로 거느리고 있었다.

원자바오는 지방에서 행정관으로 근무하다가 공산당 중앙판공실에 진입하는데, 그때 '모신' 최고위 상사上司가 후야오방이다. 원자바오는 후진타오와 2002년부터 10년 동안 중국의 국정을 이끌었던 총리로서 당시의 권력 최고위층으로서는 거의 유일하게 '정치개혁'에 대해 언급한 인물이다. 역시 후야오방이 생전에 자주 거론했으며, 열망을 지닌 채 추진코자 했던 정치개혁에 관한 사고를 물려받은 인물로 꼽힌다.

그런 점에서 볼 때 1989년 후야오방은 정치적으로 불운하게 숨졌으나 그 영향력은 아직 살아 있다고 봐야 한다. 특히 후진타오를 정점으로 부상했던 중국 최대 정치 파벌 '공청단파'는 후야오방의 입김이 강하게 미치는 집단으로 볼 수 있다. 2012년 18차 공산당 당 대회를 통해 시진핑과 함께 부상한 리커창李克強이나 정치국원 리위안차오李源潮 등이 그의 영향력을 받고 있는 인물이라고 간주할 수 있다.

새로 중국 권력 서열 1위에 등극한 시진핑 또한 예외는 아니다. 그의 부친 시중쉰이 후야오방과 맺은 인연 때문에 그렇다. 앞에서 자세히 소개한 내용이다. 시진핑이 권력 정상에 오른 데에는 후야오방과 그 부친 시중쉰이 쌓은 인연의 그림자가 작용했다는 분석이 있다.

아주 묘한 얘기다. 시진핑은 후진타오 중심의 공청단파와는 걸음을 달리 해 온 인물이다. 출신이 혁명 원로 또는 고관의 자제를 일컫는 태자당 그룹으로서, 공청단이 육성해 온 엘리트 코스를 밟았던 경력자가 아니다. 그럼에도 그는 일선 행정에서 꾸준히 실력을 발휘해 권력 엘리트로서 부상했다가, 장쩌민 중심의 '상하이방'과 태자당을 막후에서 이끌었던 쩡칭훙曾慶紅에 의해 차세대 정치 지도자 예비 후보자 반열에 발을 들여놓는다. 장쩌민은 2002년 일선에서 은퇴한 뒤 공산당 중앙군사위 주석 등에 유임하면서 아직까지 막후의 실력자로 힘을 구사하고 있다.

2002년 새로 부상한 후진타오 중심의 공청단파, 그 전임인 장쩌민 중심의 상하이방과 태자당 그룹의 연합세력이 권력 정상에 누구를 올릴까를 두고 힘을 벌여 종국에는 '시진핑 1위 당 총서기, 리커창 2위 국무원 총리'라는 결과로 나타났다. 이 과정에서 시진핑을 권력 서열 1위에 올린 힘은 무엇일까라는 의문이 남는다. 그는 분명히 2007년 17차 당 대회 이전까지는 공청단파의 리커창에 비해 열세였다.

그 역전의 비결을 먼 거리에서 찾는 시각이 지배적이다. 수적으로 우세했던 후진타오의 공청단파가 장쩌민 등이 내밀었던 '시진핑 카드'를 무리 없이 받아들여 결국 '시진핑의 시대'를 열어줬던 배경에는 후야오방에서 후진타오로 이어지는 공청단의 정치적 전승傳承, 그리고 후야오방과 시진핑의 부친 시중쉰의 오랜 인연이 작용했다는 시각이다.

공청단은 사실 상승세였다. 특히 후진타오가 집권을 시작한 2002년 이후에 공청단파의 약진은 매우 눈부셨다. 중국의 최고 권부인 공산당 정치국은 물론이고, 각 지방의 주요 성과 자치구 주요 지도자들 중에는 공청단 출신이 압도적이었다. 장쩌민을 중심으로 한 상하이방과 태자당 그룹, 그리고 원자바오 등 국무원 중심의 테크노크라트 출신과 여타의 정치적 파벌은 열세를 면치 못했다.

그런 상황에서 2012년 18차 당 대회를 통해 시진핑이 결국 서열 1위의 자리를 차지한 점을 두고 사람들은 후야오방-시중쉰의 관계, 공청단의 정치적 스승인 후야오방-후진타오의 관계를 이야기하고 있다. 따라서 오늘날 중국 공산당 최고 권력을 움켜쥔 시진핑의 '정치적 요소'들 안에는 후야오방이 시중쉰과 후진타오를 통해 시진핑에게 내민 연분의 줄이 들어있다는 분석이 지배적이다.

앞에서도 소개했듯이, 후야오방은 시중쉰을 통해 시진핑의 초기 관료생활에 상당한 도움을 준다. 허베이 정딩현에서 푸젠의 샤먼 부시장으로 옮기는 과정이 그렇다. 아울러 샤먼의 부시장 자리는 후야오방의 며느리 안리가 차지하고 있다가 호화생활 등의 추문으로 쫓겨난 상황이었다. 그 자리에 시진핑이 부임한 데에는 시중쉰과 후야오방의 영향력이 작용했다는 게 일반적인 전언이다.

그 무렵에 후야오방은 상당한 변화에 직면한다. 변화라기보다 위기였다. 그는 1980년대 초반부터 중국의 개혁개방을 일선에서 이끌었다. 후견인은 '개혁개방의 총설계사' 덩샤오핑이었다. 덩샤오핑이 공산당의 실권자로 버티고 있으면서 불어주는 막강한 순풍을 타고 후야오방은 거침없는 행보를 보이고 있었다. 그러나 1987년에 이르러 그런 정국에 결정적인 변수가 등장했다.

1987년에는 공산당 13차 당 대회가 열리는 시점이었다. 그 대회를 앞두고 후야오방은 공산당 젊은 간부의 획기적인 발탁을 구상하고 있었다. 그 대신 나이 든 원로들의 일선 후퇴가 전제조건이라는 점을 분명히 했다. 그 점은 중국 정계에서 일반적으로 받아들일 수 있는 제안이었다. 그러나 원로의 일선 후퇴에서 덩샤오핑을 넣느냐 마느냐의 여부가 초점이었다.

후야오방은 덩샤오핑의 은퇴까지 구상한 상태였다. "80세가 넘는 원로 동지들은 반드시 퇴임해야 한다"는 발언까지 쏟아냈다.

그 다음에 벌어진 일은 시진핑의 부친 시중쉰이 어떤 인물인가를 설명한 앞의 대목에서 이미 소개한 바 있다. 후야오방은 그런 개혁 마인드를 지니고 덩샤오핑을 포함한 당 원로 모두의 퇴진을 건의했고, 이어서 매우 진보적인 정치체제 개혁까지 언급하다가 결국은 꺾인다.

그러나 그런 거센 정치적 풍파가 몰아닥쳐 후야오방이 몰리던 순간에도 유일하게 그를 보호하려고 했던 사람이 시중쉰이다. 아울러 시중쉰은 끝까지 후야오방의 개혁 의지를 인정하고 믿었던 오직 한 사람이었다.

후야오방은 결국 덩샤오핑의 권력에 눌려 낙마한 뒤, 침울한 생활을 하다가 1989년 4월 심장병이 발작해 숨을 거둔다. 덩샤오핑의 화려함에 가려져 있기는 하지만, 후야오방은 실질적인 존경을 받는 사람이다. 청렴함과 순수함, 결코 굽히지 않는 개방의 마인드, 중국 개혁개방을 위한 열정에 있어서 후야오방은 그 어느 누구도 따르기 힘든 사람이라는 평가를 받는다.

그 정치적 좌절로 인해 이승을 떠났으나 후야오방의 영향력은 그래서 오늘까지 남는다. 그 정신의 계승자들로 말하면 후야오방이 몸소 발탁하고 가르쳤던 공청단이 으뜸이다. 그리고 후야오방은 문화대혁명기의 모진 박해로 다치고 멍든 수많은 지식인들이 가장 존경하는 사람이다. 그가 문화혁명 때 정치적 박해를 당한 사람의 억울함을 풀어주는 대대적인 복권운동을 주도했던 까닭이다.

그렇게 후야오방의 그림자는 중국 현대 정치사의 행로에 길게 드리운다. 그 영향력의 크기는 정확하게 잴 수 없으나 그가 뿌린 수많은 선연善緣으로 인해 시종일관 큰 힘으로 작용했다는 점은 어느 누구도 부인할 수 없다. 2012년에 그 영향력의 일단一端은 시진핑에게도 이어진다. 그것은 그러나 세월이 한참 흐른 뒤의 일이다.

신통하게 내세울 업적은 없지만……

1980년대의 닝더라는 곳은 푸젠에서도 오지奧地에 속했다. 따라서 시진핑이 개혁개방의 선구적인 도시 샤먼의 부시장 자리에서 오지인 닝더의 당 서기로 옮긴 것은 솔직히 말하자면 좌천左遷에 해당한다. 그 시점은 1988년이다. 그 전해에 있었던 정치적 풍파로 후야오방은 당 총서기에서 물러났고, 그로부터 힘을 받았던 부친 시중쉰의 정치적 위상도 '중앙생활회'에서의 격렬한 후야오방 옹호 발언으로 자연스레 크게 줄어든 상황이었다.

이 점 때문에 샤먼 부시장으로부터 닝더 당 서기 이동은 '상승'이라기보다 '하강'에 가깝다고 할 수 있다. 그러나 시진핑은 푸젠의 모든 일선 행정 책임자 중에서는 가장 젊은 사람이었다. 아울러 부친의 정치적 부침 때문에 산시陝西의 토굴에서 밑바닥 생활을 거쳤고, 중앙군사위에 이어 역시 벽지僻地인 허베이 정딩현에서 맡은 임무를 충실히 수행한 경력자였다.

그는 부친의 정치적 자산을 물려받았기 때문인지는 모르지만 일을 처리하는 분위기가 남달랐다. 개혁의 마인드는 늘 지니고 있었으며, 남에게 함부로 자신을 드러내지 않는 신중함도 갖췄다. 요란한 생색내기식의 행정보다는 실질적으로 도움이 되는 일을 상황에 맞춰 추진해 가는 스타일이었다. 모질었던 정치적 박해의 시련기를 겪은 경험 덕분에 향락과 호화생활의 유혹으로부터 자신을 효과적으로 격리하는 극기와 지혜도 있었던 듯하다.

그는 특히 다른 지역의 일선 간부들이 당장의 효과를 내기 위해 서둘러 벌이는 대형 공사, 외형 개선 등의 행정에 전혀 눈길을 두지 않는 편이었다고 한다. 행정을 보는 안목이 종합적이었다는 점에도 평자들의 의견은 일치한다. 그 지역의 경제적 개발, 주민들의 생활 향상, 지역의 외형적 발전 등을 모두 감안한 장기적 계획을 마련해 두고 그를 차츰 실행해 가는 스타일이라는 것이다.

푸젠에서 시진핑이 일하던 기간은 햇수로 17년이다. 전체적으로 말하자면 그는 대단한 업적을 쌓지도 못했으며, 그렇다고 결정적인 실수를 범한 적도 없다. 이는 그가 2007년 공산당 정치국 상무위에 진입한 뒤부터 줄곧 나온 평이다. 물론, 공산당이 내세우는 논리는 그렇지 않다. 일반 평가가 그렇다는 얘기다. 열심히 일한 흔적은 역력한데 앞으로 거창하게 이끌어 낼 '제목'이 뽑히지 않는다는 평이다.

실제 정딩현에 이어 부임한 샤먼시 부시장 때도 그랬고, 그 뒤에 다시 부임한 닝더에서도 마찬가지였다. 다른 관료들과 다르게 두드러진 업적을 내지 못한 점은 그의 일하는 방식이 만들어 낸 현상일지 모른다. 당장의 업적 쌓기보다는 장기적인 발전 계획 마련과 집행에 주력하기 때문이라는 설명이다.

따라서 요란한 업적보다는 그가 얼마나 청렴하게 생활하며 공정하게 일을 처리했는지에 관한 일화가 전해진다. 닝더에서는 당 서기로 있으면서 60만 위안 현재 금액으로 약 1억2000만 원의 거액 뇌물을 돌려줬다는 일화가 있고, 간부들의 불법 토지 전용을 크게 질책했다는 식의 후문도 있다.

그러나 닝더에서 그가 내세웠던 '젊고 유능한 간부 발탁 임용'에 관한 구호는 그가 닝더시를 떠난 뒤 얼마 지나지 않아 그에 의해 새로 뽑혔던 간부들이 부정과 비리에 얽혀 대거 사법처리되는 사건이 벌어지면서 크게 빛을 발했다. 초급 간부의 뇌물수수 같은 종류의 사건이야 워낙 빈발하는 중국이다 보니 이를 시진핑의 책임으로만 돌리기는 어렵다. 그럼에도 이 두 가지는 그의 행정 능력을 이야기할 때 꼭 뒤를 따르는 이야기다.

닝더에서의 2년도 금세 지나갔다. 이어 그는 다시 승진한다. 이번에는 푸젠의 심장인 푸저우福州였다. 1990년에 부임했다. 푸저우시 당 서기 시절의 시진핑에 관해서도 마찬가지다. 내세울 만한 거창한 업적은 없는 편이다. 100년 만에 올까 말까한 거대한 폭풍우를 부임 초에 맞아 전력을 다해 복구에 나서면서 호평을 받았고, 환경오염 방지에 매우 적극적인 자세를 보였다고 한다. 푸저우 또한 개혁개방의 큰 흐름 속에서 착실하게 성장했다는 점은 그의 특별한 업적이라고 넣어야 할 대목은 아닐 것이다.

다른 엘리트 정치인과는 다른 점이 있다. 시진핑의 사교력이다. 그는 사람들과 친근한 말투로 대화를 나누기 즐기는 편이라고 한다. 인상도 소탈해 보여 그에게는 친화력이 강하다는 평가도 따른다. 시진핑은 푸저우에 있으면서 특히 군부와 친밀하게 지냈던 것으로 알려져 있다. 군부는 어떻게 보면 그와 떼려야 뗄 수 없는 곳이기도 하다. 부친 시중쉰이 우선 항전抗戰 경력을 갖춘 혁명전사 출신이고, 그의 영향을 받아 처음 근무한 곳이 공산당 중앙군사위원회였기 때문이다.

따라서 2012년 18차 당 대회를 통해 권력 정상에 오른 7인의 정치국 상무위원 멤버 중에서 시진핑만큼 군부와 끈끈한 연줄을 형성하고 있는 사람은 없다고 할 수 있다. 그런 배경 덕분인지 시진핑은 지방 행정관료로 길을 달릴 때에도 늘 현지의 군부와 친숙한 관계를 유지했다고 한다. 푸저우 당 서기로 근무하면서 현지 군인들에 관한 처우 개선, 군에 대한 토지 배려 등 상당한 혜택을 주는 방식이었다.

시진핑의 푸저우 당 서기 재직 시절에 오점이 있었다면 바로 창러長樂 국제공항 건설 사안이었다. 1990년대 중국 전역에서 경쟁적으로 짓기 시작한 공항 건설의 붐과 관련이 있는 내용이다.

푸저우 창러공항은 규모와 토지 선정, 투입 자금에 비해 예상되는 적자의 규모 등에서 고루 문제가 발생할 것으로 보였던 건설 항목이었다. 국무원에서도 이 문제를 심각하게 지적하는 등 말썽이 많았다. 일단 규모의 문제였다. 창러공항 부지는 600헥타르 크기였다. 이는 당시 중국 전역에서 건설 중이었거나 건설 예정이었던 모든 공항의 규모보다 컸다고 한다. 아울러 당시로서는 엄청난 액수였던 27억 위안약 5400억 원의 돈이 들어갔으나, 완공 이듬해부터는 막대한 적자가 발생했다. 계획이 진행되면서 공항 청사의 크기도 당초 계획보다 커졌고, 부대 시설 등을 외국에서 비싼 값에 수입해 놓고 제대로 활용조차 못한 감리監理의 문제도 터져 나왔다.

국무원을 이끌고 있던 '철혈 재상' 주룽지朱鎔基가 격노하면서 계획 자체를 전면 검토하라는 지시까지 내려올 정도였다. 아울러 공항의 입지도 큰 문제였다. 도심에서 50㎞ 이상 떨어진 곳에 입지를 선정했으니 우선 공항에서 내려 도시로 들어오는 사람들의 불편을 전혀 고려하지 않은 점이 문제였다. 여러 곳의 후보지가 있었으나 굳이 이곳을 입지로 택한 이유와 관련해서는 여러 부정적인 이야기들이 나왔다.

그곳 창러 출신의 관료들이 개발 이익을 노리고 이곳을 공항 입지로 선택했다는 내용이다. 그 진위는 알 수 없다. 그러나 그런 불합리한 입지 선정과 그에 따른 관료들의 비리의혹이 한때 떠돌았던 점은 분명해 보인다. 문제는 이런 공항의 여러 문제에 대해 시진핑이 어떤 자세를 취했느냐다.

디테일한 내용은 알려져 있지 않다. 시진핑은 어쨌든 당시 푸저우의 서열 1위였던 당 위원회 서기였다. 그렇다면 모든 행정과 정치상의 문제 또는 책임으로부터 자유로울 수 없는 위치다. 따라서 푸저우 당 서기 시절의 시진핑이 쌓은 정치적 공과功過를 거론할 때 이 문제는 반드시 나오는 편이다.

시진핑의 다음 자리는 푸젠성 대리 성장이었다. 일종의 승진이었다. 이제 한 지역의 작은 행정관이 아니라 푸젠성 전체를 이끄는 위치로 간 셈이었다. 1999년 부임해 푸젠 부서기로 있다가 3년 뒤에는 대리 성장省長, 이어 2000년에는 성장을 맡았다.

당시의 흐름은 이랬다. 중국은 장쩌민 당 총서기 집권 기간 1989~2002에 각종 개혁 조치를 선보이며 왕성한 경제의 활력을 선보였다. 이 시기 각 지방 책임자의 역할은 공산당이 주도하는 지속적인 개혁개방 흐름을 이어가며 지역적으로 일정한 경제적 성과를 내는 것이었다. 푸젠성은 이 시기에 다른 동남부의 저장浙江 및 장쑤江蘇 등과 함께 괄목할 만한 성장세를 이어갔다.

따라서 이 점은 푸젠의 사령탑을 구성했던 시진핑의 공이라고 볼 수 있다. 그 점에서 특별히 다른 공로를 따진다는 것은 필요 없는 작업일 것이다. 특기할 점은 시진핑이 푸젠과 대만해협을 사이에 두고 마주보는 상태인 대만과의 교류에 박차를 가했고, 대만 정재계 인사들과 두루 친분을 쌓았다는 점이다.

그러나 문제가 만만치 않게 터져 나왔다. 중국 건국 이래 최대의 밀수사건이 벌어졌고, 부정과 비리에 얼룩진 공직자 문제도 불거졌다. 특히 2000년 시진핑이 대리 성장을 맡고 있을 때 터진 샤먼의 위안화遠華 그룹 사건은 밀수액이 800억 위안약 16조 원에 달하는 초대형이었다. 식용유를 비롯한 각종 유류油類를 밀수한 사건이었다. 시진핑과 위안화 그룹 오너 라이창싱賴昌星이 막역한 사이라는 소문이 돌기도 했으나, 근거는 희박하다. 대신 장쩌민 계의 핵심 인물로 한때 푸젠을 이끌었던 자칭린賈慶林 중국 전 정치협상회의 주석과 관련이 깊다는 얘기가 있다.

이 시기 시진핑의 지방 행정 책임자로의 환로宦路는 아주 순조로웠다. 푸젠의 샤먼시 부시장, 닝더 당 서기, 푸저우 당 서기에 이어 푸젠의 성장까지 오르는 길이었다. 그러나 형식적인 승진이었지, 내용상으로는 반드시 그렇지 않았다. 자칫 잘못하면 그는 그로부터 훨씬 높은 자리로 올라가는 길을 놓칠 뻔했다. 바로 당에서의 위상 때문이었다.

1997년 9월에는 공산당 15차 당 대회가 열렸다. 중국의 벼슬길은 겉이 얼마나 번지르르한지가 중요하지 않다. 내용이 꽉 차야 한다. 그 내용이 무엇이냐 하면 당에서의 승진이다. 앞에서도 소개했지만, 중국은 어떤 영역의 어떤 문제이든 당의 지휘를 받는다. 당이 모든 것을 이끄는 구조다. 따라서 관위官位가 어떤지보다 그 사람이 당내에서 어떤 자리에 올라 있는가를 먼저 따진다.

그 당에서 최고위 자리로 향하는 '권력의 고속도로'가 있다. 8200만 명이 넘는 수많은 당원들 중에 그런 고속도로에 오르는 사람은 잘해야 300명을 조금 웃돈다. 바로 공산당 중앙위원회다. 최소한 적당한 연령에 이르렀을 때 이 중앙위원회에 후보위원 자격으로라도 이름으로 올려야 그는 공산당 최고 권력층에 진입하는 '엔진'을 달 수 있다.

시진핑에게는 그런 점에서 1997년의 15차 당 대회가 위기였다. 그는 그 전까지 거의 부친과 그가 펼쳐 놓은 많은 네트워크에 의지해 비바람 거센 중국의 벼슬길을 아주 순탄하게 걸어왔다. 그러나 이해는 달랐다. 중앙위원회 후보위원은 뽑는 수의 사람보다 조금 많은 사람을 대상자로 낸 뒤 전국에서 모여든 2000여 명의 전국 대표자들에게 투표를 하도록 한다. 정원보다 조금 많은 후보자를 내서 투표에 따라 최소 득표자들을 떨어뜨리는 이른바 '차액差額 선거'다.

당시 15차 당 대회 중앙위원회 후보위원 정원은 당초 150명이었다. 그러나 뚜껑을 열어본 결과 시진핑은 그 안에 들지 못했다고 한다. 장쩌민이 이끄는 지도부에서 볼 때 시진핑은 청년간부로 성장해 차차기의 선두 주자로 키울 인물이었다. 아울러 시중쉰의 아들로 엄연한 태자당 그룹의 훌륭한 재목감이기도 했다. 따라서 그의 낙선을 어떻게 해서든지 만회해야 했다는 것이다.

결국 당 지도부의 신속한 조정으로 후보위원 정원은 급히 151명으로 늘었고, 종내는 시진핑의 이름을 그 후보위원 명단에 올릴 수 있었다고 한다. 이는 매우 유명한 일화다. 중화권 언론에서는 이미 충분히 알려진 얘기다. 이 점에서 볼 때 시진핑이 푸젠에서 15차 당 대회 전까지 쌓았던 명망은 그리 높지 않았음을 알 수 있다.

활짝 펼쳐진 '권력 고속도로'

때가 오면 운이 펴지는 사람이 있다. 시진핑에게도 그랬다. 1997년의 당 대회에서 '턱걸이'로 겨우 당 중앙위원회 후보위원으로 이름을 올리는 데 그쳤던 시진핑이었다. 그러나 2002년에는 아주 새로운 운이 닥쳤다. 바로 중국 동남부의 경제 대성大省의 하나인 저장浙江의 부성장 및 대리 성장으로 발령이 났기 때문이다.

중국 경제의 전략적 요충 중 하나이기도 한 지역이 이 저장이다. 위로는 상하이 및 장쑤와 이어져 동남부 경제 활력을 이끌어갈 수 있는 곳이기 때문이다. 아울러 다른 어느 지역에 비해서 민영기업이 발달해 민간경제의 활력이 충만한 지역이기도 했다. 이런 점 때문에 저장의 책임자로 발령받은 사람은 당 중앙이 키우는 인재라는 식의 주목을 받기 마련이었다. 그가 부임할 때 저장의 당 서기는 2012년 18차 당 대회에서 함께 정치국 상무위원에 오른 장더장張德江이었다.

시진핑은 2002년 열린 16차 당 대회에서 중앙위원에 진입했고, 정치국에 들어갔던 장더장은 곧바로 광둥廣東의 당 서기로 발령을 받았다. 시진핑은 3개월 만에 장더장의 자리를 물려받아 저장 당 서기에 오른다. 이곳에서 시진핑은 장기적인 플랜을 세우고 차분하게 이를 집행하는 실력을 발휘했다. 저장성의 경제를 상하이 경제와 맞물려 새로운 발전을 시도하는 이른바 '88 전략'을 마련해 추진했다. 이는 저장성의 미래 경제 전략과 맞물린 계획이었다.

외자유치와 값싼 노동력, 환경에 대한 파괴를 거쳐 성장을 구가해 온 중국 개혁개방 이후의 구조적 문제에 착안해 그 개선방안을 모색한 전략이라는 평가를 듣는다. 산업의 구조 자체를 조정해 새로운 흐름을 만들어 내면서 국내외 기업의 합리적인 투자를 보장하는 기틀을 마련했다는 평가도 듣는다.

아울러 저장의 경제 경쟁력을 강화하는 대형 프로젝트에도 착수했다. 사회간접자본 건설, 정보화, 생태환경, 교육과 문화 및 위생 등에 관한 건설 등이 주요 내용이었다. 민영화 기업의 활력을 유지하거나 확충하는 전략적 접근도 선보였다.

시진핑이 저장에서 근무한 기간은 4년 6개월이다. 각종 지표에서 드러나는 시진핑의 업적은 아주 훌륭한 편이었다. 연평균 13%를 넘어서는 성장률을 기록했고, 저장성의 종합 경쟁력을 전국에서 다섯 손가락 안에 꼽히게 만들었다. 저장이 원래 강한 면모를 보이던 민간기업 경쟁력 면에서는 2007년도 전국 500대 민영기업 중 저장 소속 기업이 203개에 올랐다.

원저우溫州와 이우義烏가 상징하는 민간경제의 활력은 저장의 상징처럼 비춰졌고, 특히 이우는 시진핑이 재임할 동안 '세계 최대의 잡화 교역처'라는 별칭을 얻을 정도로 이름을 날렸다.

이런 업적이 100% 시진핑의 몫이었는지는 다소 불분명하다. 저장의 경제 활력을 보는 다른 눈이 많기 때문이다. 자체적으로 오랜 기간에 걸쳐 쌓인 저장의 경쟁력이 중국의 고속 성장기와 조우해 폭발적으로 성장을 거듭했다는 시각도 있다. 그러나 그런 민간의 활력에 쓸데없이 손을 대지 않은 채 그를 유지하고 확충해 준 점은 시진핑의 공로라고 봐야 한다. 아울러 거시적이면서 전략적인 안목으로 민영경제가 지속적으로 발전할 수 있는 토대를 마련한 지역 행정관이라는 점에서 그의 성과는 인정할 만하다.

이 점에서 보면 시진핑은 단기적인 성과에 급급하지 않는 스타일의 정치인이라고 볼 수 있다. 푸젠의 샤먼과 닝더, 푸저우를 거치는 동안 향락과 사치에 물들지 않으며 스스로 쌓았던 행정 경험에다가 좀 더 큰 틀에 접근해서 문제를 보려는 전략적 사고의 소유자에 가깝다고 볼 수도 있다. 저장성을 떠난 시진핑의 다음 임지는 바로 상하이였다. 이는 그가 저장성으로 발령받았을 때보다 더 큰 뉴스로 중국인들에게 받아들여졌다. 상하이는 시진핑이 부임하기 전 해인 2006년에 아주 어두운 먹구름으로 덮여 있었다. 당시의 상하이 당 서기이자, 장쩌민이 이끄는 상하이방의 핵심 멤버였던 천량위陳良宇의 비리 사건 때문이었다. 상하이시 사회보장기금을 불법 유용한 혐의였다. 2006년 7월부터 그 사건에 대한 조사가 벌어졌다. 이는 정치적으로 매우 민감한 사건이었다.

당시 중국의 정계는 장쩌민의 상하이방, 그리고 후진타오 총서기의 공청단파가 크게 대립하는 상황이었다. 정치적인 이슈에 있어서도 상하이방은 보다 더 적극적인 불균형성장을 주장했고, 후진타오가 이끄는 공청단파는 원자바오 국무원 총리와 함께 균형적인 성장에 주목하는 편이었다. 그런 갈등과 대립이 지속적으로 불거지다가 급기야 상하이 당 서기 천량위의 비리혐의가 터져 나왔다. 자칫 잘못 처리할 경우 이 사건은 후진타오의 공청단파가 장쩌민계의 상하이방을 공격하는 최고의 무기로 발전할 조짐이었다. 그렇다면 천량위의 후임으로 누구를 상하이 당 서기로 보내야 할 것인가가 초미의 관심거리였다. 공청단의 맹장猛將이 후임 당 서기에 오를 경우 장쩌민의 상하이파는 존망의 위기에 닥칠 수도 있었다.

후진타오의 공청단은 장쩌민이 일선에서 물러난 뒤에도 상하이방의 끊임없는 견제를 받았다. 이 점은 아주 잘 알려진 사실이다. 견제 정도가 아니라 실제 중국 최고 권력의 구성에 있어서는 장쩌민의 상하이파가 태자당을 끌어안으면서 오히려 공청단파를 압도하는 실력을 드러내기도 했다. 그런 상황에서 상하이 당 서기로 시진핑이 확정되자 세계적인 관심이 몰렸다. 누구도 쉽게 양보할 수 없는 공청단파와 상하이방의 대립적 구도에서 '쌍방 모두 받아들일 수 있는 사람'으로 지목된 인물이 바로 시진핑이었던 셈이다. 이는 매우 큰 뉴스였다. 첨예하게 대립하던 공청단파와 상하이방의 극적인 타협의 산물로 받아들여졌기 때문이었다.

파벌이라는 관점에서 보면 시진핑은 공청단과는 일정한 거리가 있었다. 후진타오의 정치적 배려를 크게 받은 적이 없으며, 차세대 리더의 경쟁이라는 측면에서는 리커창이 공청단을 대표하고 있었기 때문이었다. 아울러 출신 성분으로 따질 때도 시진핑은 완연한 태자당 그룹이었으며 장쩌민 주도 하의 공산당에서 중앙위원회 후보위원으로 이름을 올리기도 했다.

장쩌민의 상하이방이 공청단파와의 대립 구도에서 예하에 있던 태자당 그룹의 리더 쩡칭훙曾慶紅과 연대하는 데 성공했다는 점은 잘 알려져 있다. 그런 점에서 보면 파벌의 요소로 볼 때 시진핑은 공청단파보다는 장쩌민 계열에 훨씬 가깝다. 그럼에도 후진타오가 시진핑을 차기 상하이 당 서기로 받아준 점이 주목을 끌기에 충분했다. 이는 앞에서 소개한 내용과 연관이 있다. 시진핑의 부친 시중쉰과 후진타오의 '정치적 스승' 후야오방의 관계 말이다. 후야오방이 1987년 최대의 정치적인 위기를 맞아 낙마하기 직전 그를 끝까지 옹호해 준 사람은 바로 시중쉰이었다.

따라서 후진타오가 시중쉰의 아들인 시진핑을 받아들일 만한 이유는 나름대로 있었다. 시진핑은 그런 백그라운드에다가 특별한 정파政派적 속성을 내보이지 않으면서 착실하게 지방 행정에 몰두했던 우수한 청년간부 출신의 관료였다. 시진핑이 지닌 '시중쉰의 요소'가 빛을 발하고 있던 데다가 본인 또한 과묵하며 튀지 않는 행보로 착실하게 실력을 닦아온 인물이라는 얘기다.

시진핑은 어쨌든 그런 파벌적 이해관계가 맞아떨어져 상하이 당 서기로 부임했다. 공식 발표는 2007년 3월이었다. 세계는 그런 자리에 오른 시진핑이라는 인물에 주목하기 시작했다. 그는 천량위 사건을 조용히 처리했다. 장쩌민의 심기를 건드리지 않는 용의주도함을 선보였고, 천량위의 비리 혐의에 연루된 상하이시 공직자들에 대한 처리에 있어서도 엄격하며 중립적인 입장을 유지했다.

그 과정에서 상하이 간부들은 시진핑을 위해 거대한 저택을 마련하고 신임 상하이 당 서기의 관저로 지정했다. 그러나 시진핑이 이곳을 둘러본 뒤 "원로 퇴임 간부들을 위한 장소로 제공하는 게 낫겠다"는 말을 남기고 바로 자리를 떴다는 일화는 매우 유명하다. 결과적으로 상하이 당 서기 부임은 시진핑으로서는 획기적인 일이었다. 그는 이 자리를 발판으로 6개월 뒤에 열리는 공산당 17차 당 대회에서 두 단계를 건너뛰어 정치국 상무위원이라는 최상층의 권력을 쥔다. 그러나 그뿐이 아니었다. 공청단파가 내세우는 차기 '공산당 총서기' 리커창을 누르고 상무위원 서열 6위에 올랐다. 리커창은 시진핑에 한 칸 뒤진 7위로 입장했다.

그 내막을 두고 여러 이야기가 전해진다. 그중에서 가장 유력한 것은 쩡칭훙의 퇴임에 관한 내용이었다. 원래는 장쩌민 상하이방의 일원이면서 독자적으로 태자당 그룹을 이끌었던 쩡칭훙이 17차 당 대회에서 고령의 제한에 걸려 정치국 상무위원 자리로부터 내려오는 조건으로 시진핑을 올렸다는 분석이다.

파벌 간의 다툼이라는 시각에서 보면 공산당 17차 당 대회는 장쩌민의 우세였다. 비록 2002년에 총서기와 국가주석을 내주고, 2004년에는 2년 동안 파격적으로 유임했던 중앙군사위 주석까지 내준 상태의 장쩌민이었지만 그의 막후 세력은 여전했다. 공청단파의 약진세를 멈추기 위해서 꺼내든 카드가 시진핑이었고, 공청단파의 수장 후진타오는 그 카드를 받아들였던 것이다.

장쩌민의 힘이 셌다고 봐야 하겠지만, 후진타오가 그래도 마음 놓고 자신의 다음 세대 권력 1위로 시진핑을 받아들인 데는 아무래도 그의 부친과 자신의 정치적 스승인 후야오방의 관계, 즉 시진핑의 '시중쉰 요소'가 작용했다는 게 일반적인 분석이다. 시진핑은 17차 당 대회에서 리커창을 누르고 서열 6위를 차지한 데 이어 2012년 열린 18차 당 대회에서 위풍당당한 모습으로 당 총서기 자리에 올랐다.

카우보이 기질, 그리고 냉정한 전략가

그는 어떤 사람일까. 이제까지 적었던 여러 가지 그의 경력이 말해주듯이 시진핑은 인생 초년을 '천당과 지옥'의 왕복으로 보냈다. 국무원 부총리까지 지냈던 부친의 정치적 몰락으로 산시의 토굴에서 보내야 했던 가난과 인고의 생활, 이어 부친의 복권과 후원으로 시작한 정치 입문, 조용하면서도 차분하게 보냈던 초기의 관료생활, 그리고 큰 틀에서 전략적 시각을 지닌 채 꾸준하게 일을 밀어붙이는 능력을 고루 선보인 사람이다.

그의 성격적인 특성을 꼽을 때 등장하는 단어들이 있다. 우선 권력 최고위층에 오른 다른 상무위원들에게서도 공통적으로 보이는 '드러내지 않기'다. 중국어로는 '저조低調'라고 적는다. 이는 전체적인 중국 최고위 관료들의 특성이다. 뒤에서 소개하는 상무위원들의 면면이 다 그렇다.

그럼에도 시진핑은 이 점이 더 두드러진다. 특히 업무 성과를 급히 내세우기 위해 지방 행정관들이 저지르는 '~공정工程' 등을 아주 싫어하는 편이다. 한때 유행을 탔던 일반 지방 관리들의 관행으로 꼽히는 게 '이미지形象 공정'이다. 중국어 '공정'은 엔지니어링에 해당한다. 도시의 외관을 바꾸거나 건물을 많이 지어 겉으로 발전한 듯이 보이는 게 '이미지 공정'이다. 시진핑은 푸젠, 그리고 저장 등에서 그런 단기간의 탁상행정을 도외시한 채 장기적인 플랜에 입각해, 당 지도부가 정한 틀을 벗어나지 않으면서 실사구시實事求是적인 행정을 선보였다.

또 다른 성격적인 특성은 침착함이다. 자신을 드러내지 않으니 성격이 묵직한 편일 것이다. 그가 거친 행정지역에서는 여러 가지 문제가 발생했다. 푸젠 닝더에서도 그랬고, 푸저우 당 서기 시절에는 창러 국제공항의 문제가 터졌다. 푸젠 성장을 할 때에는 중국 건국 이래 최대인 '위안화 그룹 밀수사건'이 벌어졌다. 그럼에도 시진핑은 제 갈 길을 갈 수 있었다. 철저하고 냉정한 자기관리가 있었기 때문에 가능했다. 몇 가지 심각한 풍파를 겪은 뒤에도 결코 자신이 세운 방향에서 조금도 흔들리지 않았다는 점은 그의 침착하면서도 안정적인 성격의 일단을 보여준다.

인간관계가 매우 뛰어나다는 점도 들 수 있다. 고교 시절의 친구였던 중국의 바둑 천재 녜웨이핑聶衛平과의 오래고 끈끈한 우정, 토굴생활을 보냈던 산시 량자허 촌민들과의 동지적인 감정, 각 지역의 행정을 맡을 때마다 현지에서 사귄 수많은 사람들 등이 그의 인간관계를 보여준다. 사람들과의 조화를 중시하는 그런 성격 때문이라고 볼 수 있다. 그가 '화합형 리더'라고 해외 언론들이 분석하는 이유다.

고도의 정치 감각도 시진핑의 성격을 이룬다. 그는 자신이 거쳤던 행정지역에서 늘 크고 작은 사고와 사건에 시달렸다. 다른 고위층 권력자들도 이 점은 마찬가지다. 시진핑은 그러면서도 늘 당 중앙과 완전히 일치하는 행보를 보였다. 당 지도부가 정한 방침을 충분히 숙지하고 그 정해진 틀에 따라 착실하게 자신을 맞추는 자세를 보였다. 그런 그의 성격적 특징을 보여줬던 때가 2007년 3월 상하이 당 서기 취임이다. 그는 상하이방의 장쩌민과 공청단파의 후진타오가 큰 다툼을 벌일 때 그곳으로 부임해 둘 사이의 이해관계 흐름을 잘 파악하고, 둘로부터 신임을 얻어내 결국 그해의 17차 당 대회에서 라이벌 리커창을 누르고 정치국 상무위원 6위에 오른다.

마지막으로 덧붙일 점은 그의 직업이 정치인이라는 점이다. 정치적 이해관계가 걸렸을 때 직업이 정치인인 사람은 어떻게 나올까. 그는 허베이 정딩현에서 근무할 때 허베이성 전체를 관장하는 가오양이라는 인물과 조우했다. 시진핑의 아버지 시중쉰은 그 가오양에게 여러 차례 전화를 해서 아들에 대한 배려를 부탁했다고 한다. 그러나 가오양은 번번이 이 청탁을 거절한다. 시중쉰과 시진핑 두 부자는 결국 그런 가오양의 벽을 넘을 수 없었다.

가오양은 중국 사회에서 존경을 받는 인물이다. 평생 청렴한 관료생활을 했고, 혁명 원로에 속하면서도 더 이상의 정치적인 욕심을 부리지 않은 인물이다. 일부 기록에 따르면 그는 타계하기 전까지 중국의 지속적인 개혁을 희망했다고 한다. 정실에 얽힌 부패를 단호하게 끊었다고 전해지는 인물이기도 하다.

그런 가오양은 공산당 핵심 간부 양성소인 중앙당교 교장을 끝으로 1987년 공직에서 은퇴한 뒤 2009년 별세한다. 그러나 그의 장례식은 당 기관지인 〈인민일보〉와 다른 정부 관할 언론 매체에 제대로 실리지 못했다. 해외의 관측통들은 그 점에 주목했다. 당시 시진핑은 이미 정치국 상무위원에 올라서 국가 부주석직을 수행하고 있었다.

당의 고위급 원로 타계 소식이 제대로 알려지지 못한 배경에는 시진핑이 있었다는 게 많은 언론들의 추정이다. 만일 그렇다면, 시진핑은 허베이에서 쌓은 가오양과의 악연을 기억해 보복한 셈이다. 정치의 길을 걷고 있는 잘 나가는 정치인에게서 흔히 볼 수 있는 모습이다. 정치의 길에서 서로 엮인 은원恩怨의 관계망을 현실적인 정치의 틀에서 풀어내는 버릇이자 관성일지 모른다. 어쨌든 시진핑에게는 그런 독한 '직업 정치인'으로서의 면모가 담겨 있을지 모르는 일이다.

이런 여러 가지 면모를 종합해 볼 때 시진핑은 아주 전형적인 중국 정치인이자 관료다. 당이 정한 노선에서 절대 벗어날 생각을 하지 않으며, 그러나 그 틀에서는 매우 장기적인 안목을 갖추고 정책을 만들어 내며 집행한다. 아울러 고도의 정치적 감각으로 자신의 위상과 상대의 힘을 저울질하는 전략가다.

개인적인 성품은 친화적이며 소박하다. 그리고 은근과 끈기가 있으며 남을 배려할 줄도 알아 보인다. 결코 먼저 자신을 드러내지 않고 상대를 주의 깊게 관찰하며 세勢의 유불리有不利를 따지는 냉철한 병법가兵法家다. 자신에게 불리함을 안긴 상대에게는 반드시 보복하는 날카로움도 그 안에 담겼다.

대체적으로 그는 중국의 국력 키우기에 능한 면모를 보일 것으로 전망된다. 그러나 정치개혁 등 혁신이 필요한 부분에는 오히려 둔감할지 모른다는 예측을 낳는다. 2012년 11월 15일 공산당 총서기 취임 기자회견에서는 먼저 강력한 국가주의와 민족주의 열망을 토로했다. 그 틀을 강고하게 지닌 지도자는 당장 눈에 보이지는 않으나 매우 소중할 수도 있는 추상적 가치에 둔감한 편이다. 중국의 발전에 꼭 필요하다고 여겨지는 정치개혁을 그가 꺼내 들 수 있을지에 많은 사람이 회의적인 반응을 보이는 이유다.

잘 알려져 있다시피 그의 부인은 인민해방군 소장이자 국민적 혁명가수인 펑리위안彭麗媛이다. 딸은 미국의 명문 하버드 유학 중이라고 한다. 어렸을 적 부친의 정치적 박해에 따라 모진 고생을 했던 누나 치차오차오와 동생 시위안핑은 최근 해외 매체의 보도로 곤경을 치렀다. 부동산 등에 손을 대 돈을 벌었으며 일가 전체의 재산은 3억6700만 달러가 넘는다는 내용이다.

李克强

1955년 생

1974년 안후이 펑양현 둥링대대 지식청년

1976년 안후이 펑양 다먀오대대 지부 서기

1978년 베이징 대학 법학과

1982년 베이징 대학 공청단 서기, 공청단 중앙상무위원

1983년 공청단 중앙서기처 후보서기

1985년 공청단 중앙서기처 서기

1993년 공청단 중앙서기처 제1서기

1998년 허난성 부서기, 성장

2002년 허난성 서기, 성장

2004년 랴오닝성 서기

2007년 중앙정치국 상무위원

2008년 국무원 부총리

2013년 국무원 총리

리커창

500여 년 전 중국 전역을 주름잡았던 황제 주원장朱元璋과 2012년 11월 중국 권력의 제2인자로 부상한 리커창李克强은 시대를 달리 태어났으나 땅이 맺어주는 인연, 즉 지연地緣으로는 조금 겹친다. 그 스스로 "내 고향은 펑양鳳陽"이라고 하는데, 그 펑양이란 곳이 주원장이 태어난 곳이기 때문이다.

그러나 중국 공식 기록에 따르면 리커창의 본향本鄕은 주원장의 고향 펑양 인근에 있는 안후이安徽성 동부 지역 딩위안定遠이다. 그의 부친이 이곳 출신이며, 그에 앞서 그의 여러 선조들이 대대로 거주했던 곳이 딩위안이다.

이런 경우 중국에서는 대개 리커창을 딩위안 출신으로 이야기한다. 그러나 리커창 본인은 공개적으로 "안후이성 펑양 출신"이라고 곧잘 말한다. 심지어는 리커창이 유년기를 보냈던 안후이성 도회지 허페이合肥를 그의 고향으로 이야기하는 경우도 있다.

한국인에게 이런 안후이성의 여러 지역 명칭은 꽤 낯설다. 그러나 4000년 이상의 유장한 역사적 흐름을 간직했으며, 아울러 한반도에 비해 비교할 수 없을 정도의 방대한 인구가 살았던 현재의 중국 방방곡곡은 그 장구하며 방대한 시간과 사람의 축적에 따라 각기 찬란한 전통성을 자랑한다.

소설 『삼국지연의三國志演義』에 나오는 노숙魯肅이라는 인물이 있다. 워낙 유명한 소설이라 한국에서도 그 독자들 또한 제법 귀에 익은 사람이다. 그는 일찍이 오吳나라의 손권孫權에게 천하를 세 덩어리로 나누는 '천하삼분天下三分'의 계책을 냈던 인물이다.

『삼국지연의』라는 소설 속에서는 천하를 삼분하자는 계책이

제갈량諸葛亮에게서 나온 것처럼 그려지고 있지만 실제 그 계책을 처음 낸 사람은 노숙이다. 그만큼 노숙은 천하를 경략할 만한 포부와 안목, 그를 뒷받침할 수 있는 머리까지 갖춘 인물이다. 노숙은 또한 손권의 책사로서 형주荊州로 관우關羽를 찾아갔고, 주유周瑜가 죽은 뒤에는 그를 대신해 오나라의 전선을 지휘한 사람이다.

그럼에도 리커창의 고향이 어디인지에 관해서는 설이 다소 엇갈린다. 선조들이 대대로 살아와 부친 대까지 이어진 지연은 안후이성 딩위안이 맞지만, 본인은 부친과 어머니가 만나 혼인을 하고 자신을 낳기까지 생활한 평양이라고 언급하며, 일부 중국 공식 매체는 태생을 아예 허페이로 못을 박는 경우도 있다.

그러나 어쨌든 조상 대대로 살아온 지역으로 따지면 딩위안이 맞다. 그로부터 보면 그는 삼국시대 오나라 명장 노숙, 명나라 왜구倭寇 토벌의 명장 척계광戚繼光 등과 동향이다. 오로지 태어난 곳을 기준으로 삼아 따진다면, 그는 명나라 건국조 주원장과 같은 고향의 인연을 지녔다.

한 걸음 더 나아가 일부 매체의 소개대로 출생지가 허페이라고 친다면, 리커창은 중국 역대 관료 중 가장 청렴하며 공정했던 판관 포청천包靑天, 청나라 말기 제국주의 열강과 치열한 교섭을 벌였던 전략가 이홍장李鴻章과 같은 고향이다.

중국인들이 즐겨 하는 말이 있다. '한곳의 물과 흙은 그곳 사람을 길러낸다'는 말이다. 중국어로는 '一方水土, 養一方人'이라고 적는다. 앞에서도 소개했다. 한 지역의 물과 흙으로 만들어지는 환경이 일정한 정도에서 그곳 사람들의 문화적 생태를 결정한다는 의미다. 어느 한곳의 특별한 인문자연적인 조건이 그곳 사람들의 사고와 행위에 영향을 끼친다는 뜻이기도 하다.

그렇다고 딩위안, 펑양, 허페이의 인문자연적인 환경을 모두 뒤져서 중국의 다음 10년을 이끌어 갈 리커창의 이모저모를 살피는 일은 번거롭다. 안후이 중동부 지역의 인문적 환경이 리커창의 사고와 감성, 행위상의 일부 습성을 빚어냈다고 하면 그만이다. 따라서 우리는 그가 태어나 자란 곳이 어린 리커창에게 어떤 방식으로 영향을 끼쳤는지 따져보는 게 먼저다.

그는 유년과 중학교 이전의 삶을 허페이에서 보냈다. 유년에 이어 사춘기의 감성이 도질 무렵까지 보낸 곳이었으니 그는 도회지인 허페이를 자신의 고향으로 꼽을 수도 있다. 그러나 부친 리펑싼이 현장을 지내다가 생모와 만난 곳 펑양에 대해서도 애착이 매우 큰 것으로 알려져 있다. 한창 예민할 때의 그에게 많은 영향을 미쳤던 '고향의 정서'를 이야기하라고 한다면 리커창은 우선 펑양을 떠올린다는 얘기다. 그렇다면 리커창은 명나라 건국 황제 주원장과 어떻게 해서든 연결고리를 지닌다고 볼 수 있다.

1970년 대 초반에는 문화대혁명의 여파가 가라앉지 않은 시점이다. 따라서 마오쩌둥의 지시에 따라 많은 수의 지식청년들이 농촌으로 달려가 가난한 주민들과 함께 생활하는 '하방下放'이 유행이었다. 허페이에서 명문 중학교를 다니던 리커창은 마음속의 고향, 펑양으로 농촌 하방을 떠난다.

앞에서도 잠시 언급했듯이 펑양은 명나라 주원장의 고향이자, 명나라 개국 공신 41명전체 91명을 배출한 곳이다. 주원장의 고향이자 몽골족이 다스린 원元나라에 이어 등장한 한족漢族 중심의 왕조인 명나라의 고향이라고 해도 좋을 만한 곳이다.

그 펑양은 500년 전 심각한 기근을 맞아 온 백성이 도탄에 빠졌던 주원장의 시절처럼 중국 현대사에서도 매우 심한 굴곡을 넘어야 했던 곳으로 나온다. 우선 그의 부친인 리펑싼李奉三은 1951년 이 펑양현의 현장으로 승진한다.

리펑싼 역시 사회주의 혁명기 대열에 열정으로 뛰어든 흔적이 있다. 사회주의 중국이 세워진 이래 현의 간부 자리에 오른 이력으로 볼 때 그런 소지가 있다는 얘기다. 자세한 사항은 알려져 있지 않다. 어쨌든 그는 사회주의 중국 건국1949년 직후인 1950년 2월 펑양현의 부현장으로 왔다가 1년 반 뒤에 다시 그 현의 최고 책임자인 현장에 오른다.

1950년대 말을 지나 1960년대 초반에 이르는 동안의 중국은 처참한 시련기였다. 인민공사, 대약진운동 등 마오쩌둥의 극좌식 사회주의 운동이 벌어지면서 대기근까지 합세해 중국인이 약 3000만 명 가까이 굶어 죽거나, 최소한 제명에 죽지 못하는 사태가 벌어진 기간이었다.

펑양의 경우도 심각했다. 각종 기록에 따르면 이 기간에 인구가 3분의 1 이상씩 줄어들면서 외지로 떠나는 주민들도 늘 줄을 이었다고 전해진다. 집단적 거주에 이어 공동생산, 공동분배를 모토로 내걸고 출범한 인민공사제도에서는 관료들의 식량 증산에 대한 허위보고가 이어지면서 피해를 입은 주민 3분의 1이 굶어 죽었다는 조사보고서도 있다.

흉년에 적절하게 대처하지 못하는 경우가 생겨나 사람들이 굶어 죽기 시작하면 반드시 사람으로서는 눈 뜨고 보지 못할 사건도 발생하게 마련이다. 평양현에서는 이 기간에 사람이 인육人肉을 먹으면서 생존을 시도한 사례가 63건에 이르렀다고 한다.

그로부터 10여 년이 지난 뒤인 1974년 중학을 마친 리커창은 지식청년 농촌생활운동의 일환으로 이곳에서 4년을 보낸다. 불과 10여 년 전 사람이 사람을 잡아먹거나, 굶어 죽는 사람이 전체 인구의 30~40%에 이르렀던 곳에서 밑바닥 생활을 해야 했던 리커창에게는 남다른 시절이었을 법하다.

리커창은 곤궁하면서도 절박했을 그런 시절을 아무런 착오 없이 보낸다. 평양은 그의 부친이 일찍이 현장과 부현장으로 재직했던 곳이었기 때문이다. 아들 리커창이 부득이하게 정부의 방침에 따라 농촌으로 하방을 떠날 때 그의 부친은 그를 수수방관하지 않았다.

일부 언론 보도에 따르면 리펑싼은 과거의 인연에 따라 자신의 영향력이 남아 있는 평양의 인민공사에 아들을 보냈고, 그런 부친의 보이지 않는 노력에 따라 리커창이 힘들고 어려웠던 시절을 무사히 겪었다고 한다.

리커창은 아울러 농촌 하방 시기에 공산당에 가입한다. 또 말단 조직의 서기에 오른 뒤 이어 '안후이성 마오쩌둥 사상학습 모범 개인'에 뽑힌다. 내친김에 도달하는 곳은 중국 최고의 학부 베이징 대학이다.

1977년은 기념비적인 한 해다. 10년 동안 중국을 휩쓸었던 문화대혁명1966~1976이 마침내 막을 내리고 모든 것이 '정상'으로 자리를 되찾아가는 시점이었다. 대학입시도 마찬가지였다 문화대혁명으로 10여 년 동안 치러지지 못했던 대학입시도 이해 말에 다시 정상적인 상태로 환원한다.

리커창은 마침 그 입시에 뛰어들 연령이었다. 그는 고향 허페이에서 학비를 내지 않아도 되는 안후이 사범학원師範學院을 1지망, 최고 명문 베이징 대학을 2지망으로 적어낸다. 사실상 가고 싶은 곳은 베이징 대학이었다고 한다. 결과는 합격이었다.

10여 년 동안 중단한 대학입시로 인해 많은 경쟁자가 유독 심하게 몰린 한 해였다. 입시 응시생은 570만 명, 그중에서 대학입학에 성공한 사람은 27만3000명, 다시 그중에서 리커창은 최고학부 베이징 대학에 이름을 올린 셈이다. 그의 학습능력을 별도로 이야기할 필요가 없는 대목이다. 그는 줄곧 명석했고, 학습능력이 매우 뛰어났다고 볼 수 있다.

그는 뿌리와 묘목이 모두 훌륭한, 이른바 거의 무결점에 가까운 '출신성분'의 소유자다. 그의 부친은 혁명의 대열에 뛰어든 인물이었고, 아울러 사회주의 중국 건국 뒤 안후이성에서 현장의 직위에 올랐다. 부친의 사회주의에 대한 열정, 나아가 그의 지도에 힘입어 리커창은 농촌 하방 기간을 무사히 마친 뒤 다시 시작한 대학입시에서 최고의 명문인 베이징 대학 법학과에 입학했다.

출신, 청소년 시절의 경력, 한 걸음 더 나아가 미래 공산당 엘리트로 올라설 수 있는 학력의 기반까지 두루 갖춘 셈이다. 출신과 조기 공산당 입당과 관련 경력으로 따지면 그는 뿌리가 바르고 묘목이 제 색깔공산당 당성을 갖춘, 중국식 성어 표현으로 적는 '근정묘홍根正苗紅'이다. 게다가 누군가로부터 물려받았을 명민함과 학습능력으로 그는 중국 최고 권력으로 향하는 길에 나섰던 셈이다.

이 과정 중에 등장하는 사람이 하나 있다. 리청李誠이라는 이름의 '도사導師'다. 굳이 따지자면 나이는 리커창의 할아버지뻘이다. 청나라 말엽에 중국 문단의 최고봉을 이루었다는 '동성파桐城派'의 마지막 문인이라고 해도 좋다.

앞에서 리청을 리커창의 '도사'라고 적었는데, 도포를 입고 미래를 점치는 영험한 도사道師를 일컬음이 아니다. 어두운 곳에서 밝은 곳으로, 어리석음에서 지혜의 세계로 나가고자 하는 사람을 이끌어 주는導 스승師을 말함이다.

중국인은 대개 혈연血緣과 지연地緣 못지않게, 한 사람의 일생을 살필 때 미덥지 못한 상태를 깨우쳐 주는 계몽啓蒙의 스승을 중시한다. 그가 부모일 수도 있고, 옆집 형일 수도 있다. 어쨌든 일생일대의 가장 큰 만남 중의 하나로 꼽히는 그 '도사'가 리커창에게 다가선다.

우연히 만났던 것으로 보인다. 의도하고 작정해서 찾아 나선 인물이 아니라, 자연스레 그 옆에 다가선 경우다. 부친 리펑싼이 또 앞장을 섰다. 허페이에서 중학을 다니던 시절이었다. 마침 중국 전역에서는 문화대혁명이 도졌다. 학교도 자연스레 휴학기에 접어들었다.

허페이의 명문 '남문南門 소학교'를 우수한 성적으로 마친 리커창은 다시 '허페이 8중中'에 입학한다. 역시 대단한 두뇌를 지닌 학생만이 들어갈 수 있는 명문학교였다. 그러나 전국으로 번진 문화대혁명의 불길로 학습을 이어갈 수 없는 상황이었다.

그런 시절 부친 리펑싼은 아들 커창을 데리고 안후이성 문학 역사관에 있던 중국 전통학문의 대가인 리청을 방문한다. 역시 전통학문에 밝은 부친은 리청과 고담준론을 펼치며 아들로 하여금 옆에서 이를 줄곧 지켜보게 한다. 리청은 총명하면서도 배움에 관해 호기심이 많았던 리커창을 제자로 받아들일 정도로 가까워졌다. 매일 시 한 수를 가르치고, 잘 못 알아듣는 부분에 대해서는 방대한 고전 지식을 동원해 설명해 주는 방식이었다.

이를 통해 청소년 시절의 리커창은 중국 전통 학문에 대한 이해를 넓혔다. 리청은 1970년대 사망하는데, 그 죽음을 가장 슬퍼했던 제자 중의 하나가 리커창이었던 것으로 중국 언론들은 전한다. 농촌으로 하방을 떠날 때 리청은 대열에 함께 섞여 있던 리커창을 불러 "끊임없이 배우고 또 배워라, 농촌에서도 배우고, 책에서도 배워라"고 격려하며 부단한 학습의 중요성을 일깨웠다고 한다.

말이 없는, 말 잘하는 학생

리커창에 관한 베이징 대학 동기 동창생들의 회고 자세는 대개가 '회피'가 먼저다. 리커창이 중국 최고 권력층에 진입한 2007년 무렵, 그의 행적을 뒤쫓는 중화권의 무수한 매체가 그들을 접촉하고 나섰으나 리커창의 친구들은 입을 굳게 닫는 편이었다.

중국 최고 지도자에 오른 친구가 두려워서다. 중국 최고 지도자는 그만큼 중국에서 힘이 세다. 그에 관한 정보를 함부로 누설하고 다닐 경우 공산당은 그를 결코 내버려 두지 않기 때문이다. 따라서 리커창과 함께 학창시절을 보냈던 친구들은 대부분 입을 닫고 그 자리를 피하는 경우가 많다. 그러나 전체적으로 알려진 인상은 있다. 리커창이 상당히 말을 아끼는 사람이고, 함부로 입장을 밝히지 않는다는 점이다. 그러나 공식적인 자리에서 발언을 하기 시작하면, 그 말의 내용이 매우 참신하면서 깊이가 있었다고 한다. 예리하게 문제의 본질을 짚어 내면서 해결책까지 제시하는, 매우 세련된 언변술의 주인공이라는 지적이다.

중국 언론의 소개에 나타난 내용들을 종합해 보면 중국 최고 권력 그룹에 오른 리커창의 인생 역정에는 모두 7인의 스승이 등장한다. 앞에서 소개한 청나라 최고 문장 그룹 '동성파'의 전통을 이은 리청이 우선이다. 그 다음으로 등장하는 사람이 베이징 대학 법학과 교수 궁샹루이龔祥瑞 1911~1996다.

그는 정치학이 전공이다. 저장浙江성 닝보寧波 출생으로, 어렸을

적 서구문명의 핵심인 교회의 영향을 받고 자란 인물이다. 대학 진학 때 원래 생물학을 전공했으나, 밑바닥 사람들에 대한 관심으로 결국 명문 청화대학에 진학한 뒤 정치학을 공부했다. 영국과 프랑스 유학파로 비교 헌법과 서양 정치학에서 권위자로 꼽히던 인물이다.

범상치 않은 사제師弟의 인연이다. 리커창은 이 궁샹루이라는 스승을 두고 그저 학과 공부 시간에만 열심히 듣고 배우는 그런 학생은 아니었던 것으로 보인다. 서구식 정치인 다당제 중심의 민주정치에 관심이 많았던 궁샹루이의 영향 아래에서 리커창을 비롯한 몇 명의 베이징 대학 법률학과 엘리트 학생들은 제법 깊이 비교정치학과 서양 헌법에 관한 기초적 이론을 섭렵했다고 알려졌다.

장쩌민江澤民과 후진타오胡錦濤가 주도하던 1990년대와 2000년대 전반 10년까지의 중국 정치권은 이른바 '테크노크라트', 즉 기술관료가 득세하던 시절이었다. 강력한 경제성장을 바탕으로 중국을 쉼 없는 발전의 노정으로 이끌던 때였다. 그러나 일정한 수준까지 중국이 성장한 뒤에는 다른 문제가 많이 생겨났다.

성장에 따른 이익의 분배, 법치의 확립과 그를 통한 안정적인 발전토대 확립에 관한 고민 등이 주제였다. 그에 따라 기술 분야의 관료보다는 이익 분배의 정의를 중점적으로 관장하는 '사회과학적 지식형 관료'가 필요했다. 그런 즈음에 후진타오 집권 중반기에 무대에 올라선 사람이 리커창과 시진핑이었다.

그런 점에서 베이징 대학 법학과 출신으로 궁샹루이 밑에서 비교정치학과 헌법 등을 깊이 있게 탐색한 리커창의 지적인 배경을 관찰할 필요가 있다. 물론, 그 이후 리커창이 보인 관료로서의 스타일과 사상적 배경을 보면 그가 궁샹루이의 학문적 지향을 그대로 답습하거나 더 발전시킨 형태의 이론을 갖춘 인물이라고 보기는 어렵다. 그래도 청년시절 비교의 관점에서 서양의 정치를 면밀하게 지켜 본 리커창의 학문적 토대는 주목할 필요가 있는 대목이다.

리커창은 졸업과 함께 두 길을 두고 번민한다. 하나는 공부를 계속하기 위해 장학생으로 미국 또는 프랑스에 유학하는 길, 다른 하나는 중국에 남아 관료로서의 고속 승진을 약속 받는 길이다. 그는 결국 후자를 선택한다. 엄밀하게 말하자면, 선택이라기보다 권유에 의한 눌러앉기였다.

대학시절 그를 눈여겨 본 베이징 대학 당 위원회 부서기 마스장馬石江의 고집이 더 강했다. 그는 10여 차례에 걸쳐 리커창을 설득했다고 알려진다. 평소에는 과묵해서 친근감을 주지는 않지만, 공식적인 행사에서 가끔 드러나는 명징明澄한 사고思考와 정치精緻한 언변言辯을 마스장이 알아봤던 셈이다.

리커창은 마스장의 권유에 따라 유학을 포기한 뒤 베이징 대학 공산주의청년단共靑團 조직의 우두머리인 서기직을 맡는다. 당시 베이징 대학에는 공산주의청년단 자격을 지닌 학생이 1만 명에 육박하던 시절이었다. 이는 리커창의 운명을 결정하는 중요한 자리였다. 이 조직을 통해 리커창은 미래 권력의 정점에 먼저 오른 후진타오와 조우하는 기회를 얻기 때문이다.

특별한 인연, 공청단의 후진타오

공청단은 잘 알려져 있다시피 중국 공산당의 예하 조직이다. 젊은이들을 미리 양성해 공산당의 간부로 쓰기 위해 만들었다. 1949년 1월 신민주주의新民主主義 청년단이란 이름으로 바뀌었다가 1957년 공산주의청년단으로 명칭을 확정했다.

그 토대를 쌓은 사람은 덩샤오핑과 함께 중국 개혁개방을 이끌었던 후야오방胡耀邦이다. 초대 신민주주의청년단의 대표를 맡아 공산주의 엘리트 교육의 토대를 쌓았던 사람으로, 1980년대 덩샤오핑의 권력 밑에서 공산당 총서기까지 올랐다. 그러나 정치개혁에 관한 진보적 취향 때문에 결국 덩샤오핑에 의해 권좌에서 물러났다가 1989년 천안문 사태 직전 사망하는 비운의 지도자다.

후야오방은 일부에 알려진 대로 2002년 중국 공산당 총서기에 오른 후진타오의 정치적 스승이다. 후야오방은 공산주의청년단 출신으로 겸손하며 성실한 후진타오를 끝까지 돌봤던 것으로 유명하다. 예를 들어 후진타오가 정치적으로 음지에 해당하는 구이저우貴州성 당 서기로 갔을 때 공산당 총서기 후야오방이 명절 휴가 동안 일부러 그곳으로 두 차례나 찾아가 시간을 보낸 일화가 대표적이다. 후야오방은 이를테면 후진타오의 정치적 스승이자 후견인이라고 할 수 있는 사람이다.

베이징 법대의 잘나가는 우수 학생 리커창은 유학의 길에 올라 학문의 여정에 나서는 대신 그 공산주의청년단에 발을 들여놓는다. 그가 유학을 떠났다면 지금쯤은 베이징 대학, 또는 다른 중국 명문대에서 강의와 이론 전개로 이름을 제법 날리는 학자로 변했을지 모른다. 그러나 그의 빼어난 사고와 언변, 정치적 잠재력을 알아본 당시 베이징 대학 공산당 위원회 부서기 마스장의 끈질긴 권유는 결국 리커창을 붙잡아 중국 최고 권력 지도부로 향하는 고속도로로 발을 들여놓게끔 만들었다.

공산주의청년단은 앞에서 소개한 대로 공산당이 미래의 권력 엘리트를 집중적으로 배양하기 위한 일종의 '인큐베이터'에 해당한다. 이곳에서 두각을 나타내면 공산당이 형성하는 거미줄과도 같은 권력의 네트워크에 몸을 싣는 일은 아주 간단하다. 그러나 어떻게 두각을 나타내며, 누구 앞에서 또 그 두각을 드러내느냐는 매우 중요하다.

베이징 최고 권력이 머무는 중난하이中南海로 그 길이 뻗을 수 있고, 지방의 말단 조직만 맴도는 아주 피곤하고 복잡한 길을 갈 수도 있다. 리커창에게 놓인 길은 전자였다. 우선 리커창은 베이징 대학 공청단 서기직에 오른 뒤에도 제법 오랫동안 쌓은 학문적 수양을 발휘했다. 날카로운 언변이 두드러졌으며, 토의 석상에 오른 안건에 대한 참신한 시각도 돋보였다.

그의 앞에 나타난 정치적 '은인恩人'이 한 사람 있다. 1980년대 초반 공산당 중앙 조직부 부부장을 맡고 있던 왕자오화王照華였다. 중국 언론이 소개한 바에 따르면 그 사정은 이렇다. 학문적 깊이를 쌓은 안후이 출신의 빼어난 이론가 리커창은 베이징 대학 공청단 서기 신분으로 그 상위 조직인 베이징시 전체 공청단 회의에 참석한다. 그 자리에서 당시의 정치와 사회적 현안을 두고 토론이 벌어질 때 리커창의 정교한 언변과 참신한 발상은 매번 빛을 발했다고 한다. 그러나 그 점이 문제였다. 튀는 돌에 날아오는 것은 쇠망치 아니고 무엇일까. 사람 사는 세상의 도리가 다 같은 법이다. 그에게는 많은 시샘 섞인 비판이 따랐다고 했다. 다른 부문의 간부들로부터 반발도 있었다고 한다.

결국 리커창은 1982년 베이징시 공청단 대표를 뽑는 선거에서 탈락하고 만다. 리커창 본인은 그에 별로 당황하지 않았지만, 그 과정을 지켜보고 있던 당 중앙 조직부 부부장 왕자오화는 마음이 급해졌다. 중국 최고 학부로 일컫는 베이징 대학의 공청단 서기를 내심 미래의 엘리트로 낙점해 두고 있었기 때문이다. 결국 왕자오화는 막강한 당 중앙 조직부의 권위를 빌려 리커창을 베이징시 공청단 상무위원으로 선발토록 '손'을 쓴다.

당시 공청단 본부 중앙서기처 제1서기는 1980년대 이후를 이끌어갈 새 세대 권력자로 떠올랐던 왕자오궈王兆國, 공청단 중앙서기처 상무서기는 20년 뒤 중국 최고 권력자로 등장하는 후진타오였다.

그럼에도 의문은 남는다. 왕자오화는 왜 하필 리커창을 그렇게 애지중지했을까. 아무리 언변이 뛰어나고 아이디어가 좋다고 하더라도 리커창이 그렇게 당 중앙조직부 부부장을 단박에 휘어잡을 매력적인 인물이었을까. 다 곡절이 숨어 있을 법하다. 실제 리커창이 권력 전면에 부상하면서 그를 추적해 내놓는 자료도 뒤를 따른다.

리커창의 처 청훙程虹, 그녀의 아버지이자 리커창의 장인 청진루이程金瑞가 비밀의 열쇠다. 그 관계를 추적한 홍콩의 한 책자에 따르면 청진루이는 공산주의청년단에서 왕자오화의 부하이자 동료로 일했다. 문화대혁명이 벌어지기 직전 청진루이는 허난河南 공청단 서기, 왕자오화는 그보다 상급에 해당하는 중앙서기처 서기였다. 이런 인연으로 청진루이는 자신의 사위인 리커창을 왕자오화에게 소개했던 셈이다. 중국에서는 그런 '관시關係'가 문제 해결에 있어서 다른 무엇보다 효력을 드러낸다는 점은 주지의 사실이다. 특히 '관시'의 바탕이 혈연血緣이나 그와 비슷한 혼인婚姻을 통해 맺어진 유사 혈연일 경우 그 효력은 배가倍加하는 법이다.

이 왕자오화라는 인물은 우리에게는 잘 알려져 있지 않으나 내공內功이 대단하다. 그가 걸어온 이력履歷과 쌓아온 업적이 말해주는 자력資歷도 범상치 않다. 무엇인가 리커창과는 아주 깊은 인연으로 맺어진, 그래서 오늘날의 리커창이 권력의 정상에 오른 비결을 말해주는 '열쇠'라는 인상이 짙다.

그는 공산주의청년단, 공청단의 산 증인과 같은 인물이다. 그는 타계하기까지 거의 40년 가까이를 공청단에서 일해 온 사람이다. 아울러 공청단의 토대를 직접 닦아 오늘날의 조직을 키워낸 후야오방 전 공산당 총서기를 비롯해 공산당 최고층과의 교류가 깊다. 아울러 그는 문혁 뒤에 공산당 중앙조직부 부부장에 올랐던 실권자에 해당한다.

그런 왕자오화와 리커창은 장인 청진루이를 통해 인연을 맺는다. 리커창이 그 뒤로 순풍에 돛을 단 배처럼 중국의 권력 그룹 안에서 승승장구乘勝長驅, 아주 경이적인 속도로 빛을 내며 순항하는 데에는 왕자오화의 공이 절대적으로 숨어 있다고 봐야 하는 것이다.

어쨌든 리커창은 그런 후원세력의 튼튼한 보살핌에 힘입어 환로宦路를 거침없이 달려 나가면서도 학업을 게을리하지 않는다. 그는 1983년 공청단 중앙서기처 서기로 이동한다. 이미 그곳에서 터를 잡고 묵묵히 미래를 열어가고 있던 후진타오와 동료이자 후배로서 인연을 튼다. 그러면서 그는 모교인 베이징 대학에서 경제학 석사1988년, 경제학 박사1995년를 취득한다. 석사학위 지도교수는 중국 유명 경제학자 샤오줘지蕭灼基, 박사학위 지도교수는 역시 최고의 명성을 떨치고 있는 경제학자 리이닝厲以寧이다.

장인 청진루이를 통해 만난 왕자오화, 그리고 그 두 사람의 도움으로 공청단 핵심에 진입한 리커창은 이곳에서 그의 일생에 가장 큰 '산山' 하나를 만난다. 중국인들은 자신이 믿고 의지하는 커다란 기둥을 곧잘 이 '산'에 비유한다. 베이징 법학과를 졸업하고 유학을 포기한 채 공청단에 발을 들여놓은 리커창이 기댈 수 있었던 그 커다란 산은 바로 후진타오다.

리커창은 1983년 드디어 공청단의 정점에 있는 조직, 공청단 중앙서기처中央書記處 후보 서기로 승진한다. 향후 리커창이라는 인물이 30년 뒤 중국 최고 지도부로 들어서는 쾌속 항진航進의 노정路程에 있어서 이는 가장 중요한 장면에 해당한다. 그는 이곳에서 공청단 2인자로 있던 중앙서기처 상무常務 서기 후진타오와 함께 동료이자 선후배로서 일을 하는 행운을 잡는다.

2002년 공산당 총서기에 오른 후진타오는 이른바 '공청단 파벌'의 개막을 알렸다. 혁명 원로 또는 고위 간부의 후대들이 모인 '태자당 그룹', 장쩌민 등을 중심으로 뭉친 '상하이방'과 함께 '공청단파'는 후진타오 시대의 개막과 함께 어엿한 중국 권력 구도 내의 한 파벌로 부상했다. 그 연원을 따지자면 후진타오에 앞서 그의 정치적 스승인 후야오방이 먼저다. 공청단을 만들어 초기 그 조직을 이끌다가 1980년대 공산당 총서기에 오른 후야오방은 그 뿌리에 해당한다. 그러나 하나의 파벌을 형성하지는 못했다. 권력을 두고 벌이는 교섭과 타협의 거센 흐름 속에서 공청단이 한 그룹을 형성해 다른 그룹과 경쟁하는 구도는 후진타오 이후다.

후진타오 중심의 '공청단파'가 만들어진 계기는 뚜렷한 시점을 잡아낼 수 없으나, 리커창 등이 후진타오의 정치적 그림자 밑에서 서서히 몸집을 키워 가던 1980년대 초반이라고 볼 수 있다. 따라서 리커창의 공청단 중앙서기처 후보 서기로의 승진은 바로 미래 중국의 권력 파벌인 '공청단파'가 서서히 모습을 갖춰 가는 계기였다고 할 수 있다.

공청단 중앙서기처에 리커창과 함께 진입한 사람인 바로 리위안차오李源潮다. 그는 당시 상하이에 있다가 중앙서기처에서 대외선전을 담당하는 제4서기로 진입했다. 리위안차오는 당시 33세, 리커창은 28세의 나이였다. 리위안차오 역시 후진타오 중심의 '공청단파' 핵심 멤버다. 이 둘에 앞서 중앙서기처에 진입했던 여성이 류옌둥劉延東으로서, 미래 공청단파의 골간骨幹을 이루는 인물이다. 이를 두고 볼 때 미래의 권력 공청단파는 1980년대 초반에 이미 기초를 다지고 있었던 것으로 볼 수 있다.

탄탄대로의 벼슬길, 그러나 성적은 "글쎄?"

공청단 중앙서기처 후보서기로 있던 리커창의 최고 상사는 왕자오궈王兆國라는 인물이다. 왕은 중국 권력층 내에서 공청단의 부상을 이끌었던 인물의 하나다. 물론 그 백그라운드에는 공청단 창설을 주도하고 한동안 이를 실제 이끌었던 중국 정치개혁의 선봉장 후야오방이 있다.

왕자오궈는 덩샤오핑鄧小平이 발탁한 인물이다. 후에 후진타오 역시 덩샤오핑의 발탁에 힘입어 단숨에 중국 최고 권력인 공산당 정치국에 진입한다. 왕자오궈는 원래 관료라기보다 기업 관리인이다. 국영 후베이湖北 제2자동차 생산공장의 부문별 책임자였다가 우연히 덩샤오핑의 눈에 들어 몇 단계를 건너뛰는 고속 승진으로 공청단 제1서기, 공산당 중앙판공청 주임에까지 오른다.

1941년생으로 후진타오보다 한 살 많은 왕자오궈는 기업 관리의 경험을 바탕으로 개혁적인 흐름을 주도한 인물이다. 그 밑의 상무 서기로 재직한 후진타오는 혁신보다는 아래위 모두에게 합리적이면서 용의주도한 면모로 착실하게 점수를 따는 스타일이다.

리커창은 왕자오궈보다는 후진타오의 스타일을 보고 배우면서 역량을 키운 편이다. 왕자오궈가 사안에 대해 과감하게 결정하면서 바람을 몰고 다니는 스타일이라고 한다면, 후진타오는 조심에 조심을 거듭하며 세부사항을 모두 챙기는 타입이다. 다혈질이면서 자신의 역량을 드러내기 좋아하는 사람이 왕자오궈, 스스로 지닌 재기才氣를 한껏 감추면서 실무적으로 일을 처리하는 사람이 후진타오다. 결론적으로 보면 리커창은 후진타오의 닮은꼴이다. 베이징 대학 법학과 재학 중 말을 아끼는 와중에서도 기회가 오면 빼어난 언변과 사고력을 과시했던 리커창은 공청단에 이어 고속 승진의 벼슬길을 걸으며 결코 자신을 함부로 드러내지 않는 스타일로 변한다. 아무래도 자신의 후견인이었던 후진타오를 따라 배운 결과라고 해도 좋을지 모른다.

후진타오는 이후 공청단을 떠나 서남쪽의 변방인 구이저우貴州 당 서기, 이어 티베트 자치구의 당 서기를 맡는다. 이어 중국은 1989년의 6.4 천안문 사태를 맞아 정국이 크게 술렁인다. 정치개혁을 주창하던 후야오방과 그 후임 총서기 자오쯔양趙紫陽이 차례로 실각하면서 중국은 보수적인 분위기에 휩쓸린다.

리커창은 6.4 천안문 사태 때 학생들의 시위를 '동란動亂'으로 간주하고 이를 강경진압하려 했던 덩샤오핑의 노선에 섰다고 알려져 있다. 학생들의 시위를 순수한 열정으로 보고 이들을 달래려고 했던 정치개혁파 총서기 자오쯔양과는 반대의 편이었다.

리커창은 이어 1993년에 공청단 최고 지도자인 제1서기에 올라선다. 그 전해에 티베트 군중시위를 강경진압하는 데 성공해 덩샤오핑으로부터 큰 점수를 받은 후진타오가 공산당 최고 권력인 정치국 상무위원으로 화려하게 등장하는 사건과 무관치 않다. 중국의 정치 평론가들은 후진타오의 정치국 상무위원 진급, 리커창의 공청단 장악이 향후 중국 정치에 커다란 영향력을 미치는 '공청단파'가 실제의 모습을 드러내는 계기로 보고 있다.

후진타오 이후의 중국 정치 실력자들 대부분이 그렇듯이 권력의 핵심으로 부상하기 위해서는 거쳐야 하는 코스가 있다. 이른바 '지방관地方官'이다. 최고 권력이 모여 있는 베이징에서 벼슬하는 일은 중국의 전통적인 표현을 따르자면 '경관京官'이다. 이 경관의 이력만으로는 중국 최고 지도부에 진입하기 힘들다.

민생이 걸려 있으며, 중국 최고 지도부가 정한 개혁개방의 실험 전초前哨에 해당하는 지방 행정을 이끌면서 경제발전과 민생 안정의 업적을 이뤄야만 높은 점수를 받을 수 있다. 권력만 행사하면서 실적과는 무관한 '서울 벼슬아치', 경관의 이력만으로는 높은 자리에 오르기 힘들다. 덩샤오핑의 개혁개방 이후 관료 실적에 대한 평가를 '실사구시實事求是'의 지향에 맞춰 행하려는 중국 최고 지도부의 의사가 반영된 결과다.

그런 경향에서 소외의 길을 걸을 리가 없었던 사람이 리커창이다. 든든한 공청단의 정치적 후원을 받고 있는 그가 엘리트 코스에서 더욱 강력한 엑셀레이터의 힘을 받기 위해서는 지방관 코스를 반드시 밟아야 했다. 공청단을 떠나 처음 지방관으로 향하는 곳은 중국 최대 인구의 허난河南성이었다. 그곳은 전통적으로 농업이 발전해 이른바 '농업 대성大省'으로도 불리던 지역이었다.

결론적으로 말하자면, 리커창의 '지방관' 코스는 성공적이지 못했다. 중국 최고 지도부의 평가가 그렇다는 얘기가 아니다. 그를 끌어주고 보살펴 주는 후견인, 후진타오를 정점으로 하는 공청단파의 입장에서는 리커창의 지방관 성적이 그렇게 떨어지지 않는다. 그러나 다른 코스에 접어들어 그와 경쟁하는 많은 지방관 엘리트들에 비해서 그의 특별한 점이 보이지 않는다는 얘기다.

1998년 리커창은 우선 허난성 당 위원회 부서기, 대리代理 성장으로 부임한다. 이듬해부터 2002년까지는 허난성 당 위원회 부서기이자 성장으로 근무한다. 그리고 마침내 그의 정치적 후견인 후진타오가 권력 정상에 오르는 2002년 허난성 당 위원회 서기 겸 성장으로 재직한다. 실질적으로 허난성의 모든 행정을 관할하는 자리였다. 그러나 그의 성적은 특별히 내세울 게 없다. 그가 대리 성장, 성장, 그리고 1~2인자로 허난성 행정을 이끌던 과정에서 가장 중국인의 관심을 끌었던 사건이 돌출한다. 바로 '후천성면역결핍증AIDS 창궐' 사건이다. 그 사연은 매우 충격적이어서 중국뿐만 아니라 해외에서도 높은 이목을 끌었다.

내용은 이렇다. 허난성은 한때 중국 문명의 중심지였으나, 현대 중국에 들어와서는 매우 가난하며 낙후한 지역으로 꼽힌다. 황하黃河가 자주 범람하며, 인구가 많은 대신에 물산은 그 뒤를 따르지 못하는 만성적인 결핍의 땅이었기 때문이다. 따라서 경제 사정이 비교적 좋은 중국 중동부 지역 여러 성 가운데에서는 국민 평균 소득이 일반적인 수준에 못 미치는 편이다.

중국 경제 개혁개방의 흐름 역시 이 지역에 풍부한 자원으로 작용하지 못했다. 농업적인 기반만 좋을 뿐 다른 산업시설이 들어설 만한 인프라를 제대로 갖추지 못했기 때문이다. 그런 허난성에 1990년대 들어서면서 유행의 흐름이 하나 생겼다. 피를 팔아 돈을 버는 현상이다.

일종의 매혈賣血형 생계유지 방식이었다. 사람들의 혈액을 뽑아 그 안의 혈장血漿을 채취해 그를 필요로 하는 기업 등에 파는 비즈니스였다. 문제는 행정 시스템이 이에 잘못 간여했다는 점이다. 위생을 유지하면서 혈액을 채취해 비즈니스화했다면 문제는 불거지지 않았을 것이다. 그러나 허난성 위생당국은 주민들의 매혈을 체계적으로 비즈니스로 발전시키면서 아주 어리석은 짓을 벌였다. 주민들로부터 뽑은 피 가운데 경제적 가치가 있는 혈장을 추출한 나머지 혈액이 문제였다. 위생당국은 이 혈액을 다시 주민들에게 주사注射했다. 여러 사람의 피가 한데 섞인 혈액을 피를 판 사람들에게 다시 주입하는 과정에서는 여러 병균이 옮겨질 수 있다. 가장 무서웠던 것은 바로 AIDS균이었다. 이로써 허난성은 중국에서 AIDS가 가장 빨리 창궐하는 지역으로 변했다. 1990년대 초반부터 벌어진 일이다.

1998년에 허난성 대리 성장으로 부임한 리커창은 이 사태를 어떻게 수습했을까. 정부 공식 발표에 따르면 리커창이 다음 임지인 랴오닝遼寧의 당 위원회 서기로 부임할 무렵인 2004년에는 AIDS의 사망률이 예전에 비해 절반으로 줄었다고 나타나 있다. 그러나 그를 높이 평가하는 사람은 별로 없다. 허난성 성장으로 재임하는 동안 그가 더욱 효과적인 통제를 하지 못했다는 지적이 우세하다.

리커창은 근본적인 대책을 마련해 발 빠르게 AIDS의 만연에 대처하지 못했다는 평가가 압도적이다. 아울러 그 진상을 외부에 알려 경종을 울리려는 인권운동가의 활동을 틀어막기에 바빴다는 지적도 따른다. 그의 재임 동안 허난성의 일부 마을은 'AIDS

촌락'으로 폐허처럼 변했고, 일부 진상은 해외에까지 자세하게 알려져 충격을 주기도 했다.

사실 AIDS가 허난성에서 창궐한 근본적 원인은 그의 전임자이자 2002년부터 2012년까지 중국 공산당 정치국 상무위원의 하나로 최고 권력에 올랐던 리창춘李長春이 만들었다는 게 일반적인 지적이다. 리창춘이 허난성 지역 권력 서열 1위인 당 위원회 서기로 있으면서 행한 지역 발전 정책의 하나가 '매혈 비즈니스'였고, 그 와중에서 AIDS가 창궐했다는 얘기다.

리커창이 허난성에 부임할 때 그의 지역 권력 서열은 1위가 아니었다. 그의 타이틀은 당 위원회 부서기, 대리 성장에 불과해 당 위원회 서기를 머리 위에 '모시고' 지내야 했다. 따라서 그가 전권을 지니고 AIDS 창궐을 억제하지 못할 수밖에 없었다고 말하는 사람도 적지 않다. 특히 그를 뒷받침해주는 후진타오 등 공청단은 그런 점에서 허난성의 AIDS 창궐을 리커창의 책임으로 돌리지 않는 경향이 있다.

그러나 어쨌든 리커창은 당시 허난성의 행정을 이끄는 성장_{초기에는 대리 성장에서 나중에 성장, 당 위원회 서기로 승진}이었다. 따라서 허난성 주민들이 처참하게 생명을 잃는 그 사건을 제대로 막지 못했다는 점에서는 그가 결코 책임을 피할 수 없다고 말하는 사람이 훨씬 많다.

베이징 대학 법학과에서 언변과 함께 빼어난 사고력을 자랑하던 엘리트 청년 리커창이 이 무렵에 들어서는 이미 노련한 관료형 인물로 변했다는 지적이 있다. 우선 허난성에서 AIDS 창궐을 제대로 억제하지 못한 배경에는 리커창이 장쩌민 당시 공산당 총서기권력 서열 1위의 후원에 힘입어 승승장구하던 리창춘과의 관계를 의식했기 때문이라는 얘기다.

전임자의 과오를 제대로 파헤쳐야 허난성에서 AIDS가 창궐한 문제의 핵심을 잡아낼 수 있고, 그에 따라 철저한 대응책을 마련할 수 있다. 리창춘 재임 기간 쌓였던 문제의 핵심은 여러 가지가 있을 수 있다. 그럼에도 리커창은 허난성에서 성장과 당 서기로 재임하는 동안 그런 문제에 직접적인 수술을 단행했다는 이야기를 듣지 못한다. 오히려 이를 알려 외부의 지원을 끌어들이려는 인권운동가의 활동을 억제하는 데 효과적이었다는 비아냥을 듣는다.

리커창은 모두 6년 반 동안의 시간을 허난성에서 지방관으로 일했다. 지방 행정을 책임지는 최고의 관료로 있는 동안 허난성은 여러 사건과 사고, 풍문에 시달렸다. 그가 허난성 부성장으로 부임할 무렵은 1억에 가까운 허난 인구가 외부의 다른 지역 사람들에게 '걸핏하면 사기만 치는 허난성' 등의 조롱에 시달릴 때였다.

리커창은 우선 그에 효과적으로 대응하지 못했다는 지적을 받는다. 아울러 그가 재임하는 동안 대형 화재가 여러 번 발생했다. 30~70명이 한꺼번에 죽은 건물 화재를 비롯해, 노래방 화재에서는 수백 명이 목숨을 잃는 사고도 벌어졌다. 무리하게 탄을 캐려는 광산주의 욕심으로 탄광에서는 수많은 광부들이 땅에 묻히는 일이 줄을 이었다.

이런 사건과 사고는 전 중국에 매우 잘 알려졌다. 대형 화재와 줄을 잇는 탄광사고는 전통적인 농업 대성인 허난성의 명성에 큰 먹칠을 가하는 결과를 불렀다. 당연히 리커창이라는 인물에 상당한 비판이 가해졌다. 그가 2008년에 가장 젊은 나이로 공산당 최고 권력기구인 정치국 상무위원 겸 국무원 부총리에 올랐을 때에도 이 문제가 심하게 두드러졌다.

"리커창이 도대체 뭘 잘했길래 그를 발탁했는가" "허난성에서 그는 AIDS를 제대로 막지 못했는데 관운은 매우 좋다" "행정적 실무 능력이 부족한 사람을 이렇게 뽑아도 좋은가"라는 등의 여론이 비등했다. 대체적으로 보면, 행정적으로 제대로 쌓은 업적이 없는데 왜 그가 높은 자리에 올라야 하는가라는 의문이었다. 그러나 다른 측면의 정보도 있다. 보이지 않는 분야에 장기적인 안목으로 쌓는 그런 업적 말이다. 여러 비난에도 불구하고 리커창의 전체적인 평가는 좋은 편이다. 그가 마침내 중국 최고 지도부에 진입하는 이유다. 경제에서 어떤 지표를 쌓아 올렸는가가 현대 중국의 해당 지역 관료에 대한 평가의 대부분을 결정한다. 1억 명에 육박하는 가난한 농업 인구 위주의 허난성은 1인당 소득으로 따질 때 리커창이 허난성을 떠날 무렵에는 1000달러를 넘어섰다.

1990년대 초반 전국에서 경제적 위상이 28위로 거의 밑바닥에 놓여 있던 허난성은 리커창이 6년 반의 재임을 거쳐 랴오닝으로 옮길 무렵에는 18위로 올라섰다고 나와 있다. 공업 생산량과 농산물 증산, 양식 및 육가공품 생산능력 면에서는 수위를 다툴 정도에 이르렀다고 한다. 그는 당장 뜨겁게 달아오른 전국적인 이슈, AIDS 만연과 화재 및 탄광사고 연발 등 눈앞의 사안을 해결하는 데는 비교적 서툴렀지만 장기적으로 허난성 발전의 토대를 쌓는 데에 있어서는 수완을 보인 셈이다.

농업기지에서 공업기지로

리커창이 두 번째 지방관으로 발을 들여놓은 곳은 랴오닝성이다. 전임지인 허난성을 농업지역이라고 한다면, 이 랴오닝은 광활한 만주벌판을 안고 있는 공업기지다. 사회주의 중국 건국 초반에 이곳에는 수많은 중공업 시설이 들어섰다. 강철과 기계 등 중후장대형 공업시설들이 많이 들어차 새로 건국한 사회주의 중국의 미래에 대한 기대를 한껏 부풀게 했던 지역이다.

리커창은 2004년 랴오닝의 일인자인 당 위원회 서기로 부임한다. 그는 경쟁자 시진핑과는 달리 지방관으로서의 행정 경험이 일천하다. 주로 실력을 발휘했던 곳이 수도 베이징의 공산주의청년단의 핵심적인 조직이었다. 그러나 베이징 대학 법학과 출신의 엘리트로서 영민한 사고력과 빼어난 두뇌회전 능력이 있는 리커창은 허난성의 6년 반 행정 경험에서 지방관으로서 본인이 해야 할 것을 빨리 체득했던 듯하다.

약 3년에 걸친 랴오닝성 지방관으로서의 그는 착실한 행정 실적을 쌓는다. 운과 관련이 있다고 할 수밖에 없는 사고와 사건은 피할래야 피해지는 게 아니다. 부임 직후에 대형 탄광사고 등을 겪지만 리커창의 랴오닝 행정 업적은 우수한 편이다. 이미 노후할 대로 노후화된 랴오닝의 오랜 공업기지 시설을 현대에 맞게끔 구조조정하는 장기적인 계획 마련에 나섰고, 착실한 집행력을 바탕으로 그 계획을 차분하게 추진한다.

큰 면적의 빈민촌 개발사업은 그의 주가를 확인한 행정적 업적이다. 아무도 손을 대지 못하고 있던 랴오닝 지역 내 곳곳의 빈민촌 거주 인구는 약 120만 명에 달했다. 열악한 거주 환경 때문에 사회문제로 떠오른 상태지만 대규모 개발에 따른 비용 문제 때문에 전임자들은 제대로 환경 개선 작업에 착수하지 못했다고 한다.

리커창은 이 문제에 진지하게 매달렸다. 그의 정치적 후견인인 후진타오는 마침 '조화로운 사회'를 국정이념으로 설정한 상태였다. 후진타오 집권기의 당면 과제 중 핵심은 덩샤오핑 이후 이어져 온 개혁개방의 큰 흐름을 유지해 중국의 경제성장을 이끌면서, 한편으로는 그 여파로 생겨난 빈부격차의 심화를 최대한 줄이는 작업이었다.

따라서 지속적인 경제성장 못지않게 사회의 그늘로 몰린 빈곤층을 돌보는 일이 시급했다. 리커창은 그 점을 제대로 간파했던 듯싶다. 그는 랴오닝 곳곳에 있는 빈민촌 개발을 위해 자금을 끌어들이는 일에 열중했다. 그는 역시 전임 공청단 중앙서기처 서기로서의 실력을 유감없이 발휘했다. 이미 탄탄하게 닦은 인맥을 동원해 대규모 자금을 중앙에서 끌어오는 데 성공했던 것이다.

공산당의 입장을 그대로 대변하는 기관지 〈인민일보人民日報〉는 랴오닝성 서기로 재직했던 리커창의 업적을 두 가지로 정리한다. 우선 노후화한 랴오닝성 전역의 공업시설을 제대로 개편해 랴오닝의 중흥 작업에 불을 지폈고, 빈민촌 개발사업 등에 적극 나서서 정부가 핵심 사안으로 추진하는 일반 국민의 생활안정에 크게 기여했다는 점이다. 실제 개혁개방 이후 줄곧 상하이와 푸젠,

광둥 등 동남권 지역에 훨씬 뒤떨어져 있던 랴오닝의 경제 수준이 2006년에 이르러서는 거의 비슷한 수준까지 오른 점을 그 사례로 지적한다.

그러나 두 번째 임지에 나선 지방관으로서의 리커창에 관한 시비는 남는다. 대표적인 게 '이리선蟻力神 스캔들'이다. '이리선'은 불개미를 이용해 만든 보건성 약품이다. 보통 인체 중의 신장능력을 보완해 정기를 강화하는 강정제强精劑로 알려져 있었다. '이리선'이라는 약품을 파는 그룹이 랴오닝에 들어선 것은 1990년대 말이다. 약효를 광고하면서 한때 중국에서 크게 유행을 타기도 했다.

그러나 내막은 좀 색다르다. 일반 소비자에게 보증금을 받고 개미를 양식케 해서 높은 수익을 돌려주겠다고 광고했다. 높은 이익을 탐낸 일반인들이 앞다퉈 개미 양식에 나섰고, 회사는 지속적으로 양식을 원하는 사람을 모집해 나갔다. 앞서 양식을 시작한 사람들에게 지급하는 돈은 나중에 뛰어든 양식업자들에게서 받은 보증금으로 충당했다. 이런 방식으로 회사는 거대한 자금을 모아 폭리를 취했던 것으로 알려졌다.

중국 최고의 인기 연예인까지 이 제품의 광고에 나서면서 전국적으로 '이리선'의 성공신화는 이름을 타기 시작했으나, 그 끝은 좋지 않았다. 지속적인 광고에 비해 약효가 없다는 의문이 제기되면서 시장으로부터 외면을 받았던 것이다. 결국 '이리선'은 2007년 11월에 파장을 맞았다. 일종의 사기극으로 판명이 나면서 47만 가구에 달하는 양식업자들이 피해를 봤다.

그 기간 중 상당 부분에 걸쳐 랴오닝을 다스렸던 지방관은 지적을 피할 수 없었다. 바로 리커창이었다. 리커창이 직접 간여한 사안은 아니었으나, 민간의 피해가 불 보듯 뻔했던 사안을 제대로 관리하지 못한 점은 지방관으로서 큰 결격 아니냐는 의문이 나왔다. 이 스캔들이 결국 파국으로 치달은 시점에 리커창은 이미 차세대 최고 지도부의 일원으로 공산당 정치국 상무위원으로 승진했다.

이런 점 때문에 리커창의 눈부신 고속 승진에는 항상 의문표가 따라붙는 분위기다. 농업대성인 허난에서는 참혹한 인명피해를 낳았던 'AIDS 만연'과 대형 화재 사건이 그의 발목을 잡았고, 랴오닝에서는 '이리선 스캔들'로 인해 빛나는 업적이 가려지는 형국이었다. 따라서 장기적이며 전략적인 안목에서 공산당 중앙이 정한 국정國政 목표를 제대로 수행하는 데는 뛰어난 편이지만 세부적인 관리에서는 빈틈을 보인다는 지적이 따른다. 아울러 정해진 목표 외의 업무에 착안하고 새로운 문제를 발견해 적절한 대책을 내놓는 창의적인 면모에서는 높은 점수를 받지 못한다는 평도 낳았다.

일부 평론가들은 그의 업무 취향이 후진타오를 빼닮았다고 지적한다. 먼저 의견을 내놓지 않으면서 착실하게 제 성적을 관리하는 모범생 스타일이라는 얘기다. 후진타오는 지도부의 토의를 거쳐 정한 국정 지표에 매우 충실하다. 주변의 사람과도 다투는 법이 없으며, 은근과 끈기로 시간을 기다리는 스타일이다. 대신 과감한 결정이 없으며, 창의적으로 상황을 살펴 새로운 문제를 이끌어내지는 않는다. 리커창은 그런 후진타오 스타일의 충실한 계승자라는 평가가 지배적이다.

중국적인, 매우 중국적인 엘리트 관료

리커창은 재기가 충만한 사람이다. 그를 옆에서 지켜봤던 베이징 대학 법학과 동창생들의 증언을 종합하면 그렇다. 평소 말을 잘 하지 않지만 기회가 닥쳐 의견을 펼쳐 놓는 자리에서 드러나는 언변言辯과 사고력의 깊이가 대단하다는 인상을 주는 인물이다.

그가 학문의 길을 포기하고 공청단에 남아 그 조직의 핵심 부서로 거의 수직적인 상승上昇을 하는 과정도 리커창이 지닌 잠재력을 짐작할 수 있게 하는 대목이다. 그는 공청단 중앙서기처 후보서기, 이어 공청단 제1서기, 허난성 성장 및 당 위원회 서기, 랴오닝성 당 서기를 두루 거쳤다.

그의 성품은 은인자중隱忍自重에 가깝다. 먼저 제 실력을 드러내지 않으면서 시간을 기다리는 스타일이다. 1989년 6.4 천안문 사태에 뒤이어 권력의 핵심부로 등장하는 그의 정치적 백그라운드, 후진타오와 매우 유사하다. 후진타오가 당시 덩샤오핑에 의해 거의 기적에 가까울 만큼 빠른 속도로 중국 공산당 최고 지도부인 정치국 상무위원의 자리를 꿰차는 데에는 다른 무엇보다 후진타오만이 지닌 성격적인 특성이 작용했다.

당시 중국 정치권은 요동을 치고 있었다. 200명이 넘는 중국 청년들이 피를 흘리며 쓰러져 간 천안문 사태의 여파 때문이었다. 최고 권력자 덩샤오핑은 유혈진압을 승인했고, 직전의 공산당 총서기 후야오방은 정치적으로 보수로 돌아선 그런 덩샤오핑의 단호한 성향 때문에 실각한 뒤 숨졌다. 후임 공산당 총서기 자오쯔양 또한 덩샤오핑의 반反 정치개혁적인 취향으로 실각해 연금 상태에 들어섰다.

함부로 입을 열어 제 자신의 의지를 드러내지 않는, 조숙하며 원만하되 정치적으로는 매우 완고한 입장의 후진타오는 그런 분위기에 편승해 덩샤오핑의 눈에 들어 정치국 상무위원회에 진입1992년하는 데 성공한다. 은근과 끈기로 사태의 추이를 살피면서 자신이 서야 할 곳을 제대로 찾아가는 후진타오의 성격적 장점이 그를 권력의 정점으로 이끌었던 셈이다.

리커창은 공청단에 진입한 뒤 중앙서기처에 근무하면서 일생일대 최고의 '관시關係'를 얻는다. 바로 공청단 2인자였던 중앙서기처 상무서기 후진타오였다. 그 둘이 당시 어떤 교분을 어떻게 이어갔는지는 알려진 게 거의 없다. 그러나 향후 후진타오가 지속적인 승진을 거쳐 마침내 정치국 상무위원에까지 이르는 과정과 리커창의 '벼락 승진'은 궤적을 함께 하고 있다.

후진타오는 그런 점에서 보면 리커창의 정치적인 선배이자 스승이다. 리커창이 마침내 정치국 상무위원의 자리에 오르는 과정이나, 그전의 허난성 및 랴오닝성에서의 활동을 지켜보면 그 뒤에는 늘 후진타오의 영향력이 있음을 알 수 있다.

리커창은 따라서 후진타오의 충실한 계승자다. 관료로서 뒤를 좇아간 자취도 비슷하고, 정치적으로 처신하며 행동하는 모습도 비슷하다. 후진타오는 전형적인 외유내강外柔內剛형의 지도자다. 겉으로 남과 다투는 모습을 드러내지 않으며 속으로 내공을 쌓아 길고 질긴 권력다툼에서 살아남는 스타일이다.

특히 후진타오는 그 자신이 지닌 업무적인 역량 외에 1980년대 말 불안정 국면으로 깊이 빠져 들어가던 당시의 중국 정국에서 정계의 원로를 비롯해 아래위의 사람들에게 모나지 않으며, 겸손하면서 예의도 바른 사람이라는 인상을 남겼다고 전해진다. 이런 평가는 그가 정치국 상무위원에 진입한 1992년 이후에도 줄곧 이어져 결국 중국 공산당 총서기까지 무난히 올라설 수 있었다.

리커창도 그런 점을 빼닮았다. 비록 베이징 대학 법학과 시절에는 재기를 뽐내는 젊은이였을지는 몰라도, 공청단 중앙서기처 후보서기 이후의 행보를 살펴보면 그런 느낌을 강하게 준다. 말보다는 실천이 앞서고, 단기적인 업적 쌓기보다는 장기적인 틀에 올라앉아 자신의 환로宦路를 조심스럽게 저울질하는 편이다. 은근하며 신중해서 제 단점을 섣불리 드러내지 않는 타입이다.

아울러 리커창은 후진타오처럼 모나지 않는 처신을 했다. 우선 허난성 당정을 이끌면서는 그전에 이 지역의 책임자였던 리창춘의 최대 정치적 과오, 'AIDS 사건'을 조심스럽게 다뤘다. 그 흑막을 파헤쳐 책임 소재를 밝힘으로써 불러올 리창춘의 정치적 곤경困境을 미리 피해갔다.

따라서 후진타오나 리커창은 우직한 스타일의 관료라고는 보기 힘들다. 명분에 따라 곧장 나가는 타입이라고 하기보다 사안의 상하좌우上下左右를 면밀히 살피면서 주변 권력자 또는 부하들과의 관계를 조율하는 스타일이라고 할 수 있다. 그러면서도 그들은 착실하면서도 치밀한 업무 추진 능력을 보유하고 있다.

리커창은 특히 허난성에서 거듭 이어지는 대형 화재 사건을 겪고, 아울러 전임자 리창춘이 뿌린 또 다른 재앙 'AIDS 사건'으로 인해 정치적으로 몰리면서도 장기적인 허난성 발전 계획을 꾸준히 밀고 나갔다. 승진을 거듭해 중앙 정계로 고속 승진했던 다른 행정 관료와 비슷하게 리커창은 허난성에서도 장기적인 계획을 꾸준하게 추진하면서 이 지역의 경제적 발전토대를 쌓았다.

리커창이 시진핑에게 역전을 허용한 점은 여러 가지 각도에서 살필 필요가 있다. 원래 리커창은 중국 권력 차세대의 선두주자로 알려져 있었다. 후진타오가 집권한 2002년 이후 줄곧 그랬다. 후진타오가 중심을 형성한 이른바 '공청단파'의 기세는 그야말로 해가 막 떠오르는 듯한 욱일승천旭日昇天의 활력을 지니고 있던 시점이었다.

따라서 후진타오의 공산당 총서기 취임 이후 허난성 대리 성장으로 부임한 리커창이 10년 뒤 그 뒤를 이을 것으로 많은 사람들이 내다봤다. 그러나 리커창의 '정치적 체력'은 점차 바닥을 드러내고 있었다. 허난성에서 'AIDS 사건'과 대형 화재 및 인명 피해 사건으로 명망에 금이 가는가 싶더니 기대를 모았던 랴오닝 당 서기직으로 옮겨서도 중국 전역을 놀라게 할 만한 실적을 올리지 못했다.

그를 뒤에서 바짝 쫓아오는 사람은 시진핑이었다. 푸젠福建과 저장浙江의 지방관으로 착실하게 업적을 쌓던 두 살 연상의 경쟁자였다. 그는 부친의 후광을 뒤에 업은 '태자당 파벌'의 강력한 차세대 정치스타였다. 결국 그 둘 사이의 경쟁은 2007년에 시진핑의 승리로 결말이 맺어졌다.

함께 정치국 상무위원회에 진입을 했으나 시진핑이 그보다 앞선 서열시진핑은 6위, 리커창은 7위로 매겨졌다. 그 이후로 포스트 후진타오 시대의 새 권력 일인자 자리는 시진핑의 몫으로 넘어갔다. 이 대목에서 시진핑과 리커창의 개인적 역량을 말하는 사람이 많다. 시진핑이 오랜 지방관의 경력을 통해 공산당 차세대 지도자로서 더욱 확실한 실력을 보였다는 얘기다. 개인적인 성격 차이에서도 시진핑은 당의 기본적 노선에 충실하면서도 창의성과 결단력을 보인 반면에, 리커창은 중요한 결정 앞에서 머뭇거리는 소심함을 보였다는 평가도 나온다.

그러나 그보다 상황은 좀 더 복잡하다. 전체적인 시각에서 보면, 후진타오가 자신의 전임자로서 배후에서 아직 권력을 놓지 않았던 장쩌민에게 밀렸다는 얘기가 설득력이 높다. 후진타오 중심의 '공청단파'가 2002년 16차 당 대회에서 전면적으로 부상하는 것에 위기감을 느낀 장쩌민의 견제가 주효했다는 분석이다.

실제 후진타오가 공산당 총서기로 부상할 때 그가 이끌던 '공청단파'의 기세는 욱일승천의 정도를 넘어 정오正午의 맑은 하늘 꼭대기에 이른 상황이었다. 중국식으로 표현하면, '열일당공烈日當空'이요, 한때 중국 천하를 다스렸던 장제스蔣介石 국민당 정부의 '청천백일靑天白日'이었다.

그 점에서 공청단은 노회하지 못했다. 공청단의 선두를 이끌었던 후진타오의 정치적 역량에 한계가 있다는 지적이 나오는 이유다. 그를 필두로 한 정치국 상무위원, 나아가 각 성과 자치구의 주요 행정 지도자, 차세대 포석 등에서 당시 중국 국내외 언론들에 비친 가장 뚜렷한 인상은 '공청단의 눈부신 약진躍進'이었다.

덩치가 큰 나무가 바람을 맞는 면적은 그렇지 않은 작은 나무에 비해 크다. 큰 나무에 불어닥치는 바람이 더 큰 법인데, 후진타오 중심의 공청단은 바로 그 점 때문에 정치적으로 큰 역풍을 맞는다. 상하이방의 우두머리로서 당 중앙 군사위의 키를 쥐고 있던 막후의 실력자 장쩌민의 심기를 건드렸던 것이다. 아울러 그와 조금 거리를 두기는 했으나 전체적으로는 같은 길을 걷고 있던 막후의 '태자당'의 또 다른 실력자 쩡칭훙曾慶紅도 자극했다.

장쩌민과 쩡칭훙을 필두로 한 비非 공청단 파벌의 움직임은 결국 '포스트 후진타오'의 새 주자로 태자당 계열이면서 지방관으로서 착실하면서도 알찬 업적을 쌓은 시진핑을 선택하도록 움직였다는 얘기다. 이 점은 중국 관측가들 사이에서 공통적으로 받아들여지는 분석 내용이다. 실제 리커창은 그런 분위기에 밀려 결국 차세대 제1주자의 자리를 시진핑에게 내주고 말았다는 게 정설이다.

따라서 리커창이 시진핑에게 역전을 허용한 배경을 따질 때는 파벌 사이의 다툼과 함께 리커창이 공산당 고위 관료로서 지닌 성격적인 약점이 함께 거론된다. 파벌 사이의 거래와 타협 와중에서도 리커창의 실적이 워낙 탁월했다거나, 판단과 결정 및 집행의 잠재적인 업무능력이 크게 돋보였다면 리커창은 후진타오의 강력한 지원사격으로 결국 '차세대 넘버 원'의 자리에 올랐을지도 모른다.

어쨌거나 리커창에게는 그런 결함이 있다. 물론 그런 결함을 덮을 수 있는 뛰어난 언변과 치밀한 사고력이 있을지 몰라도, 시진핑이 한순간에 그를 초월해 마냥 앞으로 내달려 결국 중국 권력 일인자에 올라섰다는 점은 리커창이 뛰어난 재주에도 불구하고 전체를 이끄는 배짱과 머리, 즉 담략膽略에서는 문제를 보였다고 보는 게 타당하다.

張德江

1946년 생

1968년 지린 왕칭현 타이펑대대 지식청년

1970년 지린 왕칭현 혁명위원회 선전조 간사, 단 지부 서기

1972년 연변대학 조선어과

1975년 연변대학 조선어과 당 총지부 부서기

1978년 북한 김일성종합대학 경제학과

1980년 연변대학 부총장

1983년 지린성 옌지시 부서기

1985년 지린 연변자치주 부서기

1986년 국무원 민정부 부부장(차관)

1990년 연변자치주 서기

1995년 지린성 서기

1998년 저장성 서기

2002년 당 중앙 정치국 위원, 광둥성 서기

2008년 국무원 부총리

2012년 충칭시 서기, 정치국 상무위원

장터장

조선족 자치주, 연변대학, 김일성대학……. 이 정도의 단어로 중국에서 입을 떼면 아는 사람은 금세 알아차린다. 이 단어들과 경력이 함께 붙어 다닌다면 그 사람은 지금의 중국에서 태어나 한국말을 하는 중국 내 동포, 즉 조선족이거나 한국어를 제법 구사하는 중국인이다.

중국 공산당 권력 최고층에 진입한 사람 중에 그 경력이 이런 단어들과 함께 붙어 다니는 사람이 바로 장더장張德江이다.

그는 전통적인 중국 공산당 관료 출신이다. 태어난 곳은 연변 조선족 자치주가 있는 지린吉林 인근의 랴오닝遼寧성이다. 랴오닝은 한반도와 아주 밀접한 중국 동북3성 중의 하나다. 한때 고구려가 왕성하게 기세를 펼쳐갈 무렵에는 이곳 랴오닝의 요동遼東 벌판은 한반도 할아버지들의 큰 무대였다.

아무튼 이 요동의 드넓은 평원에 붙은 타이안台安이라는 곳에서 태어났다. 이곳은 청나라 말엽, 그리고 봉건왕조가 뒤집힌 신해혁명辛亥革命 직후 동북에서 활동한 유명한 군벌軍閥 장작림張作霖과 관련이 있다. 그 아들이자, 1936년 12월 12일 당시의 권력자 국민당 장제스蔣介石를 감금한 뒤 공동 항일抗日전쟁을 촉구했던 서안사변西安事變의 주역 장학량張學良이 출생한 곳이기 때문이다.

셋은 모두 같은 장張씨다. 그러기에 혈연이 혹시 있지는 않을까 찾아봤지만 연결고리는 거의 없는 편이다. 어쨌든 그는 랴오닝 출신이기는 하다. 그러나 그 자신은 늘 주변 사람들에게 "나를 키워준 곳은 지린"이라고 말한다. 그럴 만한 이유가 있다. 그곳에서 처음 사회의 쓰라린 맛을 봤고, 아울러 그곳 지린에서 관료로 발을 디뎌 결국 중국 최고 권부에 진입하는 계기를 만들었기 때문이다.

그의 이력에 '조선족 자치주, 연변대학, 김일성대학'이 함께 따라다니는 이유다. 그는 스스로 밝힌 대로 지린에서 22년 동안 일하면서 그곳을 자신의 고향으로 삼았다. 지린성 안의 모든 촌村, 중국 지방행정의 최소 단위을 다녔고, 그곳의 사람과 강산江山을 늘 자신의 고향 정서로 간직한다고 말한다.

따라서 그는 한국말을 하는 유일한 중국 최고 권력 멤버의 한 사람이다. 장더장은 인생의 유년기를 태어난 곳 랴오닝에서 보냈다. 1946년 출생한 그는 랴오닝 성도인 창춘長春에서 중학고교 3년 과정 포함을 다닌 뒤 여느 학생들과 마찬가지로 문화대혁명을 맞아 농촌으로 하방下放을 떠난다.

그 시절을 겪었던 시진핑, 리커창, 왕치산, 리위안차오 등 공산당 최고위 관료와 같은 행적이다. 그 하방을 위해 도착한 곳이 바로 중국 동포, 조선족의 숨결이 잔뜩 배어 있는 지린이었다. 그것도 조선족 자치주가 들어서 있던 연변이었다. 그와 한반도의 인연은 그렇게 시작한다.

하방이라는 게 특별하지 않다. 깊은 산골, 또는 농촌 지역으로 들어가 그들과 함께 생활하고 노동하며 먹고 사는 일이다. 농민과 함께 어울리며 지식을 전수하고 그들로부터 배울 것은 배우라고 시작한 게 하방이다. 그러나 생활은 고되고 체계적으로 학문을 쌓기는 불가능하다.

그래서 대개는 그 하방의 와중에 지식을 묻고, 청춘을 묻어버리는 경우가 많다. 누군가의 특별한 배려, 자신만의 간고한 노력이 받쳐주지 못한다면 그냥 그런 세월과 환경에 함몰하는 경우가 대부분이다. 장더장에게는 그러나 한 손길이 뻗었다. 이덕수李德洙라는 조선인이었다.

그는 연변 자치주의 농촌에 있다가 그곳 왕칭汪淸현 당 위원회에서 간부로 있던 이덕수의 눈에 띄었다고 한다. 이덕수를 먼저 소개하자면, 연변 조선족 자치주의 간부로 있다가 자치주 당 서기, 자치주장, 지린성 부성장을 거쳐 당 중앙 통전부統戰部 부주임, 소수민족을 관장하는 국가민족사무위원회 주임까지 오른 사람이다. 중국 동포, 즉 조선족 중에서는 관료로 가장 높은 자리에 올라갔다고 하는 인물이다.

아주 제한적이었던 '간부 선발'의 특별한 혜택을 그에게 준 것이다. 그로써 장더장은 2년을 채 못 채운 하방 기간을 마감하고 이덕수가 당 위원회 부서기로 있던 왕칭현 공산당 위원회 선전팀의 간사를 맡는다. 그가 길고 험한 중국식 벼슬자리에서 첫걸음을 떼는 장면이다.

앞에서도 설명했듯이 문화대혁명의 광기狂氣가 조금씩 잦아지던 1970년대 초반에는 그동안 실행하지 못했던 대학입시가 부활한다. 장더장은 이덕수의 추천에 따라 1972년 연변대학 조선어과에 입학한다. 높은 자리에 오른 관료들이 다 그렇듯, 장더장 또한 정치적인 재능이 없을 수 없었다. 그는 연변대학 조선어학과 당 지부支部 서기를 맡은 데 이어 졸업 뒤에도 학교에 남아 연변대학 당 위원회 부주임 등을 역임한다.

문화대혁명의 격동기에 멈췄던 북한과의 정상 간 교류가 다시 펼쳐지는 시점이 1978년이다. 그해 5월 마오쩌둥의 뒤를 이어 중국 권력 정상에 섰던 화궈펑華國鋒이 평양을 방문하면서 북한 측과 유학생 교환 협약을 맺는다. 그 첫 케이스로 장더장은 김일성대학으로 유학을 떠난다. 그는 평양에서 김일성대학 경제학과에 다니며 유학생 당 지부 서기를 맡기도 했다.

그는 따지고 보면 문화대혁명을 겪고 올라온 중국 고위층 인사 중 매우 일찍 국외 유학을 다녀온 사람에 속한다. 그러나 그 배움에 있어서는 부러움보다는 우려를 보내는 사람들이 많다. 젊은 시절 유학했던 김일성대학 경제학과에서 도대체 무엇을 배웠겠느냐는 생각 때문이다. 그래서 장더장이 나중에 중국 고위 지방 행정관으로서 강경한 드라이브를 펼칠 때 심심찮게 그의 '김일성대학 경제학과 유학'이라는 이력이 사람들의 입에 오르내리곤 했다.

중앙으로 진출한 연변의 지방관, 그리고 장쩌민

정치적 재능을 지닌 사람은 아무래도 그 분야에서 언젠가는 능력을 펼친다. 청년기의 장더장은 이덕수에 의해 '발탁'의 행운을 얻을 정도로 정치적으로는 재능이 돋보였던 인물로 볼 수 있다. 그 이후로도 대학과 유학생활을 하면서도 그는 당 조직의 테두리 안에서 굳건하게 머물며 내일을 준비했던 모양이다. 그는 1980년 북한에서 돌아와 3년 뒤에는 조선족 자치주의 주도_{州都}인 연길에서 당 부서기를 맡았고, 얼마 안 있다가는 자치주의 부서기에까지 오른다.

1986년에 이르러 장더장은 더 널찍하고 편안한 '고속도로'를 달린다. 지방에서 머물다가 '서울'로 직행하는 그런 고속도로였다. 그는 그해 국무원 민정부 부부장_{차관}에 오른다. 그를 발탁하고 줄곧 그 뒤를 밀어줬던 이덕수를 이미 초월한 형국이었다. 그의 나이 40세였다. 관운_{官運}으로 따지면 누구도 함부로 막아설 수 없는 그런 기세였다.

그러나 운만 따른 것이 아니다. 그 즈음에 중국 공산당 총서기에 있었던 후야오방_{胡耀邦}의 눈에 들었다는 게 후문이다. 당시 후야오방이 장더장이 올린 보고서에 주목했다는 내용이다. 보고서의 주제는 당시 국경을 넘어 자치주에 들어온 뒤 돌아가지 않고 있던 북한 사람들을 어떻게 처리하느냐에 관한 것이었다고 한다. 요즘 말로 하자면 중국이 북한의 '불법 체류자'를 다루는 문제였다.

장더장의 정치적 은인은 우선 이덕수다. 그가 아니었다면 장더장은 중앙의 정계에 결코 얼굴을 내밀 기회를 얻지 못했을 것이다. 그런 점에서 그의 초기 정치적 은인은 분명 이덕수다. 그러나 장더장에게 더 큰 힘을 보태준 사람은 달리 있다. 1989년 천안문 사태의 격동기에 기적적으로 덩샤오핑에 의해 발탁돼 중국 공산당 총서기에 오른 장쩌민이었다.

장쩌민은 자오쯔양趙紫陽이 천안문 사태의 후유증으로 덩샤오핑에 의해 쫓겨나면서 극적으로 권력을 손에 쥔 행운아였다. 그러나 막후에서 모든 것을 좌지우지하는 덩샤오핑의 발탁만으로 모든 것을 해결할 수 있는 상황은 아니었다. 베이징의 정가는 그에게 차가웠다. 상하이에서 주로 성장한 장쩌민을 반기는 사람도 많지 않았다. 그에게는 정치적으로 자신을 지원해 줄 원군援軍이 필요한 상황이었다.

중국의 전문가들은 당시의 장쩌민에게 가장 큰 힘을 보태준 곳의 하나가 지린성이었다고 한다. 지린은 지역적으로는 경제가 발달하기 시작한 동남부 저장과 푸젠, 남부 광둥에 비해서는 '후미진' 곳에 해당했다. 그러나 공산당 내부에서의 권력추는 지역적 기반을 많이 다지는 사람에게 기우는 법이다.

자신을 지원해 줄 세력 확보에 목이 말랐던 상하이 관료 장쩌민에게 어쨌든 지린의 당 간부들은 제법 힘을 실어줬다는 후문이다. 그런 연유에서 장쩌민은 지린성 간부에 눈을 돌렸다고 한다. 그런 장쩌민에게 1986년 지린의 이런저런 정치적 인연을 등에 업고 중앙의 민정부에 진출한 장더장이 눈에 들었을 법하다. 장더장은 새로 취임한 장쩌민 총서기 밑에서 내정부 부부장직을 맡다가 1990년 지린성 당 부서기 겸 연변 조선족 자치주 당 서기로 부임한다. 태어난 곳은 아니었지만, 그는 지린의 촉망받는 고위 관료로 복귀하면서 금의환향錦衣還鄉의 기쁨을 맛보게 된 것이다. 이어 그는 1992년 당 중앙위원회 후보위원에 이름을 올린다.

지방관이 당 중앙으로 올라서는 루트였다. 보통 200~300명 남짓의 중앙위원 및 후보위원에 이름을 올려야 중국 공산당 핵심 권력에 진입할 수 있다. 이를테면 일종의 '인증서'인 셈이다. 지린에서 착실하게 정치적 성적을 쌓다가 국무원 민정부 차관을 거친 뒤 다시 중앙위원회 후보위원으로 이름을 올림으로써 장더장은 곧 중국 권력의 심장부에 진입할 '젊은 정치인'이라는 꼬리표를 달게 된 셈이다.

장쩌민은 그런 점에서 그의 중반 정치경력에 광채를 뿜어준 최고의 은인이다. 그는 그 이후로 장쩌민 집정기 동안 승승장구한다. 상하이 출신이 아니면서도 '상하이방'에 속한 경우다. 그는 장쩌민이 불어주는 순풍順風을 등에 받으며 거칠고 험한 풍랑 속의 중국 정계를 순항한다.

그는 연변 자치주의 행정 최고 책임자로서 이 지역의 안정과 발전에 기여했다고 평가받는다. 연변 자치주가 나름대로 격랑을 맞이하고 있었던 시점이었다. 그는 1990년부터 5년에 걸쳐 이곳을 관리했다. 1992년은 주지하다시피 한국과 중국이 수교한 해다. 연변은 중국의 전통적 맹방인 북한과 경계선을 대고 있는 곳이다.

한국과의 수교로 연변은 충격에 휩싸일 수도 있었다. 북한의 영향력이 워낙 컸던 곳이어서 그랬다. 아울러 한국과의 수교로 돈벌이를 위해 서울로 향하는 조선족의 행렬이 자꾸만 길어지던 시점이기도 했다. 여러 가지 불안정 요소를 지닌 연변은 따라서 중국 공산당 중앙이 신경을 쓰지 않을 수 없는 지역이기도 했다.

장더장은 "이곳을 제대로 관리해야 한다"는 당 총서기 장쩌민의 지시를 잘 이행한 편이다. 커다란 동요가 없었고, 불안정 요소들은 쉽게 잦아들었다. 따라서 그 기간의 연변 상황을 큰 탈 없이 관리한 점은 장더장의 정치적 업적에 해당한다. 그런 공로 때문인지 장더장은 1995년에 지린의 일인자인 당 서기로 승진한다.

이 무렵의 장더장은 완연히 '장쩌민의 사람'으로 중국 정계에서 소문이 나 있었다. 이어 장더장은 장쩌민의 후원을 등에 업고 1998년 동남부 연안 지역 가운데 경제발전이 가장 왕성했던 저장성의 당 서기로 부임한다. 중국의 지방관 인사는 어떤 경우 정치의 풍향계 노릇을 하게 마련이다.

특히 경제력이 좋은 동남부와 남부 지역 지방관은 고도의 정치적 협상 결과에 따라 거취가 정해진다. 당 최고의 권력자는 대개가 경제력이 좋고 중국 내부에서 영향력이 큰 지역의 지방관 임명권을 쥔다. 당 총서기의 경우 보통 동부의 산둥山東, 동남부 장쑤와 저장 및 푸젠, 그리고 남부의 광둥에 제 사람 심기에 나선다.

다른 요소가 개입하는 경우도 있어 꼭 그렇게만 정해지지는 않으나 일반적으로 광둥과 산둥, 주요 직할시, 동남부 주요 성에 어떤 지방관이 앉느냐는 권력 서열 일인자가 인사권을 어느 정도 행사했는지를 말해주는 대목이기도 하다. 그런 점을 감안하면 장더장의 저장성 당 서기 부임은 장쩌민과의 관계를 어느 정도 말해주는 시사점이기도 하다.

저장은 민간경제가 매우 발달한 곳이다. 정부의 입김이 없어도 그냥 민간에 맡기면 잘 굴러가는 그런 곳이기도 하다. 이른바 '민영民營경제'가 가장 발달한 저장성의 특징이다. 장더장이 저장에서 근무한 기간은 4년이다. 당 서기로서 특별히 두드러진 역할을 했거나, 아니면 그 반대로 특별한 실수를 범했다거나 하는 그런 내용은 없다. 그만큼 저장성은 자체적으로 잘 굴러가는 구조다.

정작 사람들의 시선을 잡아 끈 대목은 2002년이다. 장더장은 후진타오-원자바오 체제가 출범하던 그해 11월의 당 대회에서 드디어 중국 공산당 정치국원으로 승격한다. 이제 마지막 코스인 권력의 최고 정점, 정치국 상무위원의 한 발짝 전이었다. 그러나 그의 승진은 예견됐던 내용이다. 장쩌민이 후진타오에게 총서기 자리를 물려주고 2선으로 후퇴한다고 했지만 그의 권력은 아직 시퍼렇게 살아있었다.

그를 증명해 주는 정치적 포석이 바로 장더장이었다. 정치국원으로서의 승격이 아니라, 그 일주일 뒤 벌어진 장더장의 광둥 당 서기 발령이었다. 광둥은 말도 많고 사건도 많은 지역이다. 그러나 강력한 성장 엔진이 있는 지역이어서 중앙 최고 권력자가 제 사람을 심는 지역이기도 했다. 그러나 한편으로는 중앙의 말발이 잘 먹히지도 않는 경우가 허다한 지역이기도 했다. 그 전임자 리창춘李長春은 장쩌민 총서기의 특명을 받고 그곳에 부임했다.

1990년대 초반의 어지러웠던 광둥 지역 금융권을 정리하라는 특명이었다. 리창춘은 그를 무난하게 실행에 옮겼다는 평을 듣는다. 장쩌민은 자신이 신임하는 '제 사람' 리창춘을 보내 자신의 정치적 기반인 광둥을 다스렸고, 이어 리창춘의 후임으로 역시 '제 사람' 장더장을 2002년 말 광둥 당 서기로 보냈다.

장더장은 따라서 이미 2선으로 은퇴했으나 당 중앙 군사위 주석에 머물면서 권력을 놓지 않는 장쩌민의 후기 선봉대로 떠오른 상황이었다. 아울러 중국 국내외의 관측통들은 장쩌민의 권력이 아직 시퍼렇게 살아있다는 점을 장더장의 광둥성 당 서기 부임으로 확인할 수 있었다.

따라서 장더장의 광둥성 당 서기 부임은 당시로서는 여러 가지 면에서 화제였다. 그러나 그의 정치적 백그라운드가 어쨌든 권력 2선으로 물러나 앉은 상황이었다. 그 점은 장더장에게 매우 불리한 요소로 작용할 수 있었다. 파벌 간의 다툼에서 흘러나오는 여러 가지 잡음이 정치적 공격으로 불붙는 경우가 그랬다. 날카로운 정적政敵의 화살은 방심하는 사이에 그를 향해 날아올 수도 있는 상황이었다.

말 많았던 광둥성 당 서기 시절

중국 관방官方의 언론은 중요한 지역의 지방관에게 대부분 호의적이다. 중앙의 통제를 받고 있는 중국의 관영 매체대부분이 그런 성격이다들이 함부로 정치적 비중이 높은 지방관을 건드릴 수는 없는 노릇이기 때문이다. 그런 점에서 보면 장더장이 광둥성에서 보인 관리 방면의 능력은 큰 탈이 없다.

그러나 민간, 나아가 중국 주변에서 활동하는 이른바 '중화권中華圈' 언론들이 광둥을 다스렸던 장더장을 보는 시선은 아주 싸늘하다. 전체적인 흐름을 보면 광둥성은 장더장이 당 서기로 있을 무렵 중요한 전환기를 맞이했다. 광둥은 중국 경제 개혁개방의 선봉이었다. 이곳에서 쏴 올린 개방의 신호탄이 중국 전역을 이끌었으며, 강력한 경제적 실험과 모험이 광둥을 중심으로 중국 전역에 뻗어 나갔다.

값싸고 풍부한 노동력으로 광둥은 전 세계를 향해 거의 무한정으로 공산품을 수출했다. 개혁개방 30년 동안 이어져 온 그런 광둥의 활력은 2000년대 초반에 들어서면서 유감스럽게도 밑바닥을 향해 곤두박질칠 태세였다. 산업의 질적인 제고 없이 마냥 값싼 노동력으로 버티는 것은 한계를 노정하고 있었다.

이른바 산업의 전반적인 구조조정을 단행해 중국 경제의 질량을 높이는 일이 필요했다. 그 점에서 보면 장더장의 광둥성 당 서기 재임 기간은 어둡다. 발 빠른 구조조정에 착수하지 않았고,

광둥성을 덮는 문제의 본질을 제대로 보는 데도 실패했다.

개혁개방 이후 중국 지방관의 실적은 지표指標가 모든 것을 말하는 형국이었다. GDP의 총량이 얼마나 증가했고, 어느 정도의 사회간접시설이 깔렸는가, 그리고 도로는 얼마나 포장했는가 등이었다. 그런 점에서 보면 장더장의 치적治積에 관한 평가는 그리 부정적이지 않다.

장더장의 재임 기간 5년 동안 광둥성은 비약적으로 발전했다. GDP의 총량이 싱가포르와 홍콩을 넘어섰고, 이어 대만도 앞질렀다고 평가한다. 그리고 전국의 8분의 1에 해당하는 생산력을 지닌 곳으로 발전했다. 경제성장률에 있어서도 광둥은 항상 선두를 차지했다. 보통 10%가 훨씬 넘는 성장률을 기록했다는 자랑도 따른다.

그러나 앞에서 언급한 대로 그의 치적은 질적인 성장, 눈에 보이지 않는 구조의 전환 등에서는 그리 높은 평가를 받지 못한다. 오히려 "제때에 착수하지 못해 후임자에게 커다란 짐을 남겼다"는 평가다. 실제 최근에는 광둥의 경제 활력을 대변했던 '주장珠江 삼각주'의 경제상황이 매우 좋지 않다. 좀 더 낮은 임금을 찾아 해외로 공장을 옮기는 국내외 기업들이 줄을 잇고 있는 상황이다.

'눈에 보이지 않는 곳'은 또 있었다. 경제가 발달하면 사회적 분규도 늘 왕성하게 줄을 잇는다. 이해가 엇갈리는 사람 사이의 충돌, 토지의 징수문제를 두고 벌이는 촌민과 말단 행정기관과의 싸움이 폭발하게 마련이다. 광둥은 그런 점에서 화약고다. 특히 토지 징수를 두고 벌이는 민관民官의 싸움이 가장 격렬한 곳이 광둥이다.

2011년 9월에 벌어진 우칸烏坎촌 사건이 대표적이다. 역시 이 지역의 행정기관과 주민 사이에서는 토지 불법 징수, 공무원 비리를 두고 극단적인 물리적 충돌까지 빚어졌다. 결국 광둥성 당 서기인 왕양汪洋의 타협적 자세가 힘을 얻어 가까스로 타협을 이룬 사건이다.

장더장 재임 때에는 중국인 대부분을 분노케 했던 '쑨즈강孫志剛 사건'이 벌어졌다. 후베이湖北성 출신인 청년 쑨즈강이 광둥성 광저우廣州의 친구집에 놀러왔다가 신분증을 지니지 않은 채 거리로 나간 뒤 부랑자로 몰려 경찰에 잡혀 수용소를 전전하다가 얻어맞아 숨진 사건이다.

우칸촌 사건의 전조前兆도 많았다. 2005년 7월에는 광저우 인근 판위番禺에서 토지 징수 문제를 둘러싼 민관 충돌이 있었다. 이 사건은 결국 민관 충돌의 확대를 염려한 장더장의 지시에 따라 대량의 경찰을 동원한 강제진압으로 끝을 맺었다.

'천안문 사태'의 유혈진압을 떠올리는 사건도 벌어졌다. 광둥산웨이汕尾에서는 2005년 12월 같은 유형의 충돌이 발생했다. 이 사건은 국내외에서 매우 큰 주목을 끌었다. 무장경찰을 동원해 촌민들에게 총을 발사해 14명이 죽고 50명 정도가 부상을 입었기 때문이다. 광둥성 당국은 이런 분규와 충돌에 대해 '일관'의 입장을 유지하고만 있었다. "촌민들의 행동이 '조직적인 불법 시위'에 틀림없다"는 내용이었다.

그의 관리능력에 의문부호를 다는 사람도 많다. 같은 2005년에 벌어진 광둥 베이장北江의 오염물질 소동이었다. 강물이 오염됐다는 사실을 발견하고 하천 일대의 공장의 가동을 멈춘 것까지는 좋았으나, 일방적으로 수돗물 공급을 끊으면서 화를 키웠다.

아울러 수돗물 공급을 끊기 전 5일에 걸쳐 아무런 조치를 취하지 않아 결국 오염수를 마신 해당 지역 주민들이 크게 반발했다. 그런 점에서 보면 장더장은 거시 지표에 충실하며 착실하게 업적을 쌓기는 하지만 질적인 변화와 창의적인 구석에 눈길을 주는 관료 스타일은 아니다.

주민과 행정기관의 충돌에 대한 구조적 시각을 결여했고, 이를 진압으로 미봉彌縫하는 방식을 선호하는 그런 스타일의 관료다. 그런 점에서 중국 밖의 언론들이 그를 바라보는 시선은 결코 곱지 않다. 중국식으로 표현하자면 그는 치표治標에 성공했으나 치본治本에는 실패한 사람이다. 여기서 표標는 가지의 끝이다. 가지 끝, 이를테면 보이는 부분에서는 치적을 올렸으나 뿌리本를 매만지는 데서는 성적을 내지 못했다는 얘기다.

그럼에도 장더장은 관운이 좋은 편이다. 그러나 관운이라고 단순하게 말하기에는 무엇인가 석연치 않다. 나무의 가지 끝에 주목하는 사람은 아무래도 정치적이다. 자신을 포장하는 데 능하며, 그를 통해 남과의 관계를 잘 조율하면서 바람 많고 파도 거센 정치권의 바다를 잘 헤쳐간다.

중국 언론들이 전하는 내용에 따르면 그는 새로 중국 공산당 최고 권력을 차지한 시진핑과의 관계가 아주 좋다. 저장성 당 서기직을 이어받은 사람이 바로 시진핑이며, 광둥의 당 서기로 일할 때에는 역시 시진핑과의 관계를 최상의 상태로 이어간 흔적이 있다.

광둥은 시진핑에게도 남다른 의미를 지닌 지역이다. 그의 부친 시중쉰習仲勳은 중국이 덩샤오핑의 영도 아래에서 중국호의 대전환을 이루던 개혁개방의 첫해인 1978년 광둥성에 부임했다. 시중쉰은 처음에는 광둥성 권력 서열 2위인 부서기로 부임한 뒤 성장省長과 당 서기에 오르면서 중국 개혁개방의 선두주자 광둥의 경제개방을 몸소 이끌었던 인물이다.

중국에 전해지는 전언에 따르면 시진핑의 모친 치신齊心은 2004년 당시 광둥 당 서기를 맡고 있던 장더장에게 서한을 보내 남편이자 시진핑의 부친인 시중쉰의 전기傳記를 출판할 수 있도록 광둥성 당 위원회가 지원해 달라고 부탁했다. 장더장은 시진핑 일가의 시중쉰 전기 출판을 적극 도왔다고 한다.

사실 누이 좋고 매부도 좋은 격이었다. 장더장은 시중쉰 전기 출판을 통해 새롭게 떠오르는 차세대 권력자 시진핑과의 관계를 개선할 수 있어서 좋았고, 시진핑 일가는 시중쉰이 중국 개혁개방의 상징인 광둥에서 활약한 사실을 광둥 당 위원회의 힘을 통해 알릴 수 있어서 좋았다. 장더장은 그런 계기를 통해 시진핑 일가와의 관계도 한층 강화할 수 있었다.

장더장의 후임으로 저장성에 부임한 시진핑 또한 그에 적극 화답했다. 전임자인 장더장이 구축한 저장성의 경제발전 토대를 전혀 허물지 않으면서 그의 치적을 바탕으로 자신의 치적을 그에 더 쌓는 식으로 처신했다. 장더장 임기 때의 저장성은 원래 지니고 있는 민영民營경제의 토대를 더욱 확고히 구축해 시진핑 임기 때에 이르러서는 중국 내에서 민간기업의 활동과 조직이 가장 활발한 곳이라는 평가를 받는다. 이른바 '저장 모델'의 부상이었다.

장더장은 조선족의 인맥을 타고 중앙에 진출한 사람이다. 아울러 당시의 총서기 장쩌민을 지지했던 지린의 인맥이 쌓은 토대를 바탕으로 권력 서열 1위였던 장쩌민의 후원에 힘입어 승진과 출세의 고속도로를 달려온 인물이다. 전체적으로 그의 이력을 살펴보면 장더장은 우선 그 자신이 탁월한 행정가 및 정치가다.

조선족 자치주라는 중국 정치권의 궁벽한 산골에서 걸어 나와 중앙의 무대에서 화려하게 자신을 드러내고, 이어 중요한 지방 관리자로서 중앙정부가 추진하는 정책의 핵심에 착실하게 부응하는 능력을 선보였다. 그런 능력에 지속적으로 불어주는 장쩌민 권력의 순풍順風을 등에 업고 줄곧 승진했다. 그런 점에서 장더장은 중국의 정치권에서 출세할 만한 자격을 충분히 지닌 사람이다.

그럼에도 불구하고 광둥성이라는 매우 중요한 '정치적 포인트'에서 그가 남긴 오점은 제법 선명하다. 그는 5년 동안 광둥을 이끌면서 이 지역이 중국 개혁개방에서 차지하는 의미를 제대로 간파하지 못했다. 광둥의 경제는 그의 재임기간에 줄곧 발전했다고는 하지만 장기적으로 대비해야 할 구조조정에는 완연히 실패했다.

이 내용은 앞에서 소개한 그대로다. 이 점은 중국식 관료의 장점과 한계를 보여주는 측면도 있다. 중앙이 정한 방침에 제대로 부응하면서 오히려 그 목표를 초과해 달성하는 관료들은 많지만, 장기적인 문제에 대비해 창의적으로 미래를 내다보는 안목의 관료가 적을 수 있다는 점이다.

사실 엄격하게 따지자면 장더장의 광둥성 집정執政은 성공이라기보다 실패에 가깝다. 그럼에도 그는 관운이 형통해 광둥성 당서기 뒤 중앙으로 다시 올라가 정치국원으로서 국무원 부총리 자리에 오른다. 그의 역할은 중국 경제의 사령탑인 원자바오 총리를 보조하는 것이었다. 부총리로서의 장더장에 대한 중국 언론의 평판 역시 그리 높지 않다.

중국이 2010년을 넘어 당면한 큰 과제가 민간기업의 쇠퇴, 그리고 국영기업의 강세였다. 이는 중국 경제의 본질적인 경쟁력을 막는 큰 장애로 부상했다. 중국식으로 표현하자면 '국진민퇴國進民退'다. 중국이 나아갈 큰 길이 시장경제라는 사실을 부정하는 사람은 없다. 그러나 단기간의 성장에 주목한 중국 정부 당국은 이런 큰 방향을 도외시한 채 시장적인 요소가 큰 민영기업의 활동보다는 그 반대인 국영, 또는 국유기업의 시장 지배율을 높이고 말았다. 따라서 향후 중국 산업 경쟁력의 저하를 걱정하는 사람이 많다.

이 '국진민퇴'의 뿌리는 1990년대 개혁 드라이브를 걸었던 주룽지의 정책 방향을 제대로 승계하지 못했다고 평가받는 후임자들의 과오過誤로 부상하고 있다. 그런 추세에서 장더장은 부총리로 중국 경제의 한 축을 맡으면서 민간기업의 경쟁력 강화에 주목하지 않고 국영 또는 국유기업 등 공유公有경제에 더욱 힘을 보탠 주인공으로 꼽힌다.

광둥에서 드러낸 관료주의적 마인드는 장더장이라는 인물의 인상 중 매우 중요한 부분을 이루는 요소다. 부총리 때에도 그런 인상을 불식하지는 못했고, 오히려 그런 부정적 측면을 더 키운 것으로 보인다. 그럼에도 그는 중국식 정치의 파벌적 성향의 훈풍을 계속 받아 승승장구했다.

그는 중국 개혁개방의 흐름과는 반대의 흐름, 마오쩌둥식의 극좌적인 회고 열풍을 일으키며 중앙과 맞서다가 결국 낙마한 공산당 정치국원이자 충칭시 서기 보시라이의 자리에 부임한다. 2012년 3월이다. 충칭시 당 서기 보시라이 낙마는 중국 공산당의 권력 투쟁사에서 큰 획을 긋는 사건이었다. 그 다급했던 사건의 마무리를 위해 장더장을 충칭시에 보내는 공산당 중앙의 결정은 중국 권력 최고층이 장더장이라는 인물에 어떤 신임을 보내는지를 알려주는 대목이다.

俞正聲

1945년 생

1963년 하얼빈 군사공정학원 미사일 공학과

1968년 허베이 장자커우시 무선전기 6공장 기술원

1971년 허베이 장자커우 무선전기공장 기술원

1975년 국무원 제4기계공업부 엔지니어

1982년 전자공업부 연구소 부소장

1984년 중국 장애인 복리기금회 부 이사장, 캉화실업공사 총경리

1985년 산둥성 옌타이 부서기

1987년 산둥 옌타이 시장

1989년 산둥 칭다오 시장

1992년 산둥 칭다오 서기

1998년 국무원 건설부 부장

2001년 후베이성 서기

2002년 중앙정치국원, 후베이 서기

2007년 상하이 서기

2012년 정치국 상무위원

위정성

1945년 출생한 위정성俞正聲의 정치적 성분은 '태자당'과 '상하이 방'이다. 우선 그의 출신 배경이 중국에서 전통적으로 명망 있는 가문을 일컫는 '망족望族'이다. 그 점에서 위정성의 자긍심은 매우 대단할 듯하다. 증조부가 청나라 말기의 과거에 급제한 진사 출신으로, 중국 당대의 역사를 주름잡았던 유명 인물과 밀접하게 교류한 흔적이 뚜렷하다.

그는 중국 동남부에서 잘살기로 유명한 저장浙江의 사오싱紹興 출신이다. 이 사오싱이라는 곳은 우선 황주黃酒로 유명하다. 그래서 이곳에서 나오는 황주를 아예 '소흥주紹興酒'라고 적는데, 꽤 인기가 높다. 아울러 사오싱이 배출한 역사적인 인물들이 부지기수다. 그중에서 중국 현대문학의 최고 문인으로 꼽히는 루쉰魯迅이 대표적이다.

저장성은 또한 중국 역대 과거 급제자를 가장 많이 양산한 곳으로도 이름이 나 있다. 글 잘 읽어 세상사를 두루 꿰는 머리 좋은 수재秀才를 다량으로 배출한 지역으로도 명성이 높다. 저장성 사오싱의 또 하나 자랑거리는 전통적으로 그런 문인文人 취향을 바탕으로 지략智略이 높은 인물이 많이 나온 곳으로도 유명하다. 대표적인 사람이 저우언라이周恩來다.

사회주의 중국의 가장 대표적인 총리로서 마오쩌둥을 보필해 오늘의 중국이 만들어지는 데 기초를 다진 인물이다. 사오싱은 이런 유형의 인물이 많이 나왔다. 전통 왕조에서 핵심 권력자의 참모 역할을 하는 사람들이었는데, 그들을 보통 '사야師爺'라고 적었다. 막료 중에서 전략을 다루는 직책이었다. 그런 지모智謀

를 지닌 '사야'들의 고향이 바로 이 저장의 사오싱이다.

그러나 위정성이 중국 정가政街에서 드러낸 기질을 한마디로 정의하기는 쉽지 않다. 전통적인 문관文官 기질도 있다고 볼 수 있으며, 명문가의 전통을 이어받은 수재의 기운도 있고, 책사策士 기질의 '사야'식 풍모도 눈에 띠며, 현대 중국 공산당이 키운 테크노크라트로서의 면밀함도 갖췄다. 그만큼 그는 복잡한 성장 배경을 지니고 풍파가 거셌던 중국의 벼슬길을 걸어온 인물이다.

부친과 마오쩌둥의 오랜 인연

그의 아버지 이름은 위치웨이俞啓威라고 불린다. 그러나 황징黃敬이라는 이름으로 더욱 잘 알려져 있다. 황징은 중국 공산당 내에서 꽤 이름이 알려진 인물이다. 일찍 타계함으로써 그의 아들 위정성의 정치적 후견인 역할을 끝까지 수행하지는 못했으나, 워낙 활발했던 성격 덕분에 그의 음덕蔭德은 후대의 위정성에게 매우 강하게 미치는 편이다.

황징은 1912년생으로 알려져 있다. 1930년대 이미 사회주의 진영에 뛰어들어 맹렬히 활동하며 이름을 떨쳤다. 학생운동을 비롯해 열차를 점거해 당시 집권당이었던 국민당 정부에게 청원을 내는 '사건' 등을 주도했다. 그는 사회주의 중국 건국 뒤 요직을 차지하는 등 화려한 이력을 쌓지만 그중에서도 가장 눈에 띄는 대목은 따로 있다.

홍콩 언론들의 보도에 따르면 황징의 첫 애인은 장칭江靑이다. 중국 최고의 권력자 아내로서 문화대혁명의 극좌적 실험을 주도한 사인방四人帮의 방주帮主 말이다. 그 장칭은 본명이 아니다. 원래의 이름은 리윈허李雲鶴로 두 사람은 산둥山東 칭다오靑島 대학에서 서로 만났다고 한다.

위정성의 부친 위치웨이는 그 당시 집권 국민당의 눈을 피해 칭다오에서 지하활동을 벌이며 이름을 황징으로 고쳤고, 리윈허 또한 '파란색 사과'라는 뜻의 '란핀藍蘋'으로 불렸다. 그 둘은 사이가 가까워져 동거를 시작했고, 미래의 중국 퍼스트 레이디 장칭은 황징의 소개로 공산당에 입당했다고 한다.

황징은 그의 눈부신 활동력으로 공산당 주요 직책을 두루 거쳤다. 국민당과 내전을 벌이던 시기 중국 중서부, 베이징 등의 당직을 맡았고 중국 건국 전에는 군의 요직도 역임했다가 건국 뒤에는 기계공업부 장관에 올랐다.

그가 거친 경로에는 여러 사람이 다 겹친다. 마오쩌둥의 노선을 충실히 지지함으로써 최고 권력을 잡고 있던 마오의 눈에 들었음은 물론이고, 후에 중국 공산당 원로로서 막후의 실력자로 활동하는 펑전彭眞을 비롯해 1980년대 공산당 총서기에 오른 후야오방胡耀邦과도 교분을 맺는다.

마오쩌둥은 그가 마지막으로 얻은 아내 장칭이 황징의 옛 애인이었다는 사실을 잘 알았다고 한다. 그럼에도 정치적으로 자신의 노선을 충실히 지지했던 황징에 대해 상당한 정치적 배려를 했다고 알려져 있다. 그러나 황징은 병을 얻어 1958년 일찌감치 타계한다.

마오쩌둥의 아내 장칭과 과거 맺었던 인연 못지않게 세인의 관심을 끄는 황징의 이력은 기계공업부 장관 대목이다. 그 기계공업부의 역할이야 새로 세운 사회주의 중국의 기계공업 진흥을 주관한다는 점에서 특별하지는 않다. 문제는 이 기계공업부를 거쳐 갔던 황징의 후임자들이다. 우선 황징이 1952년 사회주의 중국의 제1기계공업부 장관을 맡았을 때 그 직속 부하로 있던 사람이 왕다오한汪道涵 당시 부부장차관이었다.

이 왕다오한이라는 인물은 1980년대 이후 중국 정치사에서 결코 빼놓을 수 없는 사람이다. 그는 오늘날 장쩌민이 핵심을 이루는 중국 권력 내의 큰 파벌인 '상하이방'의 초석을 다진 사람이다. 장쩌민 역시 기계공업부를 거치면서 상하이에서 활동했고, 1980년 상하이의 당 서기로 재임하고 있던 왕다오한은 그런 장쩌민을 착실하게 후원해 중국 최고의 권력자로 오르게끔 만들어 준다.

부친이 공산당 간부, 행정 관료로서 쌓고 맺은 이런 인연은 결국 나중에 그의 아들인 위정성의 정치적 성분을 표시하는 계기판으로 작용한다. 그의 이름 밑에 항상 '상하이방'이라는 분류 명칭이 달리는 이유는 여기에서 비롯한다. 그러나 위정성이라는 인물이 그런 부친의 인연 네트워크에만 의존해 성장한 사람이라면 이야기는 너무 단순해진다.

그의 부친이 걸어왔던 이력 못지않게 위정성은 자신의 힘으로 많은 난관을 이겨낸 타입에 속한다. 그저 부친의 인연에만 따라 높은 벼슬자리로 옮겨 다녔다면, 중국의 바람 거센 정치판에서는 제대로 성장하기 어렵다. 많은 사람들이 인정하는 실력으로 웬만한 사람이면 다 인정해 주는 업적을 쌓았기에 위정성은 중국 권력의 핵심에 진입할 수 있었던 것이다.

그는 사회주의 중국이 건국하기 4년 전인 1945년 황징의 셋째로 태어났다. 베이징으로 자리를 옮겼던 부친을 따라 1952년 수도로 이사해 온 뒤 초등학교를 마치고 당 간부의 자제들이 주로 다니던 베이징 4중에 입학한다. 중고교 과정에서 위정성은 매우 우수한 성적을 올리는 학생이었다. 고교를 마친 뒤 그가 문을 두드리는 곳은 베이징 대학이나 칭화淸華대학 등 전통으로 이름을 뽐내던 명문 대학이 아니었다.

그는 자연과학에 더 흥미를 느꼈던 모양이다. 위정성은 당시로서는 가장 유명했다는 '하얼빈 군사軍事 공정학원'을 선택해 입학했다. 여기서 그는 미사일 공학을 전공한 것으로 알려져 있다. 이 학과는 당시의 인기학과였다고 한다. 마오쩌둥 통치 시기 때 권력 서열 2인자였던 린뱌오林彪의 아들과 딸 등 핵심 권력에 발을 들여놓았던 공산당 주요 간부의 자제들이 이 학과에 다수 적을 두고 있었다고 한다.

아울러 대학 시절의 위정성은 매우 좌파 성향이 강했던 것으로 알려져 있다. 문화대혁명 시기에 이 대학의 정치적 주도권을 두고 온건파와 강경파가 갈려 있었는데, 위정성은 강경파의 핵심 인물이었다고 한다. 그는 부친이 국민당과의 내전 시기에 지하 공산당 조직을 이끌었던 붉은색 혁명가 집안의 자제답게 매우 당성黨性이 강한 공산주의자였던 셈이다. 그러나 그의 모친은 공교롭게도 문화대혁명의 와중에 박해를 당하다가 감옥에 갇힌다. 외할머니도 그런 정치적 궁지에 몰려 굶어 죽다시피 세상을 떴으며, 누이동생 또한 정신착란을 일으켜 자살한다. 혁명을 이끌면서 사회주의 중국을 건국하는 데 큰 공로를 세운 혁명 간부와 그 가족들이 문화대혁명의 거친 극좌 실험기를 거치면서 누구나 한두 번쯤은 당하는 중국식의 역사적 아이러니였다.

당의 고위 간부였던 부친의 별세 뒤 벌어진 문화대혁명 시절의 참혹했던 가족사를 뒤로하고 위정성이 사회에 첫발을 내딛으면서 받은 직장은 지방 도시의 작은 공장이었다. 허베이河北 장자커우張家口라는 작은 도시에서 묵묵히 일을 하면서도 그는 재능을 드러냈다.

홍콩 언론 등에 따르면 그는 목기를 제조하는 공장에서 전기공으로 일을 하면서도 당시 국방분야에서도 개발하지 못했던 연산증폭기 operational amplifier 를 만들어 주위를 깜짝 놀라게 했다고 한다. 아날로그 신호를 가산加算과 감산減算, 적분積分 등으로 풀어내는 장치였다. 그의 이름이 주변의 생산관계자는 물론 지방 행정의 당정 계통에도 알려지는 계기였다고 한다.

그런 점에서 보면 위정성 역시 최고위 권력 핵심에 올라선 관료들과 마찬가지로 나름대로 자신의 분야에서 두각을 나타낸 인물임에 틀림없다. 배경이 좋아서 거저 시켜 주는 벼슬자리의 승진이라면 잠시 그 행운을 이어갈지 몰라도, 오랜 시험기를 거쳐 권력의 최고 정상에 서기란 쉽지 않다.

그의 관운은 중국의 개혁개방 흐름과도 무관치 않다. 1975년 덩샤오핑이 복권하면서 서서히 그런 기운이 몰려들고 있었다. 당시에는 중국이 문화대혁명으로 피폐해진 국력을 회복하는 일이 급선무였다. 따라서 국가의 기간을 일으킬 산업 인재들이 필요했고, 밑바닥에서 기술을 쌓은 사람들이 주목을 받을 수밖에 없었다.

위정성은 그런 기운을 타고 1975년 국무원 산하 제4기계공업부뒷날의 전자공업부의 한 연구소로 자리를 옮겼고, 2년 뒤인 1977년에는 중국 최초로 국산 경량급 컴퓨터 개발에 성공한다. 덩샤오핑이 본격적으로 개혁개방의 기치를 치켜든 1978년 이후에는 위정성과 같은 이공계 인재들이 더욱 주목받기 시작했다. 위정성은 마침내 1982년 기술직에서 벗어나 전자공업부 컴퓨터공업관리국 과장에 오른다.

이 기간이 위정성의 숙련기熟練期에 해당할지 모른다. 그는 이후 아주 훨훨 날아오르는 중국 정계의 새로운 스타로 바뀐다. 누군가에 의해 끌어올려지는 그런 운이 닥치기 때문이다. 중화권의 여러 언론들은 위정성의 그런 발탁과 승진에 장쩌민이 있다고 생각한다. 장쩌민은 앞에서도 잠시 소개했듯이, 중국 제1기계공업부를 주관했던 위정성의 부친 황징과 관련이 깊은 인물이다.

위정성의 부친 황징은 건국 초기 기계공업부 업무를 총괄하면서 그 밑에 장쩌민의 정치적인 스승이자 은인恩人인 왕다오한을 거느리고 있었으며, 왕다오한은 기계공업부 인맥을 바탕으로 상하이를 기반으로 성장하면서 장쩌민을 키워 낸 인물이다. 아울러 장쩌민은 1956년 옛 소련에서 유학하다가 돌아와 창춘長春의 제1자동차 공장에서 과장급으로 일한다. 이 제1자동차 공장 또한 황징이 주관하던 제1기계공업부 관할이었다.

아울러 장쩌민은 1982년 국무원 전자공업부 제1부부장차관을 지내며 위정성은 그해에 장쩌민 밑에서 단순 기술직 연구원이 아닌 본격적인 행정관료의 길에 들어선다. 이 과정에서 장쩌민이 왕다오한을 거쳐 황징으로 이어지는 기계공업부의 인맥 네트워크를 의식했으며, 결국 그런 인연으로 황징의 아들 위정성에 주목하며 그를 정치적으로 후원하기 시작했다는 게 홍콩 등 중화권 언론들의 분석이다.

미국 망명한 스파이 형 때문에……

위정성이 중국 정가에서 두각을 나타내기 시작하는 시점은 1980년대 중반이다. 이 무렵에 그는 아버지 황징과 인연이 깊은 제1기계공업부의 인맥인 장쩌민을 상사로 모시면서 전자공업부에서 한창 실력을 발휘한다. 1984년 전자공업부의 장관이었던 장쩌민은 돌연 위정성을 전문 영역과는 거리가 먼 다른 부서에 천거한다.

'중국장애인복리기금회'라는 곳이다. 중국의 장애인 협회와 관련해서는 우선 떠올릴 수 있는 인물이 있다. 덩샤오핑의 장남인 덩푸팡鄧樸方이다. 그는 제법 알려져 있다시피 아버지 덩샤오핑의 후광을 입고 중국 정가의 일각을 차지한 인물이다. 그러나 역시 아버지가 문화대혁명 시기에 사인방四人幇이 조종하는 홍위병에 의해 몰리면서 역시 그의 아들이라는 점 때문에 정치적 박해를 받았다.

명문 베이징 대학 재학 중에 홍위병의 사상투쟁에 시달리던 건물에서 투신해 자살을 시도했다가 척추를 다쳐 휠체어에 의지해 살아야 하는 장애를 안았던 인물이다. 그 후 아버지 덩샤오핑의 복권, 그리고 개혁개방의 흐름이 이어지면서 차츰 정치적 입지를 다져서 중국 장애인 협회를 이끌어 왔다.

위정성이 덩푸팡과 인연을 맺은 일은 여러 가지 점을 시사한다. 중국 권력 그룹 안에서 '집' 또는 '가족'을 뜻하는 '패밀리 그룹'의 요소는 매우 강하다. 중국 사회를 구성하는 가장 기초적인 요소가 바로 이 핏줄, 혈연으로 이어지는 '패밀리'다. 아버지의 정치적 지위 때문에 정치적 박해를 받아야 했던 덩푸팡에 대한 덩샤오핑의 시선은 남다를 수밖에 없다. 아들에 대한 부채負債 의식을 안고 있어야 했던 것이다.

따라서 덩푸팡은 아버지의 후원을 받아 장애인 협회를 이끌면서 정치적으로 성장하던 상황이었다. 그 덩푸팡의 조력자로 위정성이 선택을 받았다는 사실은 덩샤오핑 일가로부터 정치적으로 주목을 받았다는 얘기다. 즉 위정성은 이 시점에 중국을 이끄는 막후의 최고 권력자 집안과 본격적인 인연을 맺었다고 볼 수 있는 것이다.

그 배경에는 위정성의 친형 위민성俞敏聲이 존재한다는 이야기가 있다. 위민성은 덩푸팡과 베이징 초등학교 동창생으로 알려져 있다. 그러나 일부 자료를 보면 위민성이 진짜 위정성의 형인지 분명치 않다. 황징이 아들 둘을 뒀다는 자료에는 이 위민성이 나오지 않는다. 그러나 아들을 셋 뒀다고 하는 자료에는 이 위민성이 나온다.

어쨌든 일설에는 둘째 형인 위민성이 자신의 동생인 위정성을 덩푸팡에게 추천했다는 것이다. 그러나 그 점은 중요치 않다. 어쨌든 전자공업부에서 잘나가는 기술관료로 활동하던 위정성이 출세의 지름길에 해당하는 덩샤오핑 일가와 1984년 본격적인 인연을 맺었다는 점은 확실하고, 이는 위정성의 관료생활에 중요한 이력으로 남아 있다.

그러나 호사다마好事多魔가 사람 사는 세상의 정해진 이치인지 모르겠다. 이제 어렵던 밑바닥 기술자 생활을 거쳐 아버지의 인연

줄에 올라탔고, 게다가 최고 권력자인 덩샤오핑 일가와 정치적 인연을 맺어 중국 정단政壇의 떠오르는 스타로 비상할 준비에 바빴던 위정성에게 복병伏兵이 등장하고 만다. 복병은 상대의 의표를 찌른다는 점에서 치명적이다. 뜻하지 않았던, 전혀 생각하지 않았던 데서 치고 나오는 게 복병이다. 위정성의 복병은 다름 아닌 자신의 집안에서 돌연 튀어나온다.

전자공업부에서 장애인 협회로 자리를 옮긴 위정성은 우선 덩샤오핑의 주목을 받았다고 한다. 일 잘하는 젊은 관료, 게다가 당시의 중국에서 가장 필요했던 기술을 지닌 인재, 게다가 집안 배경도 '붉은색' 일색인 위정성은 덩푸팡의 중개로 당연히 덩샤오핑의 눈에 들었다고 한다. 아울러 덩샤오핑은 차세대 총리감으로 위정성을 눈여겨 뒀다는 얘기도 전해진다.

위정성의 복병은 친형 위창성俞强聲이었다. 그는 베이징시 공안 1국에서 근무하는 사복경찰이었다. 공안 1국은 나중에 한국의 국가정보원에 해당하는 중국 국가안전부로 발전하는 정보 계통이다. 위창성은 그 무렵 개혁개방을 시작했다고는 하지만 아직 비밀스러운 장막에 가려진 중국과, 그 내부를 파헤치려는 미국 중앙정보국CIA이 벌인 처절한 첩보전의 과정에서 드라마틱한 스토리를 전개하는 주인공이다.

결론적으로 말하자면, 위창성은 중국의 1급 기밀을 들고 미국으로 망명한다. 그 1급 기밀이라는 것은 미국에서 30년 넘게 활동하고 있던 중국계 미국인 간첩에 관한 내용이었다. 정확하게 정리되지는 못했으나, 그 내용의 대강은 이렇다. 진우다이金無怠라는 중국계 미국인은 미국에서 활동해 온 대표적인 스파이였다. 그의 실체를 추적하기 위해 미국의 CIA, 연방수사국FBI이 매우 오랜 시간 공을 들였는데, 제대로 전모를 파악하지 못했다.

미국 첩보기관은 결국 중국 내부의 제보자를 물색하기 시작했고, 그 포섭망에 위정성의 친형인 위창성이 걸려들었다는 얘기다. 그 내용은 아주 흥미진진하다. 미국 첩보기관은 위창성의 안전을 고려해 미국 내의 간첩 진우다이를 체포하기 전 위창성을 미국에 안전하게 데려오도록 했다. 미국 첩보기관이 '비행기 안의 사람飛機人'이라는 암호명으로 불렀던 위창성이 미국 땅에 발을 디뎠던 순간 미 수사당국이 진우다이의 집에 진입해 그를 체포했다는 일화는 아직도 스릴 있게 전해지는 내용이다.

어쨌든 위창성은 1985년 또는 이듬해 미국에 무사히 도착했고, 30년 넘게 미국에서 활동해 온 중국 스파이 진우다이는 위창성이 미국에 도착한 날 자택에서 미국 수사당국에 붙잡혔다. 이는 당시의 중국에게 아주 큰 충격으로 다가왔다. 특히 미국과의 관계 개선에 주력하면서 그 동태를 예의 주목했던 중국 지도부에게는 핵폭탄과 같은 충격을 가했다.

중국 최고 권력자인 덩샤오핑이 진우다이의 체포, 국가안전부 계통의 핵심 요원인 위창성의 미국 망명에 진노했다는 점은 우리가 자연스레 추정해 볼 수 있는 반응이다. 덩샤오핑은 당시 공산당 총서기로서 형식적인 권력 서열 1위에 있던 후야오방에게 이 사건에 대한 철저한 수사를 지시했다고 한다. 공산당 지도부는 이에 따라 위창성의 밀고密告와 망명을 중국 건국 이래 가장 큰 반역으로 규정하고 철저한 진상조사에 나선다.

이 사건으로 위정성은 충격을 받을 수밖에 없었다. 위정성은 그 내막이야 잘 알려져 있지 않으나 친형의 미국 망명 사건으로 덩푸팡과 함께 일하던 장애인 협회의 책임자 자리를 내놓는다. 먼저 덩푸팡에게 사의를 표명했지만, 덩푸팡이 "사건은 당신과 직접 관련이 없으니 안심하라"며 만류했다는 설이 나온다. 그러나 위정성은 결국 자리를 내놓고 산둥의 옌타이煙台시 당 위원회 부서기로 옮긴다.

그나마 다행이었다. 부친 황징이 뿌려놓은 인연의 줄이 작용했을 것으로 많은 사람들이 보는 대목이다. 그 과정에는 당시의 권력 서열 1위였던 후야오방의 보호와 추천이 작용했다는 설이 유력하다. 그런 백그라운드가 있으면 사지死地에서도 살아 돌아올 수 있다. 희대의 간첩으로 간주한 위창성이 비록 친형이라고 할지라도, 그의 혐의와 직접적인 연결고리가 없다면 살아날 구멍은 있게 마련이다. 아울러 부친의 화려한 공산당 내 인맥이 작용하고 있었던 것이다.

사람의 일생에서 시련기는 가끔 찾아온다. 그러나 그 시련을 이기는 사람이 있고, 엄혹한 시련기의 환경에 굴복하는 사람이 있다. 위정성은 그를 이겨낸 쪽이다. 그는 옌타이의 서기로 있으면서 실무 행정에 눈을 뜬다. 1980년대 중반 개혁개방의 급물살을 타고 개발이 한창일 때 생긴 지역의 현안이 주민들의 주택문제였다.

그는 각종 연구를 거쳐 문제가 많았던 서민 거주 지역에 값싸고 편리한 주택단지를 만들어 보급하는 정책을 편다. 매우 성공적인 정책이었고, 민생 현안을 제대로 챙김으로써 그는 자신의 성가를 높인다. '주머니 속의 송곳'이었던 위정성의 진가가 드러나고, 이어 그는 옌타이에 부임한 지 3년 만에 시장으로 승진한다. 아울러 지속적인 주택단지 개발과 보급이 전국적인 성공모델로 꼽히며 다시 중국 정가의 기린아로 떠올랐다.

위정성의 환로宦路가 이미 한 차례 꺾일 뻔했다는 점은 부인할 수 없다. 간첩죄를 짓고 미국으로 망명한 그의 친형 위창성의 탓이 크다. 그는 옌타이에 부임하기 전 덩푸팡에서 덩샤오핑으로 이어지는 굵고 강한 동아줄을 쥐었다. 그로 인해 위정성은 일약 중국의 최고 권력 핵심으로 진입하는 기회를 얻을 수 있었으나, 결국 위창성 사건으로 인해 옌타이로 좌천되는 우여곡절을 겪는다.

그러나 역시 밑바닥에서 일군 서민 주택단지 건설이라는 정적政績으로 다시 이름을 알리고 만다. 위정성의 역정 중에서 이는 기사회생起死回生의 터닝 포인트에 해당한다고 보인다. 그는 옌타이에 이어 이웃의 대도시인 칭다오靑島 당 위원회 부서기로 옮겼다가 다시 시장으로 승진한다.

이 두 지역에서의 지방 행정관으로 쌓아올린 그의 업적은 아주 좋은 편이다. 서민 주택에 대한 개혁적 발상이 눈에 띄었고, 현장을 부지런히 오가면서 챙긴 민생현안도 많다. 특히 칭다오 시장과 당 서기를 역임하면서는 당 위원회 등 핵심 기관이 몰려 있던 요지要地를 민간 개발지로 내주고 외진 곳으로 옮긴 점, 칭다오의 시 발전전략을 위해 전체적인 틀을 다시 짠 점 등이 큰 주목을 받았다.

그러나 1992년에도 그는 공산당 최고 권력으로 나아가기 위한 발판, 즉 중앙위원회 위원으로 뽑히지 못한다. 막후의 최고 권력자 덩샤오핑이 아직 살아있어서 위정성을 후원하던 시점이었고, 부친 황징의 옛 부하였던 장쩌민이 공산당 권력 서열 1위인 당 총서기로 있으면서 역시 위정성에게 막강한 힘을 보태주고 있던 때였다.

중국 공산당은 전체적인 정치적 개혁에는 관심이 없으나, 나름대로 당 내부의 의사결정 과정에서 민주적인 절차를 도입하는 데는 상당히 부심해 왔다. 그중의 하나가 당내 민주화를 위한 조치로 취했던 '차액差額 선거제'였다. 후보자를 정원定員보다 많게 설정한 뒤 투표를 통해 득표 순위 최하위 후보자를 떨어뜨리는 식의 선거제다.

위정성은 1992년 중국 공산당 14차 당 대회에서 이 차액 선거제로 인해 중앙위원 명단에 이름을 올리지 못했다. 대신 그는 그 밑의 중앙위원 후보위원에 이름을 올리는 데 간신히 성공했다. 그로서는 두 번째의 정치적 좌절에 해당한다. 친형 위창성의 사건으로 더 높이 오를 기회를 놓친 데 이어 다시 맛본 시련이다.

그러나 어쨌든 위정성은 옌타이에서의 서민 주택 문제, 칭다오에서의 도시 건설 개혁 등으로 '부수고 짓는' 영역에서의 행정 전문가로 이름을 날린다. 중앙위원에 이름을 올리지 못했으나 한 방면에서의 실력을 인정받았던 셈이다. 그로 인해 그가 다음으로 옮기는 자리는 국무원 건설부였다. 1997년 건설부 부부장次官에 이어 이듬해는 건설부 부장長官에 오른다.

그는 자신의 지방관 경험을 살려 전국적으로 주택 개발에 나선다. 중국어로는 '팡카이房改'라고 했던 중국 당국의 이 같은 개혁 조치는 양면성을 지닌다. 도시나 농촌 지역의 개발 대상지에 계속 살아왔던 주민들에게 땅을 징수해 그곳을 개발하는 대신 그 땅값을 지불하는 식이었다. 이는 우선 도시 등의 미관美觀 개선에 급속한 효과를 가져다 준다. 효율적으로 일괄 집행하는 개발 정책으로 도시의 모습이 아주 빠른 시간에 변하기 때문이다.

그러나 다른 측면도 있다. 급속한 개발로 인해 그 혜택은 아주 제한적인 일부 사람에게만 돌아갈 수도 있다. 특히 부동산 개발업자들이나 그를 주관한 행정 관료, 그리고 어느 정도 재산을 쌓아 부동산 붐에 편승한 투기로 차익을 거두는 사람 등이다. 그로 인해 부동산 개발의 이익이 원래 그곳에 거주했던 사람들에게 돌아가지 못하고 투기 자본에 의해 그 값어치가 모두 증발해 버리는 현상이 발생했다.

어느 쪽을 더 평가하느냐에 따라 위정성이 추진했던 '팡가이'를 보는 시각은 달라질 수 있다. 중국 당국은 긍정적인 면을 봤다. 그로 인해 위정성은 건설부 장관으로서 전국적인 '팡가이'를 주도하면서 중국의 면모를 급속하게 개선했다는 평가를 받는다. 그러나 달리 보면 그는 오늘날의 중국이 앓고 있는 심각한 부동산 거품의 주도자일 수 있다. 그러나 이로 인해 위정성이 전국적으로 이름을 얻고 정치적으로 승승장구하는 길에 올라섰다는 점만은 분명하다. 그는 이어 2001년에 중국 중부지역의 큰 성인 후베이湖北의 당 서기에 오른다. 이어 이듬해인 2002년에는 중국 공산당의 권력기구인 당 정치국 위원으로 승진한다.

아주 유능한 붉은 집안 출신의 관료

그는 후베이에서도 개혁에 앞장선다. 우선 행정기구의 간소화를 주도하는 한편 그전까지 지방정부가 누렸던 특권을 없애는 데 주력한다. 성 직속 기구가 사용하는 '특별 번호판'의 차량을 없애는 한편, 각 기관들이 자체적으로 잡지를 발간해 이를 예하 기구에 강매强賣해 돈을 벌어들이는 관행 등을 없앤다.

이는 관官의 권력이 모든 것을 지배하는 중국의 정치적 풍토에서는 매우 뜻이 있는 조치였다. 공산당 일당전제一黨專制의 틀이 지배하는 중국은 그를 견제할 만한 감독 시스템이 관료들의 발호를 제대로 억제하지 못할 경우 심각한 부정과 부패로 나타난다. 따라서 일단 당과 행정 관료의 특권에 손을 댄다는 것은 어렵지만 매우 뜻이 깊은 일이다.

그의 후베이 당 서기 시절은 비교적 조용했다. 과도할 정도로 자신의 업적을 선전하지 않는 게 그의 업무 스타일이다. 그러나 그에게는 줄곧 '강제 철거 대왕'이라는 별명이 뒤따른다. 옌타이와 칭다오, 이어서 국무원 건설부 장관을 맡으면서 계속 추진해 온 '철거-개발'의 추진력 때문이다.

후베이 당 서기를 맡으면서도 그는 그런 철거에 이은 도심 개발에 주력했다. 강한 추진력으로 밀고 나가는 그의 정책 드라이브 때문에 철거에 따른 시비는 끊이지 않았다. 그럼에도 성 도회지가 있는 우한武漢의 주요 시가지 개발은 그의 손을 거쳐 하나씩 현대적 도심으로 얼굴을 바꿨다.

그러나 그런 철거와 개발의 도식은 역시 많은 부작용을 초래했다. 그가 재임했던 칭다오와 우한 등의 도시 빈민들이 제 땅을 헐값에 빼앗긴 데 대한 항의로 상급 기관이 있는 곳을 찾아 투서投書를 시도하는 이른바 '상팡上訪'의 행렬을 줄이지 않는다는 중국 국내외 언론들의 보도가 적지 않다.

위정성은 2007년 고향 인근인 중국 개혁개방의 선구적 도시 상하이의 책임자로 다시 자리를 옮긴다. 그의 당시 직함은 중국 공산당 정치국원 겸 상하이 당 서기였다. 중국 현대 정치권에서 이 상하이는 '바람'이 많이 부는 곳이다. 정치적으로 민감해 스스로를 제대로 컨트롤하지 못할 경우 말썽이 잦아진다는 얘기다.

상하이는 그의 전전임인 천량위陳良宇 당 서기 때 거센 풍파가 스쳤던 곳이다. '상하이방'의 차세대 주자이기도 했던 천량위는 2002년 상하이 당 서기를 맡았다가 2006년 현지의 '사회보장기금'전용과 수뢰 사건 등으로 낙마해 실형을 선고받은 인물이다. 그러나 부정과 비리의 시각에서 그의 독직 사건을 다루는 경우는 별로 없다. 장쩌민의 상하이방과 후진타오의 공청단파가 부딪친 권력 투쟁의 관점에서 이를 보는 사람이 더 많다.

그만큼 상하이의 권력 서열 1위인 당 서기 자리는 매우 민감했다. 천량위의 뒤를 이어 상하이의 정치적 소용돌이를 가라앉히기 위해 잠시 부임한 사람이 18차 당 대회를 통해 '황제'의 권력을 차지한 시진핑이다. 그러나 그는 1년을 채우지 못하고 2007년 공산당 최고 권력인 정치국 상무위원으로 진급한다.

그 뒤를 이어 상하이에 온 사람이 위정성이다. 이 상하이에 당서기로 부임하기 위해서는 권력 2선에서도 아직 막강한 힘을 행사하고 있던 상하이방의 장쩌민으로부터 내락을 받아야 한다. 그러나 위정성은 장쩌민의 계열에 튼튼히 자리를 잡고 있는 '상하이방'의 일원이다. 그 점에서 위정성은 옌타이와 칭다오의 산둥山東, 건설부가 있는 베이징의 경관京官, 중부 대성인 후베이의 지방 수장首長을 두루 거친 뒤 정치적인 고향인 상하이로 금의환향한 셈이었다.

상하이에서 그는 '조용했다'는 평을 듣는 편이다. 후베이 당서기 시절에도 그랬던 것처럼 위정성은 공무 시찰 때에 요란하게 경찰차를 앞세우는 관행에서 벗어났다. 일이 있으면 불쑥 현장으로 비서만 대동하고 찾아가는 낮은 자세를 선보임으로써 호평을 받는 편이었다.

그런 소박한 행동은 지금까지도 중국 국내외 언론으로부터 높은 평점을 받는 대목이다. 특히 그는 행정가로서의 관록 못지않은 노련한 정치적 처신을 선보인다. 우선 '천량위 사건'에 대한 처리 방식이다. 그는 최대한 이를 조용히 넘겼다. 그의 정치적 보스인 장쩌민의 심기를 건드리지 않기 위한 배려였다는 게 그를 지켜본 중화권 언론들의 평이다.

그러나 상하이에서 그가 머무는 동안 벌어진 사건은 전국을 떠들썩하게 만들었다. 대표적인 게 '양자楊佳 사건'이었다. 베이징에 살던 양자라는 28세의 젊은이가 2007년 10월 번호판이 없는 차량을 몰고 상하이 시가를 지나다가 경찰에 걸린 게 사건의 발단이다. 양자는 경찰과 다투다가 끌려가 6~7명의 경찰로부터 구타를 당했다. 양자는 자신의 경우가 억울하다면서 여러 차례 고소장을 낸다.

그러나 아무런 효과가 없자 양자는 이듬해 7월 다시 상하이의 한 파출소를 찾아가 6명의 경찰을 살해하고 4명의 다른 파출소 인원에게 상해를 입힌다. '양자의 경찰서 습격 사건楊佳襲警案'이라는 표제를 달고 전국에 알려진 이 사건의 여파는 매우 대단했다. 한동안 중국 언론이 대서특필하면서 중국의 불균형 성장이 부른 대표적 사회 현상으로 꼽혔다.

이 사건은 매우 상징적이었다. 덩샤오핑 개혁개방 이후 이른바 선부론先富論의 불균형 성장이 부른 사회적 불만 현상이 대표적 공권력인 경찰에 맞선 저항으로 나타났다는 점이 그랬다. 이는 위정성을 필두로 하는 중국 공산당의 관료에게도 뚜렷한 경고음으로 작용할 정도였다. 그러나 전국적으로 열띤 논의를 불러일으킨 이 사건에도 불구하고 위정성의 정치적 위상에는 변화가 없었다.

중국 정가에서는 대부분의 고위 관료들에게 일정한 정도의 관용이 베풀어진다. 특히 최고위 권력층을 이루는 구성원들에게는 인사의 기준이 다른 하급 관료와는 다르게 적용되는 경우가 많다. 권력을 쥔 사람 사이의 파벌적 이해가 더 큰 인사의 요소로 작용하는 때가 많다는 얘기다.

어쨌든 위정성은 전체적으로는 매우 무난하게 상하이 당 서기직을 이어간 편이다. 양자라는 젊은이의 경찰서 습격 사건은 아주 작은 소용돌이에 불과했다. 그는 상하이방의 핵심을 이루는 권력의 구성원으로서 자신의 파벌이 생겨난 상하이의 여러 정치적 요소를 무사히 '관리'했다는 평을 듣는다.

위정성과 관련해서는 여러 이야기들이 떠돈다. 그의 부친 황징의 죽음을 두고서는 그냥 병환으로 세상을 뜬 게 아니라 정치적 박해에 시달리다 스트레스에 몰려 타계했다는 얘기도 나온다. 정치적 암투가 벌어져 마오쩌둥에 의해 모진 비판에 몰린 결과라는 이야기가 전해진다.

그의 '스파이 친형'도 어딘가 석연치 않은 구석이 있다. 결국 부친의 정치적 부침浮沈과 관련이 있어 해외 망명의 길을 택한 것 아니냐는 이야기도 있다. 즉 모진 중국 공산당 내부의 정치적 다툼 끝에 희생당한 부친의 죽음이 위정성의 친형 위창성으로 하여금 중국의 미국 내 간첩망을 죄다 밝힌 뒤 미국에 망명토록 한 것 아니겠느냐는 추정이다.

한때 위정성이 당 중앙의 고위직으로 올라가 대만에 대한 통일전선전술을 담당하는 통전부統戰部 책임자, 아니면 대만을 전담하는 대만판공실臺灣辦公室 주임을 맡는다는 소문도 파다했다. 1980년대, 또는 1990년대 초반의 일이었다. 그 배경은 이렇다. 위정성의 집안 할아버지는 위다웨이俞大維로 대만의 국방부장관을 역임한 인물이다. 중국과 대만이 정치적으로 나뉜 뒤인 1958년 중국 동남부에 바짝 붙어 있는 진먼金門섬을 두고 벌인 혈전의 주역이다.

국민당 장제스蔣介石 정부를 따라 대만으로 간 뒤 교통부장과 국방부장을 역임한 인물이다. 장제스 정부에서 요직을 맡았으면서도 청렴한 생활을 유지하며 깊은 학식을 쌓아 대만에서 이름을 떨쳤다. 따라서 그와 혈족인 위정성에게는 대만과의 물밑 협상을 주도하는 대만판공실 주임이나 통전부의 책임자 자리가 매우 잘 어울리는 듯 보이기도 했다.

아울러 위정성의 집안은 청나라 말엽에 큰 이름을 떨친 문인 文人과 관료를 배출했다. 저장성 일대의 명문가로 손꼽혔던 데다가 그로부터 배출한 유명 인사가 위정성의 부친 황징, 대만의 국방부장 위다웨이 등 즐비하다. 게다가 위정성 본인은 물론이고 미국으로 망명한 그의 친형 위창성은 중국을 한때 휘청이도록 만든 인물이기도 하다. 또한 부친 황징의 첫 애인이 마오쩌둥의 아내 장칭이었다는 점도 이 가문에 신비한 색채를 더하는 요소들이다.

劉雲山

1947년 생

1964년 내몽골 자치구 지닝 사범학교

1969년 내몽골 자치구 투모터 여우치 선전부 간사

1975년 신화사 내몽골 분사 농업 목축 팀 기자

1982년 공청단 내몽골 자치구 부서기

1984년 내몽골 자치구 선전부 부부장

1986년 내몽골 자치구 선전부 부장

1991년 내몽골 자치구 츠펑시 서기

1993년 공산당 중앙 선전부 부부장

2002년 정치국 위원, 선전부 부장

2012년 공산당 정치국 상무위원

류원산

당_唐나라 시인 가도_{賈島}가 지은 시 한 수가 있다. 그 내용을 적으면 이렇다.

> 어린 시동에게 소나무 아래에서 물으니
> "스승님은 약초 캐러 가셨어요"라 한다
> 그저 저 산속에 있으실지 모르겠으나
> 구름이 깊어 계신 곳을 알지 못한다고…….
> 松下問童子
> 言師採藥去
> 只在此山中
> 雲深不知處

구름 잔뜩 끼어 아득히 멀리 바라보이는 산, 그 안에 숨은 사람은 전혀 보이지 않는 시야의 적막함, 그래서 답답한 듯하면서도 어딘가 모르게 신비한 느낌을 주는 시다.

중국의 최고 권력을 구성하는 면면이 다 그렇다. 짙은 흑색의 커튼 뒤에서 이뤄지는 정밀한 교섭과 타협, 그리고 치열한 다툼, 그러면서도 밖으로는 전혀 그 기색을 보이지 않는 신비감의 인상 이 위에 적은 당나라 시인 가도의 시 이미지와 잘 겹친다.

그런 중국 상층의 권력자 중에서도 가장 은밀해 보이는 사람이 하나 있다. 중국 공산당의 선전을 담당했다가 이제 권력의 최고 정점에 막 오른 류윈산이다. 그의 이름이 우선 위에 적은 시의 이미지와 아주 잘 어울린다. 그의 이름을 풀어 보면 구름 낀 산, 구름을 안은 산이다.

실제 그가 지난 10년 동안 이끌었던 중국 공산당의 중앙선전부_{中央宣傳部}는 13억 중국인의 이데올로기를 조율하고 통제하며 때로는 만들어가는 곳이다. 경찰을 움직이는 공안公安, 국가 정보를 책임지는 안전부安全部 등이 은근한 물리력 행사로 비밀에 싸인 곳이라면, 중앙선전부는 전혀 보이지 않는 사람의 이데올로기와 정치적 성향 등을 은밀하게 통제하는 곳이다.

구름 낀 산, 구름 가득 머금은 산의 이미지를 떠올리게 하는 새 권력의 핵심 류윈산은 이름 못지않게 실제 중국 지도부에서 맡은 업무 자체가 매우 은밀하면서도 민감해 더욱 신비감을 준다. 그 역시 생김새 그대로 과묵하며, 조그만 실수조차 하지 않을 듯한 치밀함으로 가득 찼다는 인상을 주는 사람이다.

그를 실제 만난 적이 있다. 언론사 특파원으로 당 중앙선전부의 외빈 접대실에서다. 그를 배석한 사람은 그와 형식상 동급인 부장급의 〈인민일보人民日報〉 사장이었다. 같은 부장급이면서도 〈인민일보〉 사장은 그 앞에서 쩔쩔맸다. 한마디를 류윈산이 직접 건네면, 사장은 황송해서 견디지 못하겠다는 듯이 어쩔 줄 모르며 공손하게 답을 하곤 했다. 그가 관장하는 업무의 질과 양이 공산당 기관지라고 하는 〈인민일보〉의 사장과는 달라도 아주 다른 분위기였다.

그는 한국 언론계의 손님을 맞아서도 전혀 흐트러지지 않았다. 통제된 언어를 통제된 형식으로, 통제된 시간에 조금의 빈틈조차 보이지 않으면서 이어가는 '초능력'의 소유자처럼 보였다. '아주 큰일을 자연스럽게 해내겠구나'라는 감탄을 자아내게 했던 사람이다. 정해진 이데올로기와 정치적 구호 및 신념 등으로 13억의 거대 인구를 일탈 없이 이끌어 가는 인물로 비쳤다.

욕 많이 먹는 중요한 자리

중앙선전부는 중국 공산당의 핵심 부서다. 아무래도 사람들의 정치적 의식형태인 이데올로기를 관장하는 부서이니, 공산당이 내걸고 있는 일당전제─黨專制의 틀을 고수하기 위해서는 반드시 필요한 곳이다. 아울러 사람들이 생각하고 논의하며, 의견을 표출하는 여러 가지 형식을 다 통제한다.

공산주의 종주국이었던 옛 소련의 선전선동부宣傳煽動部를 모방해 만들었고, 중국 공산당 출범 무렵에 '중앙선전국'의 명패를 걸었다. 나중에 현재의 이름으로 바꿨으나, 많은 수의 중국인들은 이곳을 '진리부眞理部'라고 부른다. 조지 오웰의 소설 『1984』에 나오는, 사람들의 일거수일투족을 감시하며 의식을 통제하는 그 '진리부'에 빗댄 것이다.

그만큼 자유를 갈구하는 중국의 지식층, 5억 명에 달하는 네티즌 중 정치적 자유를 바라는 사람들에게 반감이 높다는 얘기다. 그럼에도 불구하고 공산당의 일당전제의 틀을 유지하기 위해 사람들에 대한 통제가 불가피하니, 중국 공산당 중앙선전부는 악역惡役을 담당하는 부서라고 볼 수 있다.

그 체계 또한 13억 중국인의 의식을 이끌어 가는 곳이니만큼 방대하다. 선전 및 문화 계통의 직접적인 종사자만 130만 명, 당의 규정에 따라 생활하지는 않으나 그 관련 업종 등에서 일하는 사람까지 모두 합치면 8000만 명에 달한다. 선전부는 이런 방대한 인원과 체계를 통해 13억 중국인의 의식을 정밀하게 컨트롤하는 곳이다.

따라서 이런 중요한 핵심 부서를 10년 동안 끌어왔다고 한다면 그 재주는 비범한 수준을 넘어선다. 깊은 구름에 가려진 산을 떠올리게 하는 류윈산은 이름에서도 그렇고, 생김새도 그렇고, 행동거지에서 번져 나오는 분위기 또한 그에 매우 잘 어울리는 인물이다.

그는 굳이 말하자면 몸을 담았던 업무 계통상으로 따질 때는 후진타오 계열의 공청단파에 속한다. 사회에 첫발을 내딛으면서 출발한 직장이 언론을 상대하는 곳이었다가, 곧 청년 간부의 출세코스인 공청단에 이름을 올린 뒤 줄곧 승승장구의 길을 걸어왔기 때문이다.

그는 1947년생으로, 중북부인 산시山西가 고향이다. 1971년 중국 공산당에 가입했으며 행정 일선에 뛰어들어 일을 시작한 시점은 1966년이다. 선전을 담당하는 중국 고위층 관료가 그렇듯이 그의 성향 또한 매우 보수적이라고 알려져 있다. 이데올로기를 관장하는 사람이 보수가 아니라면, 공산당의 틀을 온전히 지켜갈 수 없기 때문에 그 점은 매우 당연하다고 밖에 할 수 없다.

그러나 그는 다른 한편으로 2002년 권력 2선으로 물러섰으나 이 책을 적는 2012년까지 여전히 막강한 권력을 행사하고 있는 상하이방의 지도자 장쩌민과의 인연도 매우 깊다. 그가 권력 2선으로 물러났음에도 정가의 풍향風向을 민감하게 재는 류윈산이 장쩌민에게 아주 높은 품질의 충성을 바쳤다는 풍문 때문이다. 그래서 그는 서로 다툼을 치열하게 벌였던 공청단파와 상하이방 모두에 걸쳐 있는 특이한 성분의 권력자로도 비친다. 거꾸로 말하면, 서로 경쟁적인 두 파벌 모두가 받아들일 수 있는 만큼 정치적으로 매우 유능한 사람이라는 이야기다.

그는 18차 당 대회를 통해 중국 공산당 권력 서열 1, 2위를 차지한 시진핑이나 리커창에 가려서 그렇지, 그 둘에 비해 월등하게 앞서서 중국 권력의 정상을 향해 달려온 엘리트 공산당원이다. 중국 권력의 정상인 정치국 상무위원에 진입하는 데 필요한 '정규 코스'는 공산당 중앙위원회에 이름을 올리는 일이다. 그런 '정규 코스'인 중앙위원회에 후보위원 자격으로라도 이름을 올린 순서를 따진다면 그는 단연 선두에 해당한다.

시진핑과 리커창은 전혀 비교할 수도 없는 대상일 뿐만 아니라, 후진타오와 함께 2002년 이후 중국을 10년 동안 이끌었던 원자바오에 비해서도 '선배'다. 태자당파의 거두로 장쩌민과 함께 권력을 분점하려 했던 막후의 실력자 쩡칭훙曾慶紅은 중앙위원회 진입을 기준으로 할 때는 류윈산의 12년 '후배'다. 결론적으로 말하자면, 류윈산은 웬만한 전현직의 중국 최고 권력자에 비해 훨씬 더 잘 나가는 엘리트 공산당 간부였다는 얘기다.

그의 고향인 산시는 상업으로 유명하다. 산시를 일컫는 또 다른 한자漢字인 진晉에 상인의 상商이란 글자를 붙이면 진상晉商이다. 이 진상은 명나라와 청나라 기간의 500년 동안 전 중국을 대표하는 상인 그룹이었다. 가장 돈을 잘 벌었고, 그렇게 중국의 최고 상업지역으로 부상할 만큼 이 지역은 장사에 필요한 셈법과

노하우가 발달했던 곳이다.

고향이 산시이기는 하지만 태어난 곳은 내몽골이다. 그래서 그는 청소년기 학습을 내몽골에서 했다. 중화권 언론들의 보도에 따르면 그의 첫 사회 출발 신분은 태어난 곳인 내몽골 투모터土默特 당 위원회의 '타자수'였다. 남의 글을 타자로 쳐주는 그런 직업이었다. 그러나 중앙으로 보내주는 지방 소식의 타자수에서 그는 곧 문장을 직접 적는 '통신원'이 됐다고 한다. 이를테면, 공산당 중앙의 각 매체들에게 지방의 소식을 취재해 원고를 작성한 뒤 이를 보내주는 '지방 기자'로 변신했던 셈이다.

다른 최고위 권력자들이 모두 그렇듯이 그에게도 자신의 능력을 알아주고 키워줬던 정치적 은인이 있다. 우선 처음 만난 사람은 2006년 중국 관영 통신사인 신화사新華社 사장에 올랐던 톈충밍田聰明이다. 톈충밍은 당시 내몽골 지역의 공산당 간부를 맡고 있다가 신화사 기자를 겸하고 있던 직장의 상사였다. 그의 추천에 따라 류윈산은 1975년 신화사 내몽골 지사의 농업 목축 담당 기자로 변신한다.

27년 뒤 중국 선전담당의 최고 책임자로 부상하는 류윈산의 '선전' 경력은 이렇게 본격적으로 펼쳐진다. 그 뒤 1982년까지 줄곧 신화사 내몽골 지사에서 기자로 활동하며 초급 간부로도 승진한다. 때가 닥치면 운을 맞이한다고 했다. 한자로 적으면 '시래운전時來運轉'이다. 그에게도 곧 그런 커다란 운이 닥친다. 운이라기보다, 어쩌면 시대가 요구하는 그런 기운이 몰려왔다고 해야 좋을지 모르겠다.

1980년대 초반은 중국의 개혁개방이 왕성한 기운을 형성해 '죽의 장막'을 크게 걷어내고 새롭게 세계를 향해 나아가는 몸짓의 시대였다. 덩샤오핑이 그 전체적인 기운을 이끌었고, 그 실행의 엔진으로 작용한 사람이 후야오방이었다. 그리고 공산당은 그 무렵에 차세대에서도 왕성한 개혁개방의 열기를 이어갈 젊은 간부 물색에 나선다.

마침 내몽골 당 위원회 서기로 후야오방의 점지點指를 받아 부임한 사람이 저우후이周惠였고, 그 저우후이가 가장 신임했던 사람이 톈충밍이었다. 그런 상사와의 좋은 인연으로 류윈산은 공청단 내몽골 자치구 위원회 부서기에 오른다. 공산당 예비 조직으로 청년 간부를 집중적으로 육성했던 공청단에 발을 들여놓음으로써 류윈산은 그야말로 무풍지대에 가까운 출세 코스에 진입했던 것이다.

더구나 내몽골 자치구 공청단의 서열 1위공청단 서기와 다른 간부들은 대개가 몽골족이었다. 이들은 당성黨性에 있어서 류윈산에게 비할 수 없었다. 우선 언어적인 측면에서 '중국말'이 뛰어나지 못했을 뿐만 아니라 다른 분야의 성취욕에 있어서도 떨어졌다고 한다. 따라서 내몽골 자치구 공청단의 부서기에 오른 류윈산이 베이징의 공청단 본부와 주로 연락을 유지하며 접촉한 창구였다고 한다.

당시의 공청단 중앙에 포진하고 있던 사람이 다름 아닌 후진타오였다. 후진타오는 당시 공청단 중앙서기처 상무서기로 서열은 왕자오궈王兆國에 이은 2위였다. 20년 뒤 중국 권력 최정상에 오르는 미래의 공산당 총서기 후진타오와의 인연이 맺어지는 계기였던 셈이다. 류원산은 다시 저우후이와 톈충밍의 거듭되는 추천을 통해 내몽골 자치구 선전부 부부장에 올랐고, 1984년에는 공산당 중앙이 차세대 엘리트로 육성하는 간부 명단에 이름을 올렸다.

그런 발탁의 과정을 거쳐 류원산은 1982년 열린 공산당 12차 당 대회에서 중앙위원회 후보위원에 오른다. 당시 후진타오도 같은 시기에 중앙위원회 후보위원에 올랐다가, 중앙위원으로 한 단계 승진한다. 중앙위원회 후보위원에 오른 시기로 따지면 류원산은 후진타오와 동시 진급자에 해당한다. 그의 나이로 따져볼 때 초고속 승진과 발탁이었다고 볼 수 있다.

류원산은 5년 뒤인 1987년의 13차 당 대회에서는 중앙위원회 후보위원 명단에서 빠진다. 정치적인 좌절이라고 볼 수는 없었다. 후진타오는 연속해서 중앙위원에 이름을 올린 뒤 1992년에는 정치국 상무위원에 진출한다. 류원산은 그러나 14차 당 대회1992년에서 중앙위원회 후보위원으로 컴백했고, 이어 15차 당 대회1997년에서 중앙위원에 진입한 뒤 16차2002년에는 드디어 정치국에 진입했다.

행정조직의 위계는 계속 상승세였다. 1991년에는 내몽골 자치구 츠펑赤峰시 당 서기, 이듬해는 내몽골 자치구 당 위원회 부서기로 승진했다가, 1993년에는 자신의 '전공 분야'인 당 중앙선전부 부부장으로 상승했다. 그리고 2002년 이후 중국의 최고 선전 담당자인 공산당 중앙선전부 부장으로 활동해 왔다.

공산당 주요 간부이자, 행정계통상의 책임자로서 그가 드러낸 면모 또한 다른 최고위층 권력 진출자와 같이 '저조低調'함이다. 자신의 흉중胸中을 남에게 제대로 드러내지 않으며, 잠시 얻은 수확이나 결과에 만족하지 않으며, 그를 함부로 남에게 자랑하지 않는 타입을 일컫는 말이다.

'저조함'의 관건은 은인隱忍과 자중自重일 것이다. 단기간의 목표 성취에 도취하지 않고 더 먼 곳을 내다보면서 앞을 준비하는 사람이다. 아울러 변화 많고 풍파 또한 적지 않은 벼슬길에서 스스로의 중심을 잡아 일희일비一喜一悲하지 않으며 보다 먼 곳을 향해 다가가는 능력일 것이다. 류원산은 '구름 가득 낀 산'의 제 이름처럼 남에게 제 모습을 보이지 않으며 더 큰 목표를 향해 노력한 관료다.

빗발치는 비난 속의 뚝심

중국 공산당의 큰 원칙은 '일당전제—黨專制'다. 좋게 말하면 그렇지만, 달리 말하면 독재다. 그러다 보니 통제할 게 많다. '자유로운 언론'이야 꿈에서나 하는 말이다. 선전부가 관장하는 신문과 방송, 출판, 그리고 희극, 영화는 모두 그의 손을 통해 길들여진다. 일정한 틀을 벗어나는 사상과 언론은 모두 처벌한다. 당의 통제에 따라야 하며, 그 룰은 어길 수 없다.

이런 딱딱함의 대명사, 그 책임을 모두 어깨에 걸머지는 사람이 공산당 중앙선전부 부장이다. 그렇다 보니 중국의 반체제 인사들은 당 선전부 부장에게 '히틀러 시대의 괴벨스'라는 혹평을 가하기 일쑤다. '사람의 기본 인권을 말살하는 대표적 조직'으로 당 선전부를 지목하기도 한다. 정치적 자유에 관심이 있는 중국인이라면 모두가 칼날을 세우고 비난을 가하는 공격의 대상이다.

그러니 정치적 자유를 지향하고 갈망하는 수많은 중국인들이 쏟아내는 거친 욕은 모두 지난 10년 동안 류윈산에게 쏟아졌다. 따라서 그에게 따르는 비판의 큰 이미지는 '음험陰險'이요, 별칭이라고 해봐야 '철완鐵腕' '공산당 독재의 나팔수' 등이다. 그럼에도 류윈산의 정치적 위상은 매우 강고强固하다.

중국 정치권에서 '악역 중의 악역'으로 꼽히는 자리가 바로 이 중앙선전부장이다. 류윈산은 당의 일당전제라는 굳건한 틀을 유지하고 보수하기 위해 후진타오-원자바오 집권 기간에 전통적인 각종 언론 매체를 물 샐 틈 없이 관리하는 한편, IT의 기술적 발달로 폭증하는 인터넷과 SNS 통제에도 상당한 힘을 기울였다.

그는 공산당 일당전제가 필요로 하는 '통제'의 업무를 전 영역에 걸쳐 치밀하게 수행한, 공산당 선전의 업무에 있어서 가장 표준적인 관료로 꼽힌다. 그만큼 제 업무에 있어서는 최선을 다했다는 평가다. 아울러 그런 비난에도 불구하고 그는 뚝심 있게 중국의 선전 업무를 펼쳤다. 떠오르는 세계적인 강국, 중국의 G2 시대에 맞춰 이미지의 세계적인 전파에도 힘을 쏟았다.

이른바 '대대적인 외부 선전'이라는 뜻의 '대외선大外宣'이다. 이는 2008년 베이징 올림픽을 겨냥해 중국을 세계에 알리기 위한, 아울러 그런 선전을 통해 중국의 이미지를 끌어올리려는 전략이다. 그러나 2008년 베이징 올림픽을 전후해서 중국의 선전 전략은 커다란 암초에 부딪힌다. 티베트 자치구의 시위에 대한 유혈 진압, 반체제 지식인들의 '08헌장憲章' 발표 등으로 소기의 성과를 거두지 못했다. 그러나 중국 공산당은 이듬해인 2009년 들어서 대대적인 선전공세에 나선다. 중국 중앙텔레비전에 아랍어와 러시아어 방송을 신설했고, 신화사에 영어 방송을 신설해 이를 중국판 CNN으로 발전시켜 영어 방송을 미국과 유럽 등 전 세계에 내보내기로 했고, 영문 일간지 〈차이나 데일리〉의 미국판 간행에 이어 중국 국가 이미지 광고판을 뉴욕의 타임 광장에 세웠다. 그야말로 떠오르는 중국을 세계에 알리기 위한 유례없는 중국식 선전공세였다.

이 모든 것을 주관한 사람이 바로 류윈산이다. 중국의 역대 선전부장에는 유명한 인물이 적지 않다. 시진핑의 부친 시중쉰,

당 총서기에 올랐던 후야오방, 덩샤오핑의 '브릿지 게임' 맞수였던 딩관건丁關根 등이 거친 요직이었다. 그러나 역대 선전부장 가운데 실무적인 역량을 선보이며 가장 왕성하게 중국 공산당의 선전 강도를 이끈 사람은 류윈산이다. 그만큼 그는 외형적으로 중국 공산당의 선전 역량, 나아가 그 범주를 크게 확장한 인물로 꼽힌다.

중국 정가의 주요 인물들이나 주요 정부기구의 정책 가이드라인을 형성하는 틀이 하나 있다. 대부분의 주요 정치인이나 정부의 정책 집행 라인에 있는 사람들은 대개 그 틀을 벗어나지 않는 경우가 많다. 조용히 자신을 드러내지 않으면서 일하되, 반드시 일정한 성적을 쌓아야 한다는 점이다. 개혁개방을 이끈 덩샤오핑이 대외전략의 큰 지침으로서 한 말로 알려져 있다.

우리에게도 친숙한 이 말은 '도광양회韜光養晦, 유소작위有所作爲'다. 전자는 '빛을 감추고 어둠을 키워라'는 말인데, 제 자신이 지닌 역량을 최대한 남에게 드러내지 말고 은근히 움직이라는 뜻이다. 잘 알려져 있다시피 이 말은 『삼국지연의三國志演義』의 두 주인공 조조曹操 및 유비劉備와 관련이 있다. 간단하게 소개하자면 이렇다.

유비가 형주荊州를 잃고 조조에 몸을 의탁하고 있을 때다. 채소밭 갈기에만 매달리는 유비를 보고 의동생 관우關羽와 장비張飛는 답답한 마음을 금할 수 없었다. 그런 의동생들의 재촉에도 불구하고 유비는 그 생활에 푹 젖어 있다는 듯이 행동했다. 그러던 어느 날 조조가 술자리에 유비를 초청한 뒤 물었다. "천하를 다스릴 영웅으로 꼽을 수 있는 사람은 누군가"였다.

유비는 엉뚱한 사람의 이름을 댔다. 그러자 조조가 "아니, 아닙니다. 그만한 영웅은 그대와 나 두 사람이오"라고 말했다. 이 순간 유비는 음식을 집던 젓가락을 땅에 떨어뜨린다. 마침 하늘에는 번개와 함께 천둥소리가 울렸다. 조조가 "왜 그러느냐"고 묻자 "번개와 우레소리에 놀라 그만……"이라며 겁먹은 표정을 지어보였다. 의심 많은 조조에게 자신을 감추기 위한 조치였다는 것이다.

이 고사에서 나온 성어가 '도광양회'다. 앞에서 몇몇 중국 새 지도자의 업무 스타일을 이야기할 때 사용한 '저조低調'라는 단어가 사실은 이 '도광양회'와 같다. 굳이 남 앞에서 자신의 재능을 뽐낼 필요가 없다. 그런 사람은 대개가 경망스러운 인물이다. 함부로 자신의 재능을 믿고 우쭐거리는 사람은 큰일을 하지 못한다. 이미 드러난 재주는 금세 바닥을 보이기 일쑤여서 주변을 둘러싼 여러 라이벌에게 허점을 잡힌다.

끝까지 제 생각과 취향을 드러내지 않으면서 일이 벌어지는 추이推移를 봐가며 그 흐름에 제 생각과 행동을 싣는 사람이 결국은 많은 것을 거둬들이게 마련이다. '도광양회'는 덩샤오핑이 1980년대 중국 대외전략을 구성하는 큰 지침으로 언급한 내용이지만, 중국 문화의 토양에서는 아주 연원이 깊은 처세處世의 교훈이다.

중국 지도자들은 이런 처세의 철학이 몸에 깊이 밴 인물들로 봐야 한다. 중국의 정치계는 수많은 경쟁자들과 함께 선두를 다투는 자리여서 풍파風波가 유난히 많다. 또한 각 파벌이 어지러울 정도로 이합집산離合集散을 거듭하며 장기적인 이익을 경쟁적으로 쟁취하는 곳이어서 다툼이 치열하며 뜨겁다. 그런 정계에 몸을 담고 있다가 선두, 나아가 중국 최고 권력층에 오른 사람이라면 그런 처세의 철학을 탁월하게 구현한 사람이라고 볼 수 있다.

그러나 '도광양회'만으로는 어딘가 부족하다. 덩샤오핑이 '유소작위'라고 한 말은 의미가 뚜렷하다. '어둠 속에 자신의 재능을 숨기며 조용히 일을 하되 무엇인가는 반드시 하는 바가 있어야 한다'는 주문이다. 어둠을 키우고 그 안에 재능을 감춘다고 다가 아니라는 얘기다. 그와 함께 '네가 선 자리에서 마땅히 해야 할 일 이상의 업적을 거둬오라'는 얘기다.

이런 '도광양회'와 '유소작위'의 병렬, 즉 조용히 일하되 제 분야에서는 탁월한 업적을 쌓는 식의 업무 스타일이 바로 중국 정계의 정상에 우뚝 선 고위 관료들의 공통점이다. 류윈산의 경우도 그렇다. 그는 중앙선전부 부장으로서 막강한 권력을 휘두르면서도 일선에 나타나 큰소리를 치는 경우가 거의 없다. 막후에서 조용히 움직이며 13억 인구의 의식형태, 이데올로기를 통제하면서 각종 선전술을 동원해 막을 것은 막고, 틀 것은 터주는 식의 행보를 보였다. 아울러 후진타오 집권 10년 동안 중국의 대외전략에서 가장 필요하다고 여겨졌던 '세계를 향해 중국의 가치를 알리기'라는 업무의 틀을 잡아 이를 강력하게 펼쳤다. 국내의 각종 매체를 키우는 데서 한 발 더 나아가, 세계적인 무대에 이들을 진출시키는 막후의 전략을 주도한 사람이다. '저조'한 업무 스타일로 '도광양회'를, 뚝심으로 벌이는 강력한 추진력으로 '유소작위'를 선보인 전형적인 중국 최고위 관료인 셈이다.

그러면서도 그는 중국의 정치적 자유를 추구하자고 목소리 높이는 인사, 그리고 중국 국내외에서 활동하는 반체제 또는 그런 성향의 지식인들로부터는 늘 '공격 대상 1호'의 인물에 해당한다. 맡은 역할이 공산당의 이데올로기적 방어, 아울러 가장 민감하다고 할 수밖에 없는 정치적 금역禁域을 지켜 내기 위한 통제와 규제이기 때문이다. 그래서 그를 향한 비판, 나아가 그의 치부를 들추려는 노력도 집요하게 펼쳐진다.

그는 중국의 각종 여론이 퍼지는 채널을 장악하고 있는 인물이다. 따라서 정규의 매체에서 그의 어두운 구석을 찾아내는 일은 아주 어렵다. 그러나 인터넷을 중심으로, 중국의 언론 규제 당국이 세밀하게 통제하기 어려운 영역에서 번지는 소문은 적지 않다. 주로 그의 아들 류러페이劉樂飛에 관한 내용들이다. 그 소문을 종합해 보면 류윈산의 아들 류러페이는 중국 금융업계의 스타다.

외국 언론들이 전하는 바에 따르면 1973년 출생한 류러페이는 22세에 중국 명문의 인민대학을 졸업한 뒤 국무원 재정부의 종합국에 들어갔고 25세에 다시 국무원 야금부冶金部 산하의 국영기업 부사장, 31세인 2004년에는 다시 중국 인허銀河증권사 투자관리 부문 사장, 33세에는 중국의 대표적 보험사인 중국인수人壽보험의 수석 투자관으로 눈부시게 성장했다.

류윈산을 정치적으로 공격하려는 의도가 있는 소문들이다. 따라서 인터넷에 등장하는 이 같은 관련 소문을 100% 그대로 믿기는 어렵다. 그러나 홍콩과 대만, 싱가포르 등에서는 류윈산과 그의 아들 류러페이에 관한 풍설은 끝없이 나돌고 있다. 류러페이가 중국 금융업계의 총아로 등장했다는 점, 부친의 막강한 정치적 비호를 등에 업고 막대한 자금을 운용한다는 점, 아울러 고향인 산시에서 자금력을 바탕으로 대대적인 부동산 개발에 나섰다는 내용의 소문이 떠돈다.

류원산은 후진타오가 이끄는 공청단파의 일원으로 불리지만, 사실 정통 공청단파라고는 보기 힘들다. 중앙 정계에 진입하기 전 후진타오와 직접 대면하며 함께 일을 한 적이 없기 때문이다. 따라서 리커창이나 리위안차오처럼 후진타오로부터 막강한 정치적 지원을 받아낼 위치에 있지 않다. 그런 점이 막후의 실력자 장쩌민에게 접근해 스스로 정치적 위상을 높이려는 개인적 노력으로 나타났다는 지적도 있다. 그는 장쩌민에게 아주 '큰 선물'을 안긴 적이 있다. 2008년 선보인 『그가 중국을 바꿨다-장쩌민 전기』라는 책이다. 미국 은행 투자가 로버트 로렌스 쿤이라는 사람이 지은 책이기는 하지만, 이를 막후에서 조정해 중국 최고 권력 실세에게 정치적인 '뇌물'을 안긴 주인공이 류원산이다.

이 때문에 류원산은 공청단에 발을 걸치고 있으면서도 장쩌민의 상하이방과 가깝다고 알려져 있다. 아무래도 공청단파의 진정한 일원이 아닌 자신의 정치적 취약점을 보완하기 위해 보인 그 나름대로의 처세술이라는 평이 지배적이다. 그는 이로써 장쩌민에게는 아주 큰 점수를 얻었지만 세인으로부터는 '정치적 목적을 이루기 위해서는 물불을 가리지 않는 사람'이라는 식의 평을 얻었다. 아들에 관한 여러 풍설, 그리고 공청단파의 일원으로 장쩌민에게 다가선 그의 처세술 외에 다른 개인적 풍문은 거의 없다. 부인을 비롯한 가족 상황도 제대로 알려진 게 없는 편이다.

王岐山

1948년 생

1969년 산시 옌안 펑좡공사 지식 청년

1971년 산시성 박물관

1973년 산시 시베이대학 역사학과

1979년 사회과학원 근대역사 연구원

1982년 국무원 농촌발전연구센터 처장

1986년 국무원 농촌발전연구센터 소장

1988년 중국농촌신탁투자공사 총경리

1989년 중국인민건설은행 부행장

1994년 중국인민건설은행 행장

1996년 중국건설은행 행장

1997년 광둥성 부성장

2000년 국무원 경제체제개혁판공실 주임

2002년 하이난성 당 서기

2003년 베이징 부서기, 대리 시장

2004년 베이징 시장

2007년 중앙정치국 위원

2008년 국무원 부총리

2012년 중앙정치국 상무위원

왕치산

그는 2012년 11월 중국 공산당 18차 전국대표자 대회에서 모습을 드러낸 중국 최고 권력 당 정치국 상무위원 7인 멤버 중에서는 조금 특이한 색깔을 지닌 사람이다. 새 정치국 상무위원으로서 왕치산이 뿜어내는 광선의 색깔은 나머지 6인 멤버와는 어딘가 달라도 다르다는 느낌 때문이다.

그 역시 다른 상무위원 못지않게 이력이 화려하다. 출신이라는 측면에서도 그는 '태자당' 파벌에 이름을 올릴 수 있다. 정치적 백그라운드를 따지자면 태자당 그룹을 후원하는 장쩌민 세력과도 줄이 닿는다. 그런 점에서 보면 그의 컬러에서 특별히 이상한 색채를 찾을 수는 없다. 그러나 그럼에도 불구하고 뭔가 몸에 맞지 않는 양복처럼 이상하다. 6인의 다른 상무위원이 제법 정해진 경로를 따라 지방관을 오래 거치거나, 아니면 리커창과 리위안차오李源潮의 경우처럼 권력의 큰 축을 이룬 공청단에 들어선 뒤 일정하게 지방관으로서의 경력을 쌓는 코스를 밟았던 것과 조금 다르다.

어떻게 보면 그들보다는 다양한 무대에서 비교적 다양한 시험을 거치면서도 화려한 실력을 드러내며 승승장구한 인물이기 때문이다. 한곳에서 제법 오랜 지방관을 거친 적도 없다. A라는 지역에 불이 나면 급히 달려가 A의 불을 껐고, B라는 지역에 성질 고약한 화재가 번지면 다급히 그 B지역 공중에 나타나 낙하산으로 떨어져 불을 진압하는 특공대식 지방관의 경험이 대부분이었다.

그래서 그에게 늘 따라 붙었던 별명이 '소방대장救火隊長'이다. 아울러 '째깍 째깍……' 소리를 내면서 언젠가는 폭발해 막대한 인명과 재산 피해를 낳을지 모를 시한폭탄에 접근해 그 무시무시한 폭탄을 해체해야 하는 '폭탄 처리 전문가拆彈專家'도 그의 별명 중의 하나다.

게다가 우스갯소리도 아주 잘한다. 유머와 위트가 아주 뛰어나서 사람들로 하여금 포복절도抱腹絕倒토록 만드는 재주가 비상하다. 그래서 2003년 '중증호흡기증후군SARS'이 중국 전역을 휩쓸 무렵 급히 베이징 시정을 총괄하는 시장으로 온 뒤 한편으로 그에게 따라 붙은 별명이 '베이징의 명 구라京城名嘴'였다.

그러나 그 얼굴 생김새가 말해주는 다른 인상도 간과할 수 없다. 그는 각이 진 얼굴이다. 경우에 따라서는 매우 범접하기 쉽지 않다는 인상을 주는 생김새다. 그 인상처럼, 그에게는 매우 강한 면모도 갖춰져 있다. 1990년대 중국 경제를 강력하게 이끌고 나갔던 주룽지朱鎔基처럼 업무 집행에 있어서는 철저하면서 빈틈을 보이지 않는다. 따라서 그에게 따라 붙는 또 하나의 별명이 무쇠팔, '철완鐵腕'이다.

중국식으로 표기하자면 그는 2012년 새로 등장한 중국 권력 7인 멤버 중의 '이군異軍'이다. 싸움판에서 일정한 흐름을 유지하고 있는 병력과는 생김새와 복장, 상대를 공격하고 또 막아내는 방법에서 상당한 이채異彩를 띠는 군대 또는 그 장수將帥라고 할 수 있다. 중국에서는 주요 흐름을 형성하는 병력과는 다르게 느닷없이 어디서 튀어나오는 그런 병력 또는 장수를 '이군돌기異軍突起'라고 하는데, 왕치산의 경우가 바로 그에 딱 들어맞는 케이스라고 할 수 있다.

농촌에서 만난 귀한 각시

왕치산은 산 서쪽에 고향을 뒀으나 산 동쪽에서 태어났다. 부친을 비롯한 선조들이 살았던 곳은 산시山西지만, 정작 그 본인이 태어난 곳은 산둥山東이라는 얘기다. 중국 동부에는 태행太行이라는 이름의 큰 산맥이 북에서 남으로 흐른다. 그 태행산맥의 동서를 전통적으로는 산의 동쪽 산둥, 산의 서쪽 산시로 나눠 불렀다.

그 태행산의 동쪽과 서쪽이 보이는 차이는 제법 크다. 문화적 습속도 달랐고, 그의 영향 아래에서 성장하는 사람의 기질도 많이 다르다. 우선 서쪽의 산시는 전란을 많이 겪은 곳이라서 그런지 몰라도 사람이 세상을 살아가는 데 필요한 규약에 충실한 편이다. 그래서 신뢰를 축으로 한 상업이 전통적으로 발달한 곳이다. 이곳 산시의 상인들은 과거의 중국에서 '진상晉商'으로 불리며 과거 중국의 상업문화를 대표한다는 명성을 쌓았다.

한편 그가 태어난 산둥한국 기업이 많이 몰려 있는 칭다오 태생이다은 강인한 기질로 유명하다. 중국 4대 기서奇書이자 한국에도 수많은 독자를 끌어 모았던 소설 『수호전水滸傳』의 무대가 바로 이 산둥의 양산박梁山泊이라는 사실은 알 사람은 다 안다. 춘추전국 시대 관중管仲의 제齊나라와 공자孔子의 노魯나라 무대였던 이 산둥은 전통적으로 무인武人을 많이 배출했다. 때문에 함부로 남에게 굽히지 않는 용기와 배짱을 지닌 사람이 많다.

이 사뭇 다른 두 지역의 전통성을 지니고 있는 사람이 왕치산이다. 물론 그런 지역적 특성이 그에게 전해졌다는 과학적이면서 눈에 보이는 명징明澄한 증거는 없다. 그러나 드넓은 중국에서는 지역적 전통을 따지는 일이 제법 중요하다. '한 지역의 특징이 그 지역 사람의 기질을 기른다'는 말이 늘 전해지기 때문이다.

왕치산은 1948년 출생했다. 그가 인생 초반에 지나온 경로는 다른 6명의 멤버와 크게 다르지 않다. 대표적인 게 마오쩌둥이 불을 댕긴 극좌 모험주의적인 실험 문화대혁명이다. 전국을 10년 동안 달군 이 통제할 수 없는 광기狂氣의 불길은 그에게도 여지없이 달려들었다.

베이징의 명문 중학교 고등학교 과정을 포함한 35중中을 다녔던 그는 문화대혁명이 폭발해 이미 3년이 지난 시점인 1969년 다른 일반 중국 청년들이 거쳤던 것처럼 농촌으로 하방下放을 떠난다. 베이징에서 교육을 받았던 학생들은 상당수가 산시陝西로 하방을 떠나야 했는데, 왕치산도 마찬가지였다.

그의 부친은 명문 칭화清華대학을 졸업한 기술자다. 건설부 산하의 기관에서 근무했던 비교적 평범한 사람이다. 특별한 정치적 배경이 있는 경우가 아니라는 얘기다. 명문 칭화대학을 나와 산둥의 칭다오青島에서 근무하다가 사회주의 중국 건국 전에는 오히려 장제스의 국민당 눈에 들어 대만으로 이주할 뻔했다는 경력이 왕치산의 부친과 관련해서 전해지는 이야기의 대부분이다.

따라서 그 집안 자체가 오늘날의 왕치산이 있기까지 힘을 보태준 요인은 별로 없다. 아니 거의 없다고 해도 좋을 정도다. 그저 부친이나 모친으로부터 총명한 두뇌와 강인한 기질을 물려받았다고 할 수밖에 없다. 2012년 급기야 13억 인구의 최고 권력 정점頂點에 서는 그의 관운官運은 느닷없는 곳에서 닥친다. 그것도 아무도 예상할 수 없었던 방식으로 말이다.

왕치산은 산시성 벽촌인 옌안延安의 펑좡馮莊 공사公社라는 곳에서 농촌으로 하방한 지식청년, 즉 지청知靑으로서 세월을 보낸다. 당시 중국은 마오쩌둥이 1950년대 말 추진하기 시작한 농촌 인민공사人民公社의 틀이 그대로 남아 있었다. 모두 함께 경작해 농작물을 생산하고, 그 수익을 함께 나누면서 공동으로 생활하는 극단적인 사회주의 실험이었다.

아울러 문화대혁명이 펼쳐지면서 수많은 학생들이 그곳 농촌의 공사로 떠났다. 지식을 농촌지역에 전파하는 한편 삶의 수준을 농민에 맞추라는 마오의 정치적인 지시가 그렇게 만들었다. 그래서 수많은 청년들이 농촌과 산간벽지로 떠났고, 일부는 용케 자신의 고향이나 학교 등지로 돌아왔다. 그렇지 못한 사람들은 그렇게 덧없이 흐른 세월과 함께 끝까지 농촌에 남아 살기도 했다.

그 지식청년, 즉 '지청'이 새로운 환경에 적응하고 살아가는 방식은 다양했다. 그러나 대부분의 지청들은 꽤 오랜 기간 그곳에 거주하면서 힘든 노동으로 자신을 단련하는 게 보통이었다. 산시 지역의 사회주의 중국혁명 발상지이기도 한 옌안의 궁벽한 산골에 도착한 21세 청년 왕치산에게도 그런 삶이 기다리고 있었다.

그러나 그즈음에 왕치산은 '우렁 각시'를 만난다. 우리 설화에 나오는 그런 '우렁 각시'는 아니지만, 그의 삶에 어떤 도움을 주거나 또는 매우 획기적인 전기轉機를 가져다 줬다는 점에서 그렇다.

그 둘이 어떻게 눈을 서로 맞췄는지는 분명치 않다. 분명한 점은 왕치산이 아주 귀한 집안 출신의 여자친구를 사귀기 시작했다는 사실이다.

그녀의 이름은 야오밍산姚明珊이다. 외모로 봐서는 평범하다고 할 수밖에 없는 그녀가 왕치산에게는 일생일대의 전기를 마련해 줬던 것으로 보인다. 야오밍산의 부친은 나중에 중국 국무원 부총리를 역임하는 공산당 내 실력자 야오이린姚依林이다. 조용하지만 권력의 추이에 민감해 늘 그 주변의 동향을 관찰하며 영향력을 유지했던 인물이다.

특히 야오이린은 1980년대에 들어서면서 덩샤오핑이 이끄는 중국 공산당 권력 그룹 내에서 매우 큰 비중을 차지하는 사람이다. 1985년에 공산당 정치국에 발을 들여놓았고, 1987년에는 공산당 최고 권력인 정치국 상무위원의 명패를 단다. 그런 정치적 타이틀 말고도 덩샤오핑이 이끄는 정국의 흐름 속에서 그의 입김은 매우 강력하게 작용해 그 이후에는 영향력이 높은 당의 원로로 활동한다.

왕치산이 하방의 고달픈 생활 속에서 여자친구와 사귈 때 그녀의 부친이 지닌 그런 정치적 위상을 간파했는지는 알 수 없다. 설령 그 점을 보고 여자에 접근했다면 왕치산은 평범한 사람은 아닐 테다. 우연히 그렇게 서로가 서로를 잡아끌듯 가까워졌는지도 우리가 알 수 있는 부분은 아니다.

어쨌든 왕치산은 야오밍산을 만난 뒤 '팔자'가 펴기 시작했다. 다른 지식청년들이 대부분 아주 긴 시간 하방생활을 하면서 농촌에서 힘든 나날을 보내야 했던 점과는 달리 왕치산은 자신이 머물렀던 하방지역 농촌의 집단공사를 일찌감치 떠난다. 2년 남짓의 농촌생활을 마감하고 그는 바로 산시 박물관으로 자리를 옮긴다.

중국 일부 관측가들의 평을 빌리자면 "당시 왕치산의 경우는 다른 지식청년들에 비해 커다란 행운이었다고 볼 수 있다. 박물관으로 자리를 옮긴 점은 일반 지식청년들이 처한 경우 중에서 가장 좋은 케이스라고도 할 수 있다"는 것이다.

박물관으로 자리를 옮겼으니 그의 시선이 역사에 머무르는 것은 당연한 일이다. 그는 나름대로 역사에 심취했던 것으로 알려져 있다. 그 2년 뒤에는 다시 대학에 입학한다. 중국 권력 엘리트에 오르는 사람들 대부분이 그렇듯이 나름대로 우수한 학습력을 발휘했든가, 아니면 문화대혁명의 와중이기는 해도 부친 등 집안의 정치적 백그라운드의 힘을 얻었든가 둘 중의 하나다.

그가 대학에 입학하는 해는 1973년이다. 마침 그의 장인인 야오이린이 마오쩌둥에 다시 발탁돼 국무원 대외무역부 제1부부장_{제1차관}과 공산당 핵심 기구의 책임자 자리에 올랐던 해다. 왕치산은 산시의 시베이_{西北} 대학에서 1911년 신해혁명 이후의 민국_{民國} 역사를 전공했다고 알려져 있다. 그러나 그것은 잠시 피는 꽃에 불과했다. 1976년 왕치산은 그가 애정을 쏟았을지도 모를 민국역사 전공을 포기한다. 아예 역사를 손에서 털어 버리고 그가 다시 손에 든 책은 『거시 경제학』이었다.

왜 이런 변화가 일어났을까. 역시 왕치산 본인이 "사실은 내가 이런 점 때문에 전공을 바꿨다"고 말하기 전에는 잘 알 수 없는 일이다. 중화권 언론들이 추측하는 내용은 대개 이렇다. 경제 일선의 책임자로 나선 그의 장인 야오이린의 행적과 무관치 않으리라는 얘기다. 야오이린은 1973년 재기해 줄곧 대외무역부, 국무원 재정무역 영도領導 소조小組, 상무부 부장장관 등의 요직을 거친다. 모두가 경제와 교역, 금융 등에 몰려 있다. 이런 그의 자력이 사위인 왕치산에게 결정적인 '방향 전환'의 권고로 나타났으리라고 보는 것이다.

앞에서 소개했듯이 왕치산이 중국 권력 최고 지도부에 오른 과정과 백그라운드는 다른 6인 멤버와 다른 구석이 있다. 그를 '태자당' 소속이라고 분류하면서도 같은 그룹의 멤버와는 다르게, 왕치산은 장인의 후광을 등에 업은 경우다. "사위도 마찬가지 자식"이라고는 하지만 아무래도 아버지와 아들, 아버지와 딸의 관계에 비견하기는 힘들다. 그럼에도 중화권 언론들은 왕치산을 서슴없이 '태자당'으로 분류한다.

모두 이 같은 과정을 감안하고 펼치는 주장이다. 그만큼 야오이린과 왕치산의 장인과 사위로서의 관계는 매우 깊다고 볼 수 있다. 왕치산의 운명이 걸린 매우 결정적인 시기에, 그 장인의 입김이 결정적으로 작용했으리라고 보기 때문이다. 역사에서 경제로 눈을 돌리는 과정은 한 개인으로서는 쉽지 않은 전환이다. 왕치산은 장인으로 인해 '벼슬'이라는 영역에 눈을 돌렸고, 그 길에 나서는 방법에 관한 충고도 충분히 새겨들었던 것으로 보인다.

개혁적 마인드 지닌 젊은 관료

시베이 대학에서 역사학을 전공했던 늦깎이 대학생 왕치산은 졸업 뒤 다시 산시성 박물관으로 돌아와 근무한다. 정식으로 공표한 그의 이력을 보면, 왕치산은 1979년까지 박물관의 역사학도로 머물다가 같은 해 중국사회과학원 근대역사연구소의 연구원으로 자리를 옮긴다.

중국사회과학원은 지금 비록 그 명망이 다소 퇴색했다고 알려져 있으나, 중국이 덩샤오핑의 강력한 드라이브로 인해 개혁개방의 모토를 내걸고 드라마틱한 사회주의 중국의 '대 전환'을 이끌 때에는 그를 뒷받침하는 싱크탱크로서의 역할을 한다. 왕치산은 우선 그 중국사회과학원의 근대역사연구소 연구원으로 일하면서 자신의 주변을 감싸는 개혁개방의 대세大勢에 적응한다.

공식적인 이력에는 나오지 않으나, 역사학 연구자로서 대학과 박물관에 재직하던 왕치산은 이 즈음에 '샛길' 하나를 발견하고, 그에 걸음을 옮기는 실험을 한다. 아마 추측건대, 역사학도로서 과거를 향해 시선을 돌리며 회고懷古적인 기풍을 키우기에는 중국 당대의 현실이 매우 급박했으리라 보인다. 아울러 그의 장인 야오이린이 중국의 대외 무역과 금융을 이끄는 경제 사령탑의 주요 지휘관으로 활동하고 있다는 점도 그로 하여금 역사의 회고에만 머물지 않도록 힘을 보탰을 것이다.

그는 『미래를 향하여走向未來』라는 총서叢書의 편집위원으로 활동한다. 이 총서는 중국 개혁개방 시기의 중국 지식층과 국가발전에 관심을 뒀던 수많은 젊은이들에게는 매우 영향력이 컸던 저작이다. 이 총서가 중국에서 선을 보이기 시작한 때는 1984년이다. 그 뒤로 이 책은 1990년대까지 중국 지식층이 큰 관심을 기울였던 총서로서 상당히 긴 기간에 걸쳐 영향력을 미쳤다. 당시 총서의 편집위원으로 참가했던 인사들은 매우 유명하다.

이 총서의 주간을 맡은 사람은 중국 전통적 사회와 현대 사회 발전의 상관관계를 치밀하게 분석했던 진관타오金觀濤였다. 편집위원으로는 왕치산을 비롯해 옌자치嚴家其, 바오쭌신包遵信 등이 있다. 왕치산은 그로부터 약 20여 년 뒤에 중국의 부총리 자리에 오르지만, 옌자치와 바오쭌신 등은 유명한 반체제 인사로 활동한다.

궁극적인 지향은 다를지 몰라도 중국 개혁개방의 큰 전환적인 흐름 속에서 국가와 민족을 위해 무엇인가 기여를 해야 한다는 열정에서는 뜻이 같았다. 이들 외에 중국의 지식계에서 첨각尖角을 드러냈던 다수의 최고급 엘리트들이 이 총서의 출간에 힘을 모았다. 왕치산도 그들과 함께 시대를 호흡하며 무엇인가 새로운 시대의 흐름에 부응하려는 노력을 기울였다.

더구나 20~30년이 흐른 뒤 더 폭넓은 정치적 자유를 갈망하는 반체제 인사로 발전한 사람들과 함께 시대의 주제를 같이 모색했다는 점은 이채롭지 않을 수 없다. 왕치산의 전체적인 자력資歷을 볼 때 그가 30년 뒤 중국 공산당 최고 지도부로 올라서는 다른 권력자들과는 무엇인가 다른 색채를 지닌 사람이라는 점을 새삼 느낄 수 있다. 그는 그런 점에서 볼 때 공산당 입당, 공청단이나 지방행정관, 중앙부처로의 승진 등 정통 출세 코스를 밟고 올라온 다른 관료들과는 다르다. 그 때문에 우리는 그를 중국 공산당 최고 지도부 가운데의 '이군異軍'이라고 부를 수 있다.

그의 첫 벼슬길은 '중앙中央'이다. 중국에서 이 '중앙'은 힘이 센 글자다. 이는 곧 공산당 중앙을 일컫는다. 직접적으로 '당 중앙'이라고 할 경우 중국의 모든 사안을 결정하는 공산당 중앙위원회의 뜻이다. 물론 그 중앙위원회 위에는 정치국이 있고, 그 정치국 위에는 다시 정치국 상무위가 있다. 그럼에도 형식상 최고 의결기구는 중앙, 곧 중앙위원회다.

따라서 중국인에게 '중앙'은 우선 두려운 곳이다. 왕조의 시대로 되돌아갈 수는 없는 상황이지만, 예전 식으로 말하자면 이 중앙이 곧 황제를 의미한다. 비단 공산당에만 그치는 경우도 아니다. 장제스蔣介石가 통치하던 1930년대 시절의 '중앙'은 곧 최고 권력기구인 국민당 중앙위원회를 의미했다. 이처럼 중앙은 모든 현대 중국의 힘이 뭉친 곳이다.

왕치산은 이 당 중앙의 중앙서기처 농촌정책 연구실에서 그의 화려한 환로宦路 중 첫걸음을 뗀다. 아울러 국무원 농촌발전연구센터의 처장 등을 맡는다. 시베이 대학 역사학과를 졸업한 지 6년 뒤인 1982년이다. 그는 내부 승진을 거치는 등 조용하게 활동하며 이곳에서 4년여를 보낸다. 이어 그는 1988년 중국농촌신탁투자공사 총경리 겸 당 조직 서기로 승진한다.

중국농촌신탁투자공사는 줄여서 '중농신中農信'이라고도 한다. 이 기구는 그때 처음 만들어졌고, 첫 관리책임자로 왕치산이 부임한다. 경제개혁의 열기는 주로 산업계와 도시를 중심으로 한 중국의 지역발전을 불렀다. 문제는 그 흐름이 주는 혜택 속에서 농촌이 소외될 수도 있다는 점이었다. 그런 농촌의 문제를 해결하기 위해 중국에서 처음 만들어진 비非 은행 계열의 금융기구가 '중농신'이었다.

이는 투자은행 성격의 금융기구로서 당시 중국에는 농업분야의 지원을 확대하기 위해 반드시 필요한 회사였다. 상업은행만 있었던 중국에 투자은행 성격의 금융기구들이 들어서던 무렵으로 중농신과 함께 출범한 기구가 중신中信, 광대光大, 중창中創 등이었다. 중국 금융개혁의 일환으로 설립한 새 기구의 수장으로 왕치산이 처음 모습을 드러낸 계기였다.

왕치산은 이를 발판으로 승승장구한다. 그의 장인이 어떻게 해서든지 막대한 힘을 쏟아주는 역할을 했을지 모른다. 그럼에도 결국 자신의 능력이 부족하면 장인의 그런 후광은 쓸모가 없어진다. 왕치산은 타고난 능력에다가 장인이 중국 경제사령탑을 좌지우지하는 자리장인 야오이린은 당시 국가계획위원회 주임, 공산당 정치국 상무위원이었다에 있었던 까닭에 큰 바람을 등에 업고 순항順航할 차비를 갖춘 셈이었다.

중국의 '관시關係'는 무얼까. 우리는 그 점을 어설프게나마 안다. 그 한자 '關係'를 직접적으로 이해할 수 있는 문자적인 맥락도 있기 때문이다. 아는 사람에게 무언가를 부탁해서 소기의 성과를 얻을 수 있는, 그런 경로를 말한다. 중국에서는 이 '관시'가 많은 것을 좌우할 때가 있다. 사람과 사람이 서로 아는 사이, 그리고 서로 영향력을 주고받으면서 발전을 도모할 수 있다면 그는 좋은 '관시'다.

왕치산이 '중농신'에서 농촌 금융의 영역을 통해 자신의 재주를 드러내던 무렵, 그리고 그의 장인이 중국 경제의 사령탑으로 거칠고 담대한 개혁개방의 흐름을 주도하던 시절은 중국이 국가 발전을 위해 숨 가쁘게 달려가던 때였다. 이 시절에 장인을 이어 중국 경제의 사령탑으로 등단登壇한 사람이 주룽지朱鎔基다.

그는 중국의 '경제 짜르황제'였다. 담대한 개혁 주도능력, 칼날 같은 치밀함, 집행에 있어서의 철저함 등으로 따라붙은 일종의 찬사였다. 철혈鐵血 재상이라고도 불리는 주룽지는 금융개혁의 주도자였다. 주룽지는 1993년 야오이린의 뒤를 이어 중국 경제의 총사령탑에 올랐다. 이어 중국 중앙은행인 중국인민은행의 부행장으로 왕치산을 발탁했다.

이 대목에서 왕치산이 어떤 경로를 통해 주룽지의 눈에 띄었는지는 잘 알 수 없다. 어쨌거나 왕치산은 중국 금융개혁이 가장 필요하던 시점에 거대 중국의 경제를 이끄는 주룽지의 눈에 띄었다는 점이 중요하다. 그 세부적인 과정에서 야오이린과 후임자 주룽지의 관계는 매우 중요했을 법하고, 서로 바통을 건네주고 이어받는 과정에서 야오이린이 자신의 사위를 천거하는 '관시의 활용'도 있었으리라 짐작할 수 있다.

그러나 '철혈 재상' 주룽지의 성격적 특성으로 볼 때 능력은 없으나 출신 배경이 좋은 사람을 뽑아 쓸 인물은 아니다. 왕치산이 자신만의 재주와 판단력으로 '튀는' 성적을 올리지 못했다면 그의 장인이 건넨 '관시의 손길'은 주룽지에게 통하지 않았을 것이다. 왕치산은 그런 단순한 관시의 맥에 올라서 자신의 관운官運에 기댈 사람은 아니다. 배짱과 머리가 모두 뒤를 받쳐주는 행정가이자 관료로서의 기질을 충분히 지닌 사람이었다.

1993년 중국인민은행은 일련의 통화긴축조치를 선보인다. 예금과 대출 금리를 높이고 국채의 이율을 높였다. 전국적으로 한도를 초과한 대출을 정리했으며 기초 인프라 건설 투자도 대폭 줄였다. 이런 과정에서 왕치산은 실무를 모두 챙기며 혁혁한 공로를 세웠다. 6개월여 만에 통화긴축조치는 큰 성과를 냈다고 평가받는다.

주룽지와 왕치산은 여러 가지 면에서 서로 비슷하다는 평을 듣는다. 우선 판에 박은 듯이 미리 쓰인 원고를 읽는 방식에서 벗어나 원고에 구애받지 않고 자유자재로 말을 풀어가는 스타일이다. '중국 경제의 짜르'라고 불리던 주룽지도 재직 시절 원고 없이 하는 연설로 유명했다. 왕치산은 이 같은 주룽지와 매우 흡사한 스타일이라는 게 정평이다.

유머 감각이 매우 발달한 점도 둘의 공통점이다. 원고에 얽매이지 않으며 때로는 화려하면서도 매끈한 수사修辭로 청중의 마음을 사로잡는 점이 비슷하다. 아울러 자신이 뱉은 말을 책임지는 면모에서도 둘은 마찬가지다. 한번 마음 먹은 일은 반드시 실행에 옮기는 점에서도 둘은 흡사하다. 따라서 왕치산으로부터 중국 경제개혁의 선봉에 선 뒤 바람과 비를 몰고 다녔던 추진력의 대명사 주룽지의 그림자를 찾으려는 중국인들이 많다.

주룽지는 그의 전임자이자 중국 권력층에서 입김이 센 야오이 린의 영향력을 의식했음인지, 아니면 역사학을 전공한 학도로서 금융개혁에서도 큰 두각을 나타냈던 왕치산의 순수한 재능을 믿었음인지 모르겠으나 줄곧 왕치산을 신임하고 발탁한다. 1994년 왕치산은 주룽지의 천거에 따라 중국인민건설은행 행장을 맡는 다. 이어 왕치산은 국무원을 설득해 국제적으로 가장 이름이 난 투자은행 모건스탠리와 합작해 중국국제금융공사를 만들어 이 사장에 취임한다.

중국 언론이 소개한 전언에 따르면 왕치산은 1998년 이 중국 국제금융공사에 주룽지의 아들 주원라이朱雲來를 끌어들인다. 주 원라이는 잘 알려져 있듯이 1958년 출생으로 물리학을 전공했다 가 나중에 미국에서 금융과 회계를 배운 뒤 국제 금융시장에서 활동한 인물이다. 그는 1998년 왕치산의 배려로 중국국제금융공 사에 입사한 뒤 2004년 이곳의 CEO에 취임했다.

이 대목이 우리가 궁금했던 중국적 '관시'의 한 단면을 보여 주는 예다. 주룽지와 그 전임 중국 경제사령탑 야오이린의 '관시', 야오이린의 사위가 주룽지의 중요한 막료幕僚로 입문해 중국 차 세대 금융전문 행정가로 발돋움하는 과정 속의 '관시', 그리고 다시 왕치산이 주룽지의 아들을 막강한 금융회사로 끌어들여 출세의 길에 들어서게 하는 '관시' 말이다.

이 세 '관시'에는 서로를 믿어주는 동료와 선후배로서의 정감 도 들어 있고, 서로가 서로를 보호해 주며 치밀하게 이해를 따져

보는 냉정한 조율도 섞여 있다. 이 관시와 관시가 서로 얽혀 들고 좁혀지는 과정의 디테일은 도저히 알 수가 없다. 그러나 왕치산이 농촌의 하방 지식청년에서 역사학도, 다시 금융전문가와 고위 관료로 올라서는 과정을 쫓다 보면 그 '관시'가 어떻게 맺어지는가에 대한 추정은 가능하다. 어쨌든 왕치산의 출세에는 '우렁 각시'로 맺어진 장인과의 관계, 그리고 그를 통해 다시 이어진 주룽지와의 인연이 숨어 있다. 그렇다고 해도 그 자신이 지닌 재능과 능력을 무시할 수 없다. 중국에서 크고 거센 불길이 번지면 먼저 찾는 사람이 왕치산이라는 점을 우리는 눈여겨봐야 한다.

"급한 불은 이 사람에게 맡겨라"

왕치산에게 따라붙는 별명 중에 가장 사람들의 입에 자주 오르내리는 것은 '소방대장'이다. 우선 1997년 불어닥친 아시아 금융위기는 먼저 홍콩을 강타한 뒤 그 배후지인 광둥廣東을 거세게 몰아쳤다. 금융위기의 한파는 광둥 지역 1000여 기업들이 급한 불을 끄느라 국제 상업은행권으로부터 상환능력을 고려치 않은 막대한 자금을 대출받는 상황으로 이어졌다.

중국 금융개혁에 심혈을 기울이던 주룽지의 발등에 큰 불씨가 떨어진 형국이었다. 주룽지는 이듬해 왕치산을 광둥으로 급히 내려보낸다. 광둥성 상무 부성장으로 지역의 시급한 현안인 금융위기를 해결해 보라는 주문이었다. 왕치산의 행보는 대담한 개혁적 발상으로 먼저 대중의 시선을 끌었다.

왕치산이 내놓은 방안은 상환능력이 없는 국영 투자신탁회사들을 도산시키는 내용이었다. 대표적인 회사 하나를 파산시켰고, 다른 하나는 과감한 구조조정을 단행해 회생키로 했다. 당시 중국 금융개혁의 큰 방침은 자금능력이 없는 국유회사를 은행의 돈으로 억지 연명하지 못하게 하는 것이었다.

국내외의 많은 압력에도 왕치산은 굴하지 않았다. 해외의 채권은행들이 "중국 정부를 상대로 소송하겠다"며 덤벼들었으나 왕치산은 전혀 물러서지 않으며 끝까지 버텼다. 정부의 보증으로 경영 문란의 국유 금융기구를 살리는 일은 다시 되풀이하지 않는다는 명분으로 원칙을 잡아 이를 지켜냄으로써 광둥 지역의 위기를 막아내고 홍콩으로 번지는 상황을 막는 데 성공했다.

이어 그에게 맡겨진 임무는 중국 최남단의 섬인 하이난海南성 당 서기였다. 우선 그는 광둥에서 베이징으로 돌아가 국무원 체제개혁 판공실 주임을 맡았다. 2000년 말이었다. 베이징에 돌아와서도 왕치산은 주룽지의 훌륭한 조력자로서 활동했다. 2년이 지나지 않아 그는 다시 하이난성 당 서기로 발령을 받았던 것이다.

하이난은 광둥과 함께 중국에서 가장 먼저 개방의 바람을 탄 곳이었다. 자동차 대형 밀수 사건 등 개혁개방의 여파가 불어닥쳐 큰 골칫거리로 떠오르기도 한 지역이었다. 왕치산이 이곳 당 서기로 부임할 무렵인 2002년에는 부동산 거품이 문제였다. 개발 바람을 타고 지어진 수많은 주택과 아파트, 별장 단지들이 수요자를 찾지 못한 채 흘러넘쳐 하이난 전체의 부동산 시장을 폭발시킬지도 모를 시한폭탄으로 떠오른 상태였다.

왕치산은 침착함으로 이에 대응했다. 겹겹이 쌓인 문제를 한 칼에 풀 수 없다는 점을 알고 농촌 개발, 주요 인프라 시설 확충 등의 기초적인 측면에 주력함으로써 문제를 풀어 가려는 장기적인 전략이었다. 그는 당 서기로 취임한 뒤 농산품 정기 교역회에 나타나 "지금부터 교역회 개막을 선포한다"는 한마디만 마친 뒤 약 한 달 동안 공개적인 석상에 얼굴을 드러내지 않았다고 한다.

이어 그는 약 한 달 동안 지프를 타고서 하이난 전역을 샅샅이 훑었다고 했다. 해외가 하이난을 주목하면 결국 이곳의 자연적 환경과 관광 자원 때문이라는 점을 파악해 지역 개발에 주력한다는 방침을 세워 이를 장기적으로 밀고 나간 것이다.

왕치산이 다음 불을 끄기 위해 움직인 곳은 바로 수도 베이징이었다. 2003년 베이징은 다른 중국 전역과 비슷하게 '중증호흡기증후군', SARS의 거대한 그늘에 짓눌려 있었다. 베이징 시장 멍쉐눙孟學農은 SARS가 번지는 상황을 감추기에 급급하다가 화를 키우고 말았다. 위생부장과 함께 멍쉐눙은 자리에서 쫓겨 내려왔다.

그는 우선 SARS 상황을 한 치도 감추지 않았다. 기자회견에서 전임자인 멍쉐눙이 진상을 감췄던 얘기를 꺼내자 "나는 하나도 감출 생각이 없다. 내가 말하는 내용은 다 진짜다"고 단호하게 말했다. 이어 그는 조금이라도 감염의심이 있는 시민과 방호防護 인원에 대해서는 철저한 격리隔離 정책을 실시했다.

현장에도 어김없이 그는 모습을 나타냈다. 전임자와는 전혀 다른 모습이었다. 그의 과감하며 신속한 정책 결정으로 베이징의 SARS는 더 크게 확산하지 않았다. 당시 베이징의 SARS는 새로 권력정점에 오른 후진타오-원자바오溫家寶 체제의 실험대였다. 중국 수도 베이징에서 이를 막지 못하면 후-원 체제는 출범 초부터 커다란 시련에 직면해야 했다.

급히 하이난에서 베이징으로 올라와 대리 시장에 취임한 왕치산은 이 SARS를 처리하는 과정에서 보인 과감한 판단과 집행으로 중국 권력 내부에서 아주 강한 인상을 남겼다. 그가 금융 전문가로서 급한 불을 끄고 다니다가 권력 핵심에 올라설 수 있었던 결정적인 계기는 그때 만들어졌다는 것이 전문가들의 의견이다.

왕치산은 이어 2007년 당 대회에서 정치국원으로 승진했으며, 이듬해 전국인민대표대회全人大에서 국무원 부총리에 올랐다. 그의 오랜 후원자이자 오늘의 그를 있게 해준 부인 야오밍산과의 관계는 중국에서 화제다. 그의 결혼생활이 결코 원만하지 못했으며 현재는 이혼 또는 별거 중이라는 소문이 끊임없이 떠돌고 있다.

그의 장인 야오이린은 1994년에 이미 세상을 떠났다. 그가 정계에 진출해 종국에는 공산당 최고 지도부에 오를 수 있었던 토대를 만들어 준 인물이다. 처가妻家의 인맥은 결국 왕치산이 기댔던 가장 큰 산이었다. 그는 그를 바탕으로 정계에서도 커다랗게 두각을 나타냈으며, 아울러 과감한 금융정책 집행으로 해외에서도 금융계 인맥이 대단하다.

張高麗

1946년 생

1965년 샤먼대학 경제학과

1970년 석유부 산하 광둥 마오밍 석유공사 노동자

1980년 마오밍 석유공사 부경리

1984년 마오밍 시 부서기

1985년 광둥성 경제위원회 주임

1988년 광둥성 부성장

1998년 선전시 당 서기

2000년 광둥성 부서기

2001년 산둥성 성장

2002년 산둥성 당 서기

2007년 톈진시 당 서기, 중앙정치국 위원

2012년 중앙정치국 상무위원

장가오리

부패와 비리라는 멍에를 걸머지지 않은 사람으로서 가장 중국적인 관료로 꼽히는 사람이 장가오리다. 그는 중국 최고위 권력을 구성하는 공청단, 상하이방, 태자당의 파벌에서 비교적 자유롭다. 그의 정치적 후견인이라고 전해지는 사람이 장쩌민 전 공산당 총서기여서 그가 '범汎 상하이방'에 속한다는 이야기는 있으나 이력으로 볼 때 꼭 그렇게만 단정하기 어렵다.

그는 동남부의 대표적인 연해 경제발전 지역인 푸젠福建성 태생이다. 1946년생이어서 18차 당 대회 이후 구성한 중국 지도부 중 나이도 많은 편이다. 출생지인 푸젠의 진장晋江은 민난閩南어를 사용하는 지역이다. 출생지역 언어로 보면 중국 지도부 가운데 가장 향토색이 짙은 말을 쓰는 축에 속한다.

그의 성격을 이야기할 때 중국, 중화권 언론들은 '저조低調'라는 표현을 사용한다. 무슨 일을 벌일 때 거의 소리 소문 없이 조용히 나아가고 들어서며 일을 처리한다는 뜻이다. 그리고 웬만한 일로 언론 앞에 모습을 드러내는 일이 없다. 조용하고 과묵하며, 제 밑천을 먼저 드러내지 않은 채 일을 벌이고 수습한다. 그래서 '가장 중국적인 관료'로 표현한 것이다.

짐 운반꾼에서 출발한 사회생활

과묵하고 침착한 사람이어서 그에 관한 정보는 매우 드물다. 홍콩을 비롯한 중화권 언론에서도 그의 사생활과 관련해 자세하게 추적하거나 파헤친 내용이 거의 없다. 이름만을 두고 볼 때 그는 한국인들에게는 덧없는 관심 하나를 던지는 편이다.

이름에 '고려高麗'라는 글자가 들어가 있기 때문이다. 그러나 태생이나, 집안의 인연, 사회생활의 모든 영역에서 500여 년 전 한반도에 존재했던 고려 왕조와는 아무런 상관이 없다. 그저 이름이 친근하다는 인상만을 줄 뿐이다. 비록 알려진 내용은 적으나 장가오리는 청소년기의 학습 수준이 꽤 높았으리라 여겨진다.

그는 푸젠의 샤먼廈門에 있는 샤먼 대학 경제학과 출신이다. 출생 시기가 다른 지도자급 인사들에 비해 빨라 문화대혁명이 벌어지기 전인 1965년에 대학에 입학했다. 시진핑과 리커창 등 18차 당 대회를 통해 권력 중심부에 들어선 인사들이 문화대혁명 시기에 농촌으로 떠나는 하방의 경험을 쌓은 경우와는 좀 다르다.

그의 고향인 푸젠의 진장, 그리고 대학을 나온 샤먼 등의 지역에 대해서는 우리가 그 문화적 연원을 조금 이해할 필요가 있다. 이곳은 남단의 광둥 못지않게 중국 해외 화교華僑들의 본향本鄕이라고 일컬어지는 지역이다. 특히 홍콩을 비롯해 대만, 그리고 한걸음 더 나아가 인도네시아와 말레이시아, 싱가포르 등 동남아에 거주하는 중국 화교는 대개가 푸젠 아니면 광둥 출신이다.

이곳 푸젠 남부지역의 샤먼을 비롯해 화교가 많이 해외로 나간 광둥 등의 지역적 성향은, 사람마다 조금씩의 편차가 있겠으나 전체적으로는 개방적이다. 해외에 일찍 나간 가족과 친지, 이웃 주민 등을 통해 내가 살고 있는 지역 바깥의 세계에 대한 관심이 생겨났기 때문이다. 따라서 현상의 고착固着을 그렇게 선호하지 않으며 바깥의 새로운 사물과 문물에 관심이 많은 편이다.

장가오리가 그런 성향의 사람이라고는 꼬집어 말할 근거는 없다. 그러나 그는 침착하면서도 냉정하게 관료생활을 하면서 새로운 시도를 마다한 편이 아니다. 부패가 있으면 부패에 정면 대응하고, 경제적인 개발의 수요가 있다면 그에 붙어서 착실하게 개방과 성장의 틀을 이룬 스타일에 속한다.

어쨌든 그는 푸젠의 명문 대학인 샤먼 대학 경제학과를 졸업한 뒤 비교적 하찮다고 할 수밖에 없는 일을 시작함으로써 사회에 첫발을 내딛는다. 어떤 연유에서인지는 잘 알려진 바가 없으나 그는 우선 광둥으로 향한다. 광둥 서남부의 작은 도시 마오밍茂名의 마오밍 석유회사에 입사한다.

사실 중국에서 '고관高官 장가오리'를 말할 때 이 대목이 늘 등장한다. 특히 그가 정치적으로는 어떤 파벌에 속하느냐를 따질 때가 그렇다. 그는 본격적인 관료생활을 하며 승진을 이어가기 전까지 석유 부문에서 줄곧 일을 했다. 중국에서 석유 부문의 경력은 조금 수상하게 비치는 경우가 많다. 이 분야에서 쌓은 인맥들이 1990년대와 2000년대 들어 중국 정치권의 한 축을 차지하기 때문이다.

가장 대표적인 사람이 쩡칭훙曾慶紅이다. 그는 장쩌민 전 공산당 총서기의 부하로 그가 1989년 천안문 사태 뒤 덩샤오핑에 의해 전격적으로 발탁돼 중국 최고 권부로 급상승할 때 그의 수족手足처럼 행동했던 측근 중의 측근이다. 그의 권력은 한때 최고 실력자 장쩌민과 '한 판'을 겨룰 정도에 올랐다는 관측도 자아냈던 인물이다.

쩡칭훙은 정치적 파벌로 말하자면 상하이방 장쩌민의 수족이자, 중국 혁명원로와 고위 간부의 자제로 이뤄진 태자당파에 속한다. 상하이방과의 협력은 정치적 연대에 의해 생겨난 것으로 나중에 판명이 났으니 실제 쩡칭훙은 태자당파의 수장으로서 정치권에서 두각을 나타낸 혁명 원로 및 고위 간부 자제들의 구심점 역할을 했다. 그러면서도 쩡칭훙에게 따라붙었던 별칭이 '석유방의 좌장座長'이다. 석유 분야에 종사한 경력국무원 석유공업부에다가 그 계통의 인맥과 쌓은 정치적 교분이 두텁기 때문이다. 쩡칭훙은 위로는 위츄리余秋里 전 국무원 부총리 등 석유방 원로들의 전통적 인맥을 관리하며 아래로는 최근 중국 공산당 정치국 상무위원 자리에서 물러난 저우융캉周永康, 허궈창賀國强 등 인맥을 연결하는 석유방의 핵심 지도자였다.

어쨌든 장가오리는 이런 석유방과 정치적 인연을 쌓을 수 있는 자격을 지닌 인물이다. 그는 처음에 마오밍 석유회사에서 짐 운반꾼으로 일했다. 50kg이 넘는 시멘트 포대를 등짐으로 날라야 하는 고된 일이었던 모양이다. 그러나 그는 제대로 학습능력을 갖춘 사람이었다. 장가오리는 석유회사의 중견간부 자격으로 1984년까지 일하다가 그해 회사가 있던 광둥 마오밍시의 당 위원회 부서기에 오른다. 관직에 발을 디딘 공무원으로서의 출발점이었다.

이듬해 그는 다시 광둥성 경제위원회 주임 자리에까지 도달한다. 관료로서는 평균적인 출발이었으나 승진은 빨랐던 셈이다. 그가 광둥성 경제위원회 주임에 오른 시점은 1985년이다. 중국 개혁개방의 최선두에 섰던 광둥 지역의 경제위원회는 매우 바쁜 자리였다고 봐야 한다. 당시의 중국은 개혁개방을 이끌고 갈 전문가 그룹이 부족했다. 극단의 좌파적 모험주의가 10년을 휩쓸고 간 문화대혁명을 겪으면서 실무적인 관료 양성에 실패했고, 원로 그룹에서는 새로운 실험에 나설 전문적 지식을 쌓은 사람이 없었다.

그런 시점에 푸젠의 명문 샤먼 대학 경제학과를 나온 장가오리의 업무능력은 돋보일 수밖에 없는 상황이었다. 물론 사람이 영특하지 못하고, 주변의 기회를 제대로 잡지 못하면 그런 기회는 그저 물 건너가고 만다. 그러나 침착하면서도 냉정하고 두뇌 회전도 빠른 장가오리는 그런 기회를 착실히 제 것으로 만드는 능력을 발휘했다.

그는 1988년에 광둥성의 부성장으로 승진한다. 42세의 나이였으니 그는 분명히 나름대로 자신이 지닌 재능의 한자락을 남에게 꺼내 보였던 셈이다. 그는 줄곧 광둥에서 자신의 역량을 발휘하며 한편으로는 그를 더욱 키운다. 중국에 부성장은 많다. 30개가 넘는 각 성과 자치구, 직할시에는 아주 많은 '부副' 돌림이 많다. 성장 밑의 부성장, 당 서기 아래의 부서기, 게다가 '부'를 달고 있는 사람은 단수가 아니라 복수다.

숱한 부성장과 부서기의 행렬에서 장가오리가 자신의 두각頭角을 드러내 전국적으로 이름을 알리기는 쉽지 않은 일이다. 그렇게 장가오리는 부성장으로서 광둥성에서 12년을 보낸다. 관료로서 이름을 이루는 일, 즉 성명成名은 그가 광둥성 당 위원회에 몸을 담고 있으면서 새로 발령을 받은 중국 개혁개방의 첨단적인 실험 도시 선전深圳을 맡고 나면서부터다.

선전은 우리에게도 잘 알려진 도시다. 홍콩 북방의 작은 어촌에 덩샤오핑은 개혁개방의 기치를 꽂는다. 이 선전을 개혁개방의 모범적인 실험도시로 만들기 위해서다. 1978년 중국 개혁개방의 전환이 펼쳐지기 시작하면서 선전은 줄곧 세계인의 관심을 한몸에 받은 지역이다. 장가오리가 선전의 당 서기로 부임한 시점은 1997년이다. 그때 이미 선전은 개혁개방 초기의 활력을 잃고 있었다.

초기에 이미 정형화한 많은 틀들은 세인의 관심을 더 이상 끌어들이지 못했던 것이다. 한 단계 업그레이드가 필요한 시점이었다. 새로 이 선전에 부임한 장가오리는 중국 개혁개방의 실험적 선구였던 선전에 '하이테크놀로지高科技'의 컬러를 도입한다. 그는 우선 상징적인 도시 면모의 전환을 위해 간선 도로의 대대적인 확장에 주력한다. 아울러 나중에는 다른 지역의 지방관들이 모두 따라서 한 '국제회의 전람중심'을 만든다. 일종의 대형 컨벤션센터였다. 당시로서는 20억 위안약 4000억 원이라는 천문학적인 돈을 들여 지은 대형 시설이었다.

그와 함께 1998년에는 장가오리가 앞장서서 '선전 하이테크놀로지 교역회交易會'를 연례행사로 개최한다는 구상을 마련한다.

이 무렵의 중국은 세계의 시장 질서를 바꾸는 거대한 변수에 해당했다. 그런 중국에서 최첨단의 과학기술 전람회가 열리니 세계 각국의 기업들이 관심을 쏟지 않을 수 없는 상황이었다.

이 교역회는 1999년 1회가 열린 뒤 지금까지 계속 이어져 오고 있다. 중국의 시장을 개척하려는 세계 기업들의 관심이 집중하며 그런 기술을 중국 산업의 발전 동력으로 활용할 수 있는 셈이니 중국은 이른바 일석이조一石二鳥의 효과를 거두는 셈이다. 그런 대담한 계획을 밀어붙여 세계가 모두 관심을 쏟는 결과를 얻어냈으니 장가오리의 이름은 중국 전역에 알려질 수밖에 없었다.

그는 거기서 멈추지 않았다. 선전을 국제적인 도시로 만들기 위한 환경 개선작업에 곧 착수했다. 도시의 미관 정리에 그치는 수준이 아니었다. 자연과 환경의 콘셉트를 도시 미화작업에 강력하게 도입했다. 선전이 비록 중국 개혁개방의 첨단 실험도시로 출범했으나, 1990년대 초반 한국과 중국의 수교 덕분에 그 무렵 선전을 방문해 본 한국인에게는 뚜렷한 인상이 하나 있다.

도시 곳곳을 파헤치고 올라가는 건설현장에서 쏟아지는 먼지, 어두컴컴한 도로 등으로 '혼란'과 '삭막함'의 인상을 줬던 곳이다. 그런 선전에 장가오리는 대대적인 녹화綠化작업을 벌였다. 보잘 것 없던 도시 환경은 금세 달라져 선전시 녹화율을 40%까지 끌어올렸다. 실험적 기운만 앞섰지 도시 자체로서는 그야말로 별 볼 일 없던 선전이 세계적인 수준의 도시로 올라설 수 있는 기반을 확보한 셈이었다.

그의 이름은 전국에 알려지고, 특히 중국 최고 권력에 서 있는 지도자들에게 알려진다. 선전이 개혁개방 초기의 이름에 못지않은 명성을 다시 얻게 만든 장가오리에게 주목하지 않을 수 없었던 것이다. 그가 선전시 당 서기로서 한창 주가를 올리던 2000년 무렵이다. 중국 언론들은 하나의 '사건'에 주목했다.

당시의 중국 공산당 총서기 장쩌민이 광둥을 시찰한 뒤 장가오리가 관직에 첫발을 내딛었던 마오밍시에서 중요한 발표를 한다. 이른바 '3개 대표 이론三個代表理論'이다. 그 핵심은 "중국 공산당은 선진 생산력, 선진 문화, 대중의 이익을 대표한다"는 내용이다. 중국에서 지도부의 최고 권력자가 작심하고 무엇인가를 발표하는 경우가 있다.

덩샤오핑이 개혁개방의 속도와 활력이 줄자 남부지역을 돌며 발표한 '남순南巡 강화講話' 등이 대표적이다. 장쩌민도 마찬가지였다. 중국이 비록 경제적으로 순항하고 있으나 이념적인 틀의 조정이 필요했다. 따라서 개혁개방 이후 기업체를 운영하는 자본가 그룹에게 입당을 허용하는 정치적 제스처가 필요했다. 그 내용이 바로 '3개 대표 이론'이었다.

이는 나중에 중국 당 대회의 의결을 거쳐 공산당의 당헌黨憲에도 오를 만큼 중요한 발언이었다. 중국 언론들은 장쩌민이 광둥을 시찰한 뒤 발표한 이 중요한 담화가 어느 정도는 장가오리가 보인 관료로서의 실적과 관련이 있으리라고 추정한다. 적어도, 그 시점에 광둥을 시찰하며 중요한 발언을 한 장쩌민의 눈에 장가오리라는 지방 관료가 어느덧 제법 비중이 높은 '인재'로 크게 비쳤으리라는 추정에 이의를 다는 전문가들은 없다.

당대의 실권자 장쩌민의 '사람'으로

중국 최고 권력층의 인사이동에 관심을 기울이고 있는 중국의 관측통들의 눈을 잡아 끈 장면이 하나 있다. 장가오리가 2001년 선전의 당 서기를 떠나 산둥성의 부서기 겸 대리 성장省長에 오른 일이다. 장가오리는 이듬해인 2002년 산둥 당 서기에 정식 취임한다.

앞에서도 잠깐 소개했듯이 주요 지방관에 관한 인사는 권력의 향배와 깊은 관련이 있다. 장쩌민이 당 총서기로서 집권1989~2002하는 동안 총서기가 직접 '제 사람'을 심는 지역은 동남부의 일부 성과 광둥, 그리고 산둥이었다. 장쩌민 집권 기간에 산둥을 맡은 사람은 우관정吳官正 전 정치국 상무위원이자 기율紀律 검사위원회 서기였다. 그 후임으로 장쩌민이 선택한 사람이 바로 장가오리였다.

당시 장가오리의 등장을 예견한 사람은 많지 않았다. 따라서 장가오리가 장쩌민 계열에 속한 우관정의 뒤를 이어 산둥성의 서열 1위 권력에 오른 점은 큰 화제였다. 더구나 당시는 장쩌민이 당 총서기를 후임인 후진타오에게 물려주고 권력 2선으로 물러나는 시점이기도 했다. '장쩌민이 그냥 물러나는 게 아니구나'라는 시각은 그가 2002년 11월에 열린 당 대회 마지막 발표에서 중앙 군사위원회 주석에 유임한다는 점이 발표되면서 더욱 확고해졌다.

그와 함께 산둥에 장가오리, 광둥에는 장더장張德江을 앉히면서 '장쩌민의 힘'이 주요 지방관 인사에서도 여전히 맹위猛威를 떨치고 있음이 중국 국내외에 알려졌다. 그렇게 장가오리는 어느덧 '장쩌민의 사람'으로 부상한 상태였다. 장쩌민과 장가오리의 '관시'는 어떻게 작용한 것일까. 도대체 언제 어떻게 장가오리는 장쩌민에 의해 비중 있는 파벌의 구성원으로 자리매김한 것일까라는 의문이 꼬리를 이었다.

홍콩의 관측통들은 이와 관련해 매우 의미 있는 증언을 소개하고 있다. 미국에 서버를 두고 중화권에서 활동하는 인터넷 통신사 둬웨이多維의 월간지가 밝힌 내용이다. 이 잡지는 전 윈난雲南의 간부와 만나 다음과 같은 내용을 들었다고 소개했다. 우선, 홍콩의 세계적인 재벌 리카싱李嘉誠과 장쩌민 주석을 연결해 막대한 이권을 교환케 해준 사람이 장가오리라는 점이다.

장가오리는 광둥과 선전의 주요 당정 책임자로 있으면서 홍콩의 재벌인 리카싱과 교분을 쌓을 수 있었던 것으로 보인다. 그런 점에서 윈난성 간부의 전언은 아주 황당무계한 것이라고 볼 수는 없다. 문제는 그 다음이다. 리카싱은 막대한 자금을 장쩌민에게 건넸으며, 장쩌민은 이를 중국 IT업계에서 눈부신 활약을 하고 있던 아들 장멘헝江綿恒에게 사업자금으로 줬고, 그 대가로 장쩌민은 베이징 천안문 광장 인근의 값비싼 땅에 대한 개발권을 리카싱에게 줬다는 것이다.

그런 내용을 전부 믿을 수는 없겠다. 하지만 홍콩 등의 언론에서 이런 보도 내용이 매우 비중 있게 다뤄졌다는 점은 분명하다. 아울러 장가오리가 산둥에서 당 서기로 재직할 때 그곳을 찾은 장쩌민에게 더 이상 보이기 힘든 '충성'을 보였다는 후문도 소개하고 있다. 어쨌든 산둥성 당 서기에 취임함으로써 장가오리가 장쩌민의 계열에 속한 믿음직한 부하로서 자리를 잡았다는 점에는 모두가 동감을 표시한다.

그런 소문과는 상관없이 장가오리가 산둥성 당 서기로서 보인 업적은 화려했다. 산둥은 중국 개혁개방의 역사 흐름 속에서 매우 상징적인 의미를 지니는 지역이다. 개혁개방 초기의 1980년대가 광둥이 집중적인 조명을 받았던 시기라고 한다면, 1990년대는 이른바 '용龍의 머리'라고 불렸던 상하이의 시대였다. 그 다음으로 주목을 받았던 곳이 산둥이라고 하는 사람이 많다. 특히 산둥은 2000년에 접어들면서 비약적인 발전을 이루며 자부심이 대단했다.

장가오리가 산둥의 당 서기로 재임하는 동안의 실적은 꽤 눈부실 정도다. 2006년 산둥은 GDP 성장률 14.5%를 기록해 2조 위안약 400조 원을 돌파했다. 광둥에 이어 장쑤와 함께 2조 위안을 넘어선 3대 경제 대성大省으로서의 명예를 차지한 것이다.

그는 언론 매체 앞에 스스로 나서지 않는 인물이라고 소개한 바 있다. 그래서 그의 성격을 잘 드러나지 않는 '저조低調'형이라고도 했다. 대신 그는 일을 만들어서 착실히 밀고 나가는 실무에 강하다. 그런 면모를 중국어로 적자면 '실간實幹'형이다. 그는 산둥에 부임한 뒤 얼마 지나지 않은 그런 자신의 스타일을 일선 행정에서 그대로 드러냈다. 대표적인 게 산둥 당 위원회 고위층 회의를 현지의 텔레비전 카메라 앞에 노출시킨 점이다.

이는 일반 지역의 당 위원회, 나아가 중앙의 주요 당정회의가 모두 일반인들이 볼 수 없는 흑막 뒤에서 벌어지던 관행을 깨는 매우 파격적인 조치였다. 그는 그에 앞서 산둥 지역 간부들에게 '일을 만들어 집행하라幹事創業'는 지침을 내리고 맹렬하게 이를 실행토록 몰아붙였다.

최고위 행정간부들의 회의를 생중계하도록 개방한 데 이어 그는 쑤저우蘇州와 원저우溫州 등 중국에서 가장 선두를 달리는 경제발전 도시의 당 서기들을 초청해 특강 자리를 만들어 현지 산둥 간부들에게 그들의 경험을 직접 듣게 했다. 이 역시 매우 파격적인 조치였다.

각 지역 간 경제적 협력이 매우 저조한 게 중국 지방 행정의 특징이다. 그런 마당에 다른 지역의 간부를 초청해 현지 기업을 키우고 외국자본을 유치하는 노하우를 듣도록 한 것이다. 그런 노력이 주효해 산둥은 광둥에 이어 장쑤성과 공동으로 중국에서는 2조 위안의 GDP 돌파 업적을 남겼다.

따라서 그에 대한 중국 관방의 평가는 매우 높을 수밖에 없다. 아울러 장가오리에 대한 중화권 언론의 평가 또한 상당히 높은 편이다. 밑바닥 짐 운반 노동자에서 출발해 정해진 코스를 착실히 밟아, 자신의 실력으로 정상에까지 오른 사람이라는 점에는 이의를 다는 사람이 없다.

그 점에서 장가오리는 18차 당 대회를 통해 정점에 올라선 신임 중국 공산당 정치국 상무위원 가운데 실무능력 면에서 가장 뛰어난 면모를 자랑하는 사람에 해당한다. 그는 그런 여세를 몰아 2000년대 들어 가장 주목 받는 도시인 톈진天津의 당 서기로 부임한다.

텐진은 중국의 수도 베이징에 바짝 붙어 있는 대형 직할시다. 중국 정부는 이곳에 빈하이濱海 개발구를 만들어 대규모의 금융 산업센터를 육성할 방침이었다. 후진타오 집권기 내내 중국 경제의 사령탑이었던 원자바오 총리의 고향이기도 했다. 텐진은 이 프로젝트를 통해 1990년대 중국 경제의 활력을 대변했던 상하이를 추월한다는 계획이었다.

전체적인 그림은 산둥의 경제력을 끌어들여 텐진을 중심으로 하는 환環 발해渤海 지역 경제권을 형성한다는 게 후진타오-원자바오 임기의 중국 정부가 만든 구상이었다. 이는 후진타오-원자바오 정부 출범 이후 선보인 정책의 하나로, 1990년대 중국 경제 활력의 명맥을 이었던 상하이 푸둥浦東 개발구와 같은 개념의 지역 개발 프로젝트였다.

장가오리는 2007년 이곳의 당 서기로 부임한다. 주변 지역에 대한 통솔력도 필요했고, 강한 실무 추진력도 지녀야 했던 그 자리의 최고 책임자로 장가오리는 최적의 인선人選이었다는 평가를 받았다. 그리고 다른 정치적 임무도 있었다. 텐진은 장쩌민 집권기인 1989년 이후 2002년까지 당시의 정치국 상무위원으로 권력의 실세 중 한 사람이었던 리루이환李瑞環의 정치적 기반이었다.

그가 심어 놓은 관료들이 텐진 지역의 실무 행정을 장악한 상황이었다. 그러나 이들에 의한 부패와 독직 사건이 끊이지 않았다. 중앙에서는 일거에 그런 부패를 일소하는 일이 쉽지 않다. 당의 원로로서 아직 막후에서 힘을 행사하고 있는 리루이환의 정치적 기반을 함부로 허물 수 없었기 때문이었다. 그러나 장가오리는 이에 단호하게 대처했다.

결국 리루이환의 양아들이라고 알려졌던 쑹핑순宋平順 톈진 당 위원회 부서기가 2007년 6월 사무실에서 자살하는 사건이 벌어졌다. 당시에 리루이환의 비서였던 리젠궈李建國가 장가오리의 후임으로 산둥 당 서기에 부임했는데, 장가오리의 압박에 따른 쑹핑순의 자살 사건에 반발해 신임 리젠궈 산둥 당 서기가 장가오리의 산둥 재임 시절 부하를 궁지에 몰아넣음으로써 이들의 공방은 '지방 제후 사이의 정치적 싸움'으로 홍콩 언론 등에 비치기도 했다.

톈진의 환 발해 경제권에 관한 구상은 장가오리가 이곳의 당 서기로 일하면서 급물살을 탔다. 역시 그는 일을 열심히 하는 스타일의 고위 관료였다. 그는 굵직한 사안을 제대로 처리하며, 제 업적을 먼저 알리기보다 업무의 실질적인 진전을 주도하는 타입이다. 그래서 그에 관한 중국 국내외의 평가는 한결같이 높을 수밖에 없다.

그러나 그에게도 시비가 따른다. 이 점은 고위직에 오른 중국 공직자들이 대개 안고 있는 문제다. 그의 문제는 부정과 비리에 얽힌 내용이 아니다. 그보다는 인척姻戚에 관한 논란이다. 그의 사돈은 홍콩에서 유명한 재벌 리셴이李賢義다. 장가오리가 재임했던 선전에서 부동산과 주식 투자로 떼돈을 번 사람이다.

그 아들 리성포李聖潑가 장가오리의 사위다. 장가오리의 딸 장샤오옌張曉燕이 리성포에게 시집간 뒤 리성포는 홍콩의 최대 재벌 리카싱의 투자를 받아 별도의 대형 회사를 세웠다는 게 장가오리에 따르는 소문이다. 이 점은 여러 가지를 연상케 한다. 장쩌민이 홍콩의 대재벌 리카싱에게 특혜를 주고 그 반대급부를 챙겼다는 소문, 그리고 중국의 최고 권력자와 홍콩의 최고 거부巨富가 서로 관계를 맺는 데 선전시와 광둥 등 홍콩과 가장 인접한 중국 행정지역의 책임자 장가오리가 역할을 했다는 소문 등이다.

그러나 이런 점이 중국 정치권에서 착실하게 성장하며 상당한 실적을 연속적으로 올렸던 실무형 스타일의 장가오리에게 커다란 오점으로 남지는 않는다. 중국 권력자들에게 그가 쥔 권력만큼의 재산은 늘 따라다니게 마련이기 때문이다. 그 점은 일종의 관행으로 봐도 좋을 정도다. 누구도 제 권력의 두께 만큼에 해당하는 재력은 지니는 게 보통이다.

우리에게는 그마저도 권력과 금력의 부정不淨한 맞바꿈으로 비칠지는 모르지만, 오랜 전통의 중국 관가官街 풍경을 머릿속에 두고 살필 때는 반드시 그렇지 않다. 장가오리는 그 권력에 따르는 잡음만으로 따질 때 매우 조용한 편이다. 부정과 비리에 관한 소문은 거의 없다고 해도 좋은 편이다. 그는 제 실력을 닦아 조용하지만 아주 박력 있게 중국 권력 최정상을 향해 한 걸음씩 움직인 사람이다.

李源潮

1950년 생

1968년 장쑤성 다펑현 농장 노동자

1972년 상하이사범대학 수학과

1974년 상하이 난창중학교 교사

1978년 상하이 푸단대학 수학과, 대학 공청단 지부 서기

1983년 공청단 중앙서기처 서기

1990년 중앙대외선전 소조 1국장

1993년 중앙대외선전 소조 부조장, 국무원 신문판공실 부주임

1995년 법학박사 취득

1996년 문화부 부부장

2000년 장쑤성 부서기

2001년 난징시 서기

2002년 장쑤성 서기

2007년 중앙정치국 위원, 중앙서기처 서기, 중앙조직부 부장

리위안차오

차세대 지도부로서 일찌감치 사람들의 입에 오르내리던 인물, 그러나 한동안 그 시야에서 사라져 보이지 않았던 인물, 지방관으로서 임지의 갖은 풍파를 겪고서도 강인한 추진력으로 역경을 딛고 올라선 인물, '네 가지 반찬, 국 하나'로 실랑이를 벌이다 지방 관료들과 얼굴을 붉히기까지 했던 인물.

그의 '출세'를 예견하면서 여러 사람들이 붙였던 평어評語들이다. 그의 이력은 2012년 중국 공산당 최고 정점에 올라선 다른 인물들에 비해 좀 더 많은 '위기'로 채워졌었다. 지방관인 장쑤江蘇성 책임자로 일할 때 발생한 적지 않은 풍파 때문이었다.

그러나 그는 스스로에게 간단없이 닥치는 그런 위기를 정면으로 받아낸 경우다. 아울러 위기를 기회로 바꾸는 데에도 탁월했다. 위기를 관리하는 능력 못지않게, 얼굴 앞에 닥치는 비바람 속에서도 기회를 엿보며 그에 달려들어 나름대로 성취를 거둔 경력자다.

그의 인상은 깨끗하다. 그러나 위기를 돌파해 환경 자체를 자신에게 유리하도록 바꿔 버리는 강인한 행정가와 정치가의 면모가 있다. 따라서 장악력이 대단하다. 조직을 장악하고, 대세를 형성하는 흐름을 장악하는 장점이 있다. 지도부가 정한 정책 기조基調에 충실하면서 강력한 집행력까지 갖추고 있다는 평가다.

태자당이자 공청단, 그리고 상하이방

중국 정계에서 엘리트 코스를 밟는 일은 정말 어렵다. 2012년 현재 8200만 명에 달하는 수많은 공산당원 가운데 30명 남짓한 공산당 정치국에 오르는 일, 아울러 다시 그 정점을 형성하는 7인 멤버의 정치국 상무위원 자리에 오르는 것은 타고난 운과 능력이 뒷받침해주지 않으면 거의 불가능에 가깝다고 봐야 한다.

그러나 리위안차오는 운이 좋다. 중국에서 정치를 하는 사람치고는 매우 많은 '인연의 줄'을 쥐고 태어났기 때문이다. 중국 권력 정점을 향한 하이웨이는 아무에게나 발을 들여놓도록 허용하지 않는다. 덩샤오핑이 이끌었던 1980년대 정국에서 개혁개방의 거대한 전환적인 흐름에 놓여, 출신 성분이나 그 곁으로 뻗는 인연의 줄들에 의지하지 않고 순수하게 정치적 업적만으로 금세 권력 최상층부로 치달았던 몇 사람이 있다.

후진타오의 예가 그렇고, 원자바오의 예가 그렇다. 그 앞에 권력 상층부를 형성했던 목수木手 출신 리루이환李瑞環도 그렇다. 개혁개방이라고 하는 격변의 흐름 속에서 이 몇 인물들은 '자수성가自手成家'의 성분이 비교적 높은 사람들이다. 그러나 대부분은 몇 개의 겹치고 겹치는 '인연의 줄', 즉 중국식의 '관시'를 통해 성장하고 도약한다.

리위안차오는 그런 점에서 보면 행운아다. 그의 아버지 리간청李幹成은 문화대혁명이 발발하기 전에 상하이上海 부시장을 역임했다. 그 밑의 4남으로 태어난 리위안차오가 부친의 생전에 그가 형성한 정치적인 인간관계의 혜택을 누렸다고 장담할 수는 없으나, 부친이 공직에서 물러난 뒤 중앙 정계에 이름을 알리는 과정에서는 사정이 달랐다.

결정적인 계기는 역시 아버지가 선대에 쌓은 강력한 인연의 줄을 잡고 태어난 데서 나왔다. 그런 점에서 그는 상하이 부시장을 아버지로 두고 출세의 길에 올라선 분명한 태자당 그룹 성분 소유자다. 아울러 그의 고향은 장쑤성이다. 이 지역 또한 중국 다른 지역이 다 그렇듯이 향토정서가 발달했다.

우선 상하이라는 거대 도시의 문화적 성분을 따져 보자. 상하이는 도시 개발 역사가 200년이 넘지 않는다. 상하이는 궁벽한 어촌漁村에서 20세기 초반 제국주의 세력이 중국을 넘보면서 넘나들었던 국제도시, 나아가 1980년대 중국 개혁개방의 선두주자로 올라섰다. 그러나 그 도시를 이루고 있는 큰 성분은 장쑤다. 상하이 지역 언어의 성분을 따지자면 이 장쑤의 지방 언어를 일컫는 오어吳語가 우선이다. 2700여 년 전 춘추春秋 시대 이래로 지속적으로 흘러온 오吳나라 전통이 장쑤에는 강하게 쌓여 있고, 상하이는 그 문화적 바탕 위에서 큰 도시라고 할 수 있다.

따라서 상하이의 지역적 정서는 이 오나라 전통이 강하게 밴 곳인 장쑤를 제외하고는 거론할 수 없다. 상하이는 이를테면, 오나라 전통의 장쑤를 배후지背後地로 두고 성장한 중국 개혁개방의 총아寵兒. 개혁개방의 시작과 함께 상하이는 그 선두에 선다. 그리고 덩샤오핑의 강력한 지휘 아래 상하이는 눈부신 발전을 거듭하며 이곳 출신 관료를 일컫는 '상하이방'을 키웠다.

부친이 그런 상하이의 부시장까지 지낸 당의 원로라는 점에서 리위안차오의 태생은 태자당이자, 출신지역으로 따져 볼 때 '상하이방'에 속한다. 그뿐만이 아니다. 그는 1983년에 공산주의 청년단共青團 중앙서기처 서기에 올라 후진타오와 함께 일을 한다. 1990년대 말과 새로운 밀레니엄 2000년의 막을 열면서 화려하게 중국 정가에 등단하는 공청단파의 당당한 일각을 이루기도 한 인물이다.

따라서 그는 출세가도에 올라선 배경을 따질 때 태자당이자 상하이방, 그리고 공청단이라는 중국 최고 권력층 진입의 3대 티켓을 모두 쥔 케이스로 꼽힌다. 최소한 2012년에 공산당 정치국을 형성하는 25인 멤버 중에서는 거의 유일한 경우다.

그 세 장의 티켓을 거머쥐고 있다고 해서 그의 관운은 줄곧 형통亨通했을까. 그렇다면 오늘날의 중국 공산당은 별 볼 일 없다. 핏줄과 학연, 지연으로 거저 행운을 얻어 사회에 나온 사람이 오로지 그런 요소에 의해 중국 최고 권력에 올라섰다면 오늘날의 중국 공산당이 이룬 기적은 허상에 불과하기 때문이다.

리위안차오는 1950년생이다. 마침 이웃 한반도에는 북한의 김일성이 남침을 주도한 '6.25 전쟁'이 발발했다. 그해 10월 중국은 대규모 군대를 압록강 너머로 보낸다. 중국이 아직까지도 선전하고 있는 '미국에 대항하며 조선을 원조하기 위한 전쟁', 이른바 '항미원조抗美援朝'다.

중국은 개혁개방으로 사회주의의 이데올로기적인 요소를 많이 벗었다고 하지만, 아직 이 전쟁을 자랑스럽게 생각한다. 우선 미국을 상대로 싸워 북한을 지켰다는 점, 피로 맺어진 북한과의 혈맹 관계를 동북아 안정 구도의 한 축으로 삼고 있는 점 때문이다. 어쨌든 중국인들이 아직 자랑스럽게 생각하는 이 전쟁의 이름 뒤와 리위안차오의 이름은 발음이 같다. 원조援朝를 중국어로 발음하면 '위안차오'이기 때문이다.

그 전쟁이 한창 불붙던 무렵인 1950년 11월 리위안차오는 3000년의 역사적 전통이 살아 숨쉬는 쑤저우蘇州에서 태어났다. 이 쑤저우는 춘추 시대 와신상담臥薪嘗膽의 주역 월越나라 구천句踐과 적대하며 싸움을 벌였던 오나라 부차夫差의 본향이다. 아울러 삼국 시대 조조曹操 및 유비劉備와 힘을 겨뤘던 손권孫權의 역사적 맥락과 닿은 곳이다.

아버지 리간청은 당시 인근 창저우常州 당 서기를 지내고 있었다. 그는 장쑤성을 지나는 장강의 이북인 쑤베이蘇北 지역 일대에서 일찌감치 이름을 떨친 인물이다. 1929년에 공산당에 가입한 뒤 이듬해 이곳 일대에서 농민폭동을 일으킨 주인공이기 때문이다. 모친인 뤼지잉呂繼英 또한 열렬한 공산당원으로서 명망이 높다.

일부 중국 언론은 "리위안차오의 부친보다 모친이 훨씬 더 유명하다"고 소개한다. 뤼지잉은 리위안차오의 부친보다 한 해 먼저 중국 공산당에 가입한다. 장쑤성 일대의 여성 당원들을 모아 조직하면서, 정보공작에도 뛰어들어 활약한 인물이다. '여성 호걸豪傑'이라는 칭호가 따를 정도로 이름이 나 있었다는 설명이다.

뤼지잉은 두 번째 결혼해서 리위안차오를 낳는다. 첫 남편은 역시 공산당원으로 홍군紅軍 14군의 군장軍長을 맡았던 리차오스 李超時로, 그가 죽은 뒤 리위안차오의 부친인 리간청에게 개가한다. 리차오스와는 아들 하나를 낳았고, 리간청과는 여섯 아이를 낳는다. 리위안차오는 그 가운데 넷째다.

그러나 리위안차오는 어릴 적 그의 이모 밑에서 성장한다. 아이를 낳지 못했던 모친의 여동생이 그를 데려다 키우겠다고 했기 때문이라고 한다. 이모는 당시 후베이湖北 우한武漢에서 생활하다가 서남부의 윈난雲南으로 이주한다. 물론 양자로 데려다 키우기로 한 리위안차오를 데리고 간다. 따라서 리위안차오는 어렸을 때 상하이 사투리를 구사하지 못했다.

그가 상하이의 부모 곁으로 돌아온 때는 1964년으로 알려져 있다. 이모가 임지를 옮겨 고향 근처인 상하이로 전근했기 때문이다. 그는 여기서 명문 중학교인 상하이 중학에 입학했다. 상하이 말도 제대로 구사하지 못하는, 서남부 지역 윈난에서 갓 올라온 리위안차오는 처음에 같은 반 친구들에게 놀림을 받았다고 했다. 전체적으로 무난한 성적을 올렸고, 학교 생활 등에서는 교내 감투를 맡을 만큼 정치적 재능이 있었던 것으로 알려져 있다.

의리를 죽음으로 지켰던 아버지

중국 최고 지도부에 올라선 사람들에게는 한 가지 이상의 특별한 '줄'이 있다. 그것을 '관시'라고 해도 좋고, 풍진 많은 세상을 살아가면서 횡으로 종으로 쌓는 인연의 그물망이라고 해도 좋다. 어쨌거나 그런 고위직에 올라선 사람의 배경을 뒤좇다 보면 묘하게 나타나는 커다란 동아줄 하나씩은 있다. 중화권 언론들이 추적한 그런 자료들에는 대개 그런 게 꼭 나온다.

리위안차오가 정계에 두각을 나타난 계기, 그리고 그를 통해 본인의 능력을 발휘하며 종국에는 중국 최고 권력에 올라선 커다란 토대 또한 마찬가지다. 그는 우선 아버지의 힘을 크게 얻는다. 부친 리간청은 죽음을 앞에 두고서도 자신의 의리義理와 절개節槪를 굽히지 않는 성격의 소유자였던 것으로 보인다. 그런 감동적인 일화가 하나 전해진다. 시대의 배경은 중국 수억의 인구가 10년 동안의 유례없는 정치적 재난에 휩싸였던 문화대혁명 기간이다.

문화대혁명은 주지하다시피 극좌적인 실험으로 정치적 위기에 몰렸던 마오쩌둥이 '반反 봉건, 반 관료'의 구호를 내걸고 광기가 잔뜩 오른 젊은 홍위병紅衛兵을 동원해 기존의 관료체제 등에 심각한 타격을 입힌 사건이다. 중국인들은 이 기간을 '10년의 대재앙浩劫'이라고 부른다.

문화대혁명이 벌어지기 전 리위안차오의 부친 리간청은 상하이 부시장이었다. 그의 직속 상사였던 상하이 당 서기 천피셴

陳丕顯 1916~1995은 당시 공격을 받고 있었다. 정치적으로 그의 혐의를 찾아내 문혁의 열기를 더 높이려는 사인방四人帮 측의 공격이었다. 관건은 리간청이 쥐고 있었다. 그가 천의 혐의를 입증하는 데 도움을 준다면 아무 문제가 없었다.

그러나 리간청은 완강하게 그를 거절했다고 한다. 그로 인해 리간청은 고문과 함께 감옥에 갇혀 거의 죽을 위기에까지 몰렸다. 그럼에도 리간청은 한사코 천에 대해 입을 열지 않음으로써 의리를 지켰다고 했다. 천피셴은 그 점을 잊지 않았다. 천은 문화대혁명이 끝난 뒤에 덩샤오핑이 복권하면서 1982년 공산당 중앙서기처 서기로 승진한다. 그렇게 승승장구하면서도 천피셴의 뇌리를 떠나지 않은 사람의 그림자 하나가 있었다. 바로 리위안차오의 부친 리간청이었다.

리위안차오를 처음에 소개하면서 '한동안 시야에서 사라져 보이지 않았던 인물'이라고 언급했다. 리위안차오는 1980년대 초반에 아버지로부터 커다란 빚을 진 천피셴에 의해 '차세대 후계자' 그룹의 일원으로 공청단 중앙서기처에 오른다. 그리고 계속 순탄한 코스를 밟다가 1995년 천피셴의 타계와 함께 한직인 국무원 문화부로 자리를 옮긴다.

'차세대 후계자' 그룹으로 공청단 서열 4위 인물로 올라섰다가 10여 년 뒤에는 한직이라고 할 수밖에 없는 문화부로 옮겨 4년 동안을 재직하는 경우가 '시야에서 사라졌다'는 표현을 얻는 이유다. 중국 관측통들의 분석은 이런 곡절이 아무래도 그의 커다란 정치적 그림자 천피셴의 정치적 영향력과 무관치 않다는 것이다.

그런 천피셴의 영향력으로 인해 리위안차오는 우선 공청단에 발을 들여놓았다. 그가 공청단의 중앙서기처 서열 4위로 '직행'한 해는 1983년이다. 그 전해에 정치적 후견인인 천피셴은 공산당 중앙서기처 서기라는 고위직으로 승진한다. 아무래도 천의 입김이 작용해 리위안차오를 공청단 핵심 권역圈域으로 진입케 했으리라 짐작할 수 있는 대목이다.

리위안차오가 공청단 중앙서기처에 들어갔을 때 서열은 4위다. 위로는 1980년대 공청단의 지도자로서 차세대 권력 핵심으로 진입할 것이 확실했던 왕자오궈王兆國, 차분하게 실력을 쌓고 있던 후진타오, 여성으로서 나중에 정치국원에 진입하는 류옌둥劉延東이 있었다.

왕자오궈는 앞에서도 이미 소개했듯이, 1980년대 당시의 중국 정치권에서 가장 촉망받는 차세대 지도자였다. 후진타오는 그의 정치적 은인인 덩샤오핑에 의해 본격적으로 권력 핵심부에 들어서기 전의 '수업' 상태였다. 그 둘과 리위안차오의 관계가 어땠는지는 잘 알려져 있지 않다. 그러나 이런 인연으로 리위안차오가 태자당에 이어 상하이방, 나아가 공청단 그룹의 일원이라는 정치적 컬러를 지니게 됐다는 점은 분명하다.

리위안차오는 그에 앞서 중국의 대학입시제도가 문화대혁명의 휴지기를 거쳐 다시 복원되면서 그 첫해에 상하이의 명문 푸단復旦 대학 수학과에 입학했고, 그와 동시에 공산당에 가입했다. 그의 정치적 백그라운드인 부친의 화려한 경력에 힘입어 그는 1982년 대학 졸업과 함께 학교 공청단 조직의 부서기, 이어 상하이시 공청단 부서기와 서기를 차례로 역임하며 정계에 첫발을 디딘다.

그러나 중국 전문가들이 전하는 소식에 따르면 중국 정치권 핵심 무대에서 드러낸 그의 모습은 미래의 유력한 정치인이라기보다 소심한 학자에 가까웠다고 한다. 책을 오래 읽어 원칙의 고수나 지적知的인 이해에는 나름대로 재주를 보였으나, 활달한 교섭력이나 리더십 등에서는 두각을 나타내지 못했다는 얘기다.

우선 리위안차오는 문장 쓰는 일을 즐겼다고 한다. 전통적으로 문인 기질이 매우 강한 고향 장쑤의 전통을 충실히 계승했던 모양이다. 따라서 그는 대중 앞에 나아가 연설할 때 그 원고를 직접 쓰는 일에 열중했다고 한다. 아울러 공청단 중앙에서 펼치는 주요 행사의 연설 등도 그의 손을 거쳐 만들어진 게 많았다고 한다.

당나귀식의 고집도 강했다고 한다. 제가 정한 룰에 맞지 않는 경우를 그대로 봐 넘기지 못하는 성격의 소유자였던 모양이다. 대표적인 사례가 '네 가지 반찬, 국 하나'의 '사채일탕四菜一湯' 사건이다. 공청단 권력 서열 4위의 서기면 꽤 높은 자리. 미래를 어느 정도 선에서 미리 보장받은 엘리트 공산당원이기도 하다. 그런 리위안차오는 지방 시찰 때 늘 '네 가지 반찬, 국 하나'의 원칙을 옆에 달고 다녔다는 것이다.

이는 당시의 공청단이 간부들의 근검과 절약을 위해 유지토록 한 식사 상의 원칙이다. 중국은 식사 자리에서 나오는 요리가 풍성하기로 유명하다. 제대로 먹는 식사라면 10개 이상의 요리가 큰 접시에 듬뿍 담겨 나온다. 아무래도 낭비가 많을 수밖에 없다. 이를 방지코자 공청단 등 주요 권력기구들이 간부들에게 정한 지침의 일종이었다.

그러나 원칙은 항상 지켜지지 않는다. 특히 '중앙'의 높은 관원이 지방을 순시할 때는 사람 사이의 인정상 풍성한 요리가 나오게 마련이다. 리위안차오는 이를 한사코 거부했던 사람으로 유명하다. '네 가지 반찬, 국 하나'의 원칙을 무시한 식사 자리에는 참석을 거부했고, 그마저 식사비용을 본인이 지불한다고 고집을 부렸다고 한다.

원칙을 지키는 일이야 뭐라고 나무랄 수 없다. 그러나 지나칠 정도로 원칙을 고수하다 보면 말썽이 자주 빚어진다. 상황에 따라 유연하게 대처하는 멋은 자연스레 떨어진다. 그런 젊은 시절의 공청단 중앙서기 리위안차오의 '원칙 고수'에 대해서는 그를 접했던 당시 지방 간부들로부터 좋은 의견보다는 "해도 너무 했다"는 식의 불만이 더 많이 나왔다고 전해진다.

그는 공청단 중앙서기처 서기로 있으면서 학위를 땄다. 그 경력은 리커창과 아주 비슷하다. 1990년 베이징 대학 경제관리학 석사를 땄는데, 리커창을 지도한 유명 경제학자 리이닝厲以寧이 지도교수였다. 아울러 이듬해에는 지도교수 리이닝, 그리고 공청단 서기처의 동료 리커창 등과 함께 공동 명의의 논문을 발표했다.

공청단 중앙서기처 서기 시절의 리위안차오는 선전宣傳 부문을 담당했다. 공산당 조직에서 선전은 매우 중요한 직책이다. 당의 이념적 지향을 대중에게 제대로 전파해 통치의 체계를 잡아가는 중요한 자리다. 그 무렵의 중국은 사실 정치적 격변기였다. 따라서 그런 격변에 대처하는 공청단 서기의 직책은 주목을 받을 수밖에 없었다.

결론적으로 보면, 공청단 선전 담당 중앙서기 리위안차오의 성적은 시원치 않았다. 게다가 1980년대의 정치적 격변은 주로 정치개혁을 추진하던 공청단의 대부代父 후야오방胡耀邦의 정치적 부침浮沈과 맞물려 있었다. 공청단을 창설하고 키웠던 후야오방은 1980년대 개혁개방의 총설계사 덩샤오핑과 정치적 호흡을 함께 하면서 공산당 공식 서열 1위인 총서기에 오른다.

그러나 경제적 개혁에서 한걸음 더 나아가 정치 개혁을 역설하다가 실질적인 권력 일인자인 덩샤오핑에 의해 권좌權座에서 쫓기듯 내려온다. 이어 당의 모진 비판을 견디지 못하다가 1989년 4월에 사망하자 그를 추모하기 위해 모여든 청년들에 의해 벌어지는 일대 사건이 바로 '6.4 천안문 사태'다.

그 정치적 풍파는 아주 심각했다. 이미 자세히 알려졌듯이 당시의 중국 공산당 지도부는 유혈진압을 결정해 베이징 일대에 피바람을 몰고 왔다. 공청단의 입지가 그렇게 편했을 리는 없다. 공청단 간부들이 믿고 따랐던 후야오방의 실각과 사망에 이어 벌어진 사건이기 때문이었다.

그런 민감한 시점에 공청단의 선전 부문을 담당했던 리위안차오의 입지도 매우 어려웠다. 공산당 기구의 선전은 이데올로기까지 관할하는 부문이다. 당시의 천안문 사태를 주도한 청년들의 행위는 공산당에 의해 '자유주의 자산계급의 책동'으로 몰렸다. 공산당이 공식적인 언급을 통해 '우파右派' 또는 '자산계급'으로 규정하는 일은 아주 심각한 결과를 빚는다.

세상의 모든 갈등을 계급의 관점에서 보는 공산당식의 적대적인 논리와 감정이 그 안에 숨어 있기 때문이다. 천안문 사태를 이끈 청년들을 그런 식으로 몰아가는 것은 정치적으로 철저히 숙청하겠다는 뜻 이상도 이하도 아니다. 그런 와중에 공산당 예비 청년 조직인 공청단의 처지는 매우 난감했을 법하다. 게다가 그 조직의 이데올로기 부문을 관장하는 선전 담당자 리위안차오의 정치적 입장은 더욱 어려웠을 것이다.

그는 그런 여파에 몰려 결국 공청단 선전 담당 서기로서 좋은 '고과考課'를 받는 데 실패한다. 정치적으로 입장이 분명치 않으며 심각한 사태에 제대로 대응하는 능력을 갖추지 못했다는 평가를 받는다. 이 점은 어떻게 보면 치명적이었다. '사태'에 제대로 대응하지 못하는 그런 자세는 중국 공산당 권력을 좌지우지했던 덩샤오핑이 가장 싫어했던 것이었기 때문이다.

개혁개방을 이끌던 무렵의 덩샤오핑은 늘 "제대로 발을 딛고 서 있어라站穩脚"는 말을 했다. "뒤뚱거리면서 흔들리는 전족纏足한 여인처럼 걷지 말라不像小脚女人"는 말도 했다. 한번 잡은 방향을 튼튼하게 잡고 놓치지 말아야 한다는 주문이었다. 그런 공산당 최대 주주 덩샤오핑의 눈에 들었던 사람이 바로 후진타오다.

그는 1988년 티베트 자치구의 당 서기로 부임한 뒤 그곳에서 일어난 폭동을 냉철하게, 그리고 잔인할 정도로 무참하게 진압했다고 알려져 있다. 그런 강인하고 흔들리지 않았던 '사태' 대처를 멀리의 베이징에서 흐뭇하게 지켜본 사람이 덩샤오핑, 이어 후진타오를 1992년 공산당 정치국 상무위원에 파격적으로 진입시킨 사람도 덩샤오핑이다.

어쨌든 1980년대의 최대 정치적 파동을 겪은 중국 지도부, 그 중에서도 최고 권력자인 덩샤오핑의 눈에는 이른바 '사태'에 물에 물 탄 듯, 술에 술 탄 듯 대처하는 관료들의 자세가 좋게 비칠 리 없었다. 공청단의 서기쯤이야 덩샤오핑의 눈에 들어올 리 만무하다. 그러나 덩샤오핑이 쥐고 있던 권력은 그 무렵에 최고의 정점에 올라 있었고, 따라서 그의 정치적 취향이 모든 것을 결정하는 상황이었다.

공청단의 선전 담당 서기로서 천안문 사태에서 두드러진 대응 자세를 보인 적이 없는 리위안차오는 아무래도 경질의 대상이었다. 마침내 리위안차오는 1990년 말 공청단 서기직에서 내려온다. 이어 중국 공산당 중앙 대외선전 소조小組의 1국局 국장에 취임한다. 약 3년 동안에 걸쳐 재임하는데 중국 관측통들은 이 기간을 그의 '침체기'로 간주한다. 아무래도 '6.4 천안문 사태'에 대처할 때 보였던 무기력함이 영향을 미쳤다는 분석이다.

이어 1993년 중앙 대외선전 소조의 부조장 겸 대외선전 판공실 부주임, 국무원 신문판공실 부주임에 오르면서 다소 기색起色을 보인다. 그러나 본격적인 '돌출'은 아니었다. 새로운 자리에 부임해서도 그는 두드러진 성적을 쌓은 게 없다. 이 기간 중에 그는 공산당 고위급 간부 양성소인 중앙당교中央黨校에 들어가 사회주의 이론을 다시 배웠고, 1995년에는 법학박사 학위를 취득했다.

그는 이어 1996년 국무원 문화부 부부장次官에 취임한다. 그러나 문화부에 있던 4년 동안 특별한 활약을 보이지 못한다. 전언에 따르면, 그의 상사인 문화부장^{장관} 류중더^{劉忠德}를 비롯해 다른 부부장 아이칭춘^{艾青春}, 여성 차관 멍샤오쓰^{孟曉駟} 등과 원만한 관계를 이루지 못했다고 한다.

류중더에 이어 새로 부임한 문화부장 쑨자정^{孫家正}과의 관계도 역시 마찬가지였다. 특별한 성과 없이 4년을 보냈다는 점은 엘리트 코스에서 권력 정점을 향해 질주할 수 있었던 잠재력의 소유자 리위안차오에게는 마이너스로 작용할 수밖에 없었다.

모가 난 돌은 정을 맞는 법이지만, 뾰족한 끝을 지닌 송곳은 결국 주머니를 뚫고 나오게 마련이다. 그는 10년 뒤 중국 공산당 최고 지도부인 정치국에 오르는 인물이다. 결과론이기는 하지만, 그 두터운 관료층을 뚫고 정상에 오른 그에게는 남이 쉽게 넘볼 수 없는 능력이 있었다고 봐야 한다. 주머니를 뚫고 나오는 송곳, 탈영^{脫穎}의 추^錐였을 리위안차오는 그 문화부에 재직하는 동안 끝내 그 날카로움을 선보이지 못하고 만다.

그가 자신의 판단력과 추진력, 관료로서의 기민함 등을 선보인 곳은 중국의 다른 권력 엘리트들이 통상적으로 걷게 마련인 지방관 자리였다. 그는 새 천년이 시작하는 2000년 자신의 고향인 장쑤^{江蘇}성에 부임한다. 그곳에서 그는 당 위원회 부서기^{副書記}를 맡는다. 이어 이듬해에는 장쑤성 부서기를 유지하면서 장쑤성 성도^{省都}인 난징^{南京}시 당 위원회 서기에 부임한다.

고향의 지방관 자리에서 드러낸 실력

결론적으로 보면 리위안차오가 자신의 고향인 장쑤에 돌아와 난징에 이어 다시 장쑤성 일인자인 당 위원회 서기를 맡는 7년 동안이 그가 관료로서 중국 권력의 최고층에 진입하느냐의 여부를 결정하는 기간이었다. 그는 이 기간에 여러 차례의 시험에 직면한다. 다른 지역을 관할하는 관료들 역시 대개가 크고 작은 사건과 사고에 시달린다. 관건은 그를 어떻게 처리하면서 중국 최고 지도부의 방침에 부응하느냐다.

리위안차오가 그전에 지나왔던 자리는 대개가 지방 현지의 각종 사무를 관장하는 지방관과는 다소 거리가 멀었다. 공청단의 중앙서기처 서기, 선전과 언론매체, 문화부의 영역이 거의 전부였다. 민생과 치안, 각종 사고에 기민하게 대응해야 하는 지방관의 업무는 좀 더 다양한 능력을 요구하고 있었다.

중국의 '중앙과 지방'은 역사적인 맥락에서 살펴볼 필요가 있는 대목이다. 중앙은 물론 국가의 수도가 있는 곳을 말한다. 아울러 최고 권력이 960만㎢의 거대한 중국을 이끌어 가면서 거대한 정책의 틀을 만드는 곳이다. 과거에는 황제의 초법적인 권력이 살아 숨쉬며 거미줄 같은 행정관료 시스템을 운영했던 지휘부이자 사령탑이다.

그에 비해 지방은 수도로부터 벗어난 지역의 행정관이다. 그러나 이 중앙과 지방은 항상 긴장과 마찰을 부른다. 지방의 세수稅收

와 이를 중앙에 보내는 재정상의 관계, 지방의 권력자가 과도한 힘을 지니면서 중앙을 위협하는 정치 및 군사적 긴장 관계, 중앙의 방침을 지방이 충실하게 이행하느냐를 둘러싸고 벌어지는 지휘와 감독상의 관계 등이 있다.

2012년 여름을 뜨겁게 달궜던 이른바 '보시라이薄熙來 사건'이 대표적이다. 공산당 정치국원이자 서남 지역 인구 3000만 명의 대형 직할시 충칭重慶의 당 위원회 서기로 부임했던 보시라이는 아내 구카이라이谷開來의 영국인 독살 사건, 부하였던 공안국장 왕리쥔王立軍이 쓰촨四川의 청두成都 주재 미국 총영사관에 망명 차 진입했던 사건으로 결국 낙마했다.

그러나 정치적 직위는 물론 당적黨籍까지 박탈당한 뒤 사법의 심판대에까지 올랐던 보시라이가 몰락한 이유는 그보다 더 심층적인 내용이었다. 그는 중국 전체를 이끄는 '중앙'의 방침과 다른 목소리를 냈던 것이다. 지속적인 개혁개방, 과학적 발전론 등 당시 후진타오-원자바오 중심의 정책 취향과는 다른 길을 걸었기 때문이었다.

그는 중앙의 당 지도부 방침과는 달리 마오쩌둥 시대의 극좌적인 노선을 걸었고, 포퓰리즘 성격의 정책을 구사해 현지 주민들로부터 상당한 호응을 얻기도 했다. 이 점이 문제였다. 그는 '중앙'에 의해 정치적 야망을 품어 군중적인 정서에 올라타 이를 실현하려는 '지방'의 제후로 비쳤다. 그에게 중국 국내외 언론들은 중국 서남부에서 세력을 키우는 지방의 제후諸侯, '서남왕西南王'이라는 별칭을 붙였다.

중국의 과거 권력은 수도에 있는 황제가 지방의 실권자 제후를 각 지역에 나눠서 임명하는 분봉分封의 방식으로, 때로는 행정제도인 군현郡縣을 설치해 중앙관료를 그곳에 보내는 형식으로 짜여져 왔다. 두 방식이 서로 섞이는 경우도 있었으나, 대개는 그런 두 흐름으로 중국의 권력 형식을 이뤘다. 문제는 항상 거기서 생겼다.

황제의 권력에 지방의 권력자는 반드시 복종만 하지 않았다는 점이다. 때로는 세금 징수와 그를 중앙에 바치는 문제, 지방의 권력자가 병권兵權을 거머쥐며 중앙을 위협하는 지방 군벌로서 성장하는 문제 등이었다. 보시라이는 '서남왕'으로 불리며 중앙을 위협하는 정치 세력으로 간주됐던 것이다.

리위안차오는 그런 지방의 행정권력 일인자로서 출신지인 장쑤에서 아주 매끄럽게 처신했다. 중앙이 정한 방침에 충실했고 그 본질을 읽어서 미리 대응하는 한편 중앙의 정책을 한걸음 더 나아가 실천하며 방향을 이끄는 역할을 수행했다. 당 지도부로부터 아주 높은 평점을 받았던 이유다.

초반 출발은 좋지 않았다. 난징시 당 서기로 부임해서는 중국 전역을 떠들썩하게 한 '쥐약 투약 사건'이 벌어졌다. 사회에 불만을 품은 남성이 음식물에 대량의 쥐약을 뿌려 42명이 목숨을 잃은 사건이다. 단순 사건이 아니었다. 불균형 성장으로 빈부격차가 심화하고 있는 중국의 사회적 문제가 지닌 한 단면을 보여주는 사건이었다.

이럴 경우 중국의 중앙은 고도로 긴장하게 마련이다. 광대한 대륙을 다스려야 하는 중국 중앙 지도부로서 통치의 근간을 흔들리지 않게 유지하려면 이런 사건에 발 빠르게 대응해야 한다. 범인은 신속한 수사에 의해 붙잡혔다. 결과적으로 그런 사건이 벌어진 지역의 행정책임자에게 많은 불이익이 가해질 수밖에 없었다.

그러나 리위안차오는 커다란 문책 없이 고비를 넘겼다. 2002년 12월에는 오히려 승진한다. 장쑤성 부서기에서 '부副'를 떼고 장쑤성 권력 서열 일인자인 당 서기에 취임한다. 이해는 중국 공산당 16차 당 대회가 있었다. 11월에 열린 당 대회에서 그의 정치적 산맥의 하나인 후진타오가 중국 공산당 총서기에 올랐다.

1983년 공청단 중앙서기처에서 서열 2위 상무서기를 맡았던 이가 후진타오, 서열 4위의 서기를 맡았던 사람이 리위안차오였다. 아주 가까운 지척의 거리를 두고 함께 머리를 맞댔던 과거의 직장 선배 후진타오가 중국 권력 일인자로 등극登極한 상황이니 후배 리위안차오에게는 커다란 행운이 아닐 수 없었다. 물이 차오르면 물길이 생기는 법, 중국인들은 이를 '수도거성水到渠成'이라고 부르지 않는가. 리위안차오의 앞날은 갑자기 밝은 빛을 받아 반짝거리고 있었던 것이다.

리위안차오는 제 앞에 닥치는 위기를 잘 겪어 낸 고위 관료였다. 이어 장쑤성 당 서기로 재직하면서도 결코 적지 않은 사건과 사고가 그에게 닥친다. '톄번鐵本 사건'도 그때 벌어졌다. 철강공장을 세우면서 불법으로 농민 소유의 드넓은 용지를 끌어다 쓴 사건이었다.

그런 불법적 토지 징수를 막기 위해 극도로 민감하게 반응하던 후진타오-원자바오의 정책 지향을 정면으로 어긴 사건에 해당했다. 아울러 개발 붐에 편승하기 위해 지방 정부들이 무리하게 건설하는 발전소와 철강공장 등 대규모 프로젝트를 중앙에서 합리적으로 통제宏觀調控하려는 원자바오 총리의 국정 방침에도 정면으로 반기를 드는 사건이기도 했다.

그러나 수습이 눈부실 정도로 빨랐다. 관련 공직자와 관계자들을 일벌백계식으로 엄벌에 처하면서 사건의 파장을 줄였고, 한편으로는 지방 정부의 권한 남발에 관한 조정, 민간과의 관계 개선 등의 부수적 조치도 신속하게 취했다. 단순한 행정관료의 범위를 넘어서는 조치이자 대응이었다.

특히 중앙과의 호흡에 신경을 맞춘 점은 그가 중국 권력의 정점에 올라설 만한 정치적인 재목이라는 점을 알리는 계기로도 작용했다. 공청단에서 화려하게 출발했으나 선전과 언론 매체 담당관, 이어 국무원 문화부를 거치며 제대로 빛을 발하지 못했던 리위안차오가 비교적 길었던 침체기를 거친 뒤 막 중앙 권력 무대로 돋움하는 발판을 만들기 시작했던 것이다. 그럼에도 장쑤성 당 서기로 재임하는 동안 그는 여러 차례의 위기를 맞는다. 장쑤성 당 위원회 조직부장을 비롯해 한꺼번에 수백 명이 연루되는 독직瀆職 사건도 벌어지고, 고위 행정관료가 술에 취해 운전하다가 큰 사고를 일으키는 스캔들에도 직면한다. 그럴 때마다 리위안차오는 수세守勢를 공세攻勢로 전환하며 자신에게 닥치는 불길을 끈다.

그는 언론 매체에 나서기를 꺼리는 스타일의 지방관으로 알려져 있었다. 그러나 사건이 벌어지고, 이어 그런 일련의 사건이 자신의 정치적 운명과 관련이 있다고 보일 때 대담하게 언론 앞에 나섰다고 한다. 장쑤 당 위원회 조직부장 등 지역의 주요 간부들 비리 사건이 발생했을 때 리위안차오는 기민하게 움직였다.

1000여 명의 장쑤성 각 기관의 공직자들을 모두 동반하고 난징의 혁명열사릉을 참배하면서 "중국 공산당에 가입하면서, 우리는 당의 강령을 준수하고……"로 시작하는 입당선서식을 재연하는 대규모 행사를 벌였다. 아울러 반反부패와 공직자 청렴을 주제로 한 오페라를 관람했다. 이 모두 언론 매체를 움직여 그 활동상을 보도토록 하는 선전술이었다.

그에 앞서 난징시 당 서기를 맡을 때는 '만인萬人 평의評議 기구'를 만들었다. 시정市政의 주요 사안에 대해 일반 시민들이 관료와 함께 회의에 참가해 각 정책을 평가하는 기구였다. 그에 참가하는 시민 등의 수가 워낙 많아 과학적인 판단이 제대로 내려지는 가에 대한 회의는 있었으나 리위안차오는 이를 지속적으로 밀고 가는 스타일이었다고 한다.

어쨌든 위기가 닥치면 무엇인가라도 만들어 내서 그 역풍을 최대한 줄였다는 점에서 리위안차오는 매우 영리한 관료였던 셈이다. 그런 그의 관료적 성격에 관해서 전해지는 일화가 하나 있다. 후진타오의 전임자 장쩌민江澤民과 관련된 스토리다. 장쩌민은 고향이 양저우揚州다. 리위안차오처럼 역시 장쑤가 고향인 사람이다.

후진타오 집권2002년 뒤에도 당 중앙 군사위원회 주석직을 내놓지 않을 정도로 그는 권력에 민감해 퇴임 후에도 여전히 권력의 실세 노릇을 하고 있었다. 리위안차오는 장쩌민이 고향인 장쑤를 방문할 때의 기회를 놓치지 않았다고 했다. 그에게 장쑤의 최고급 요리사를 붙여 수행토록 하면서 최고급의 고향 요리를 선사했다고 한다.

또 고향의 오페라, 상하이 전통 오페라, 전통음악 프로그램을 만들어 장쩌민의 입과 함께 귀와 눈까지 즐겁게 하는 '정치적 배려'를 선보였다는 것이다. 따라서 장쩌민은 다른 몇 차세대 관료와 함께 리위안차오를 공개적인 석상에서 매우 칭찬했다고 한다. 그러나 장쩌민만이 아니다.

원자바오 총리도 리위안차오가 장쑤성 당 서기로 머물 때 여러 차례 현지를 방문해 자신의 국정 지침을 충실히 따라준 그를 격려했다. 그럴 만했던 구석이 있다. 장쑤성은 개혁개방 이래 상하이와 광둥 등지와 함께 중국이 선택한 경제적 실험이 성공적으로 펼쳐지는 곳으로 꼽히고 있었다. 리위안차오가 재임하는 동안의 장쑤 또한 마찬가지였다. 게다가 리위안차오는 중앙의 지침에 100% 이상으로 따르는 충실함이 돋보였다.

후진타오와 원자바오를 축으로 하는 제4세대 지도부의 입장에서 리위안차오는 정치적으로 매우 성공적인 길을 걸었던 관료에 해당한다. 여러 가지 사건과 사고, 정치적으로 위험에 빠질지도 모르는 풍파가 그에게 닥치곤 했으나 리위안차오는 그럴 때마다 중앙이 바라보는 곳을 주시하면서 그쪽으로 함께 열심히 뛰는 타입이었다.

그가 재임하는 기간의 장쑤성은 다른 곳에 비해 사회 저층의 수입과 고수입 계층의 격차가 가장 낮은 곳으로 꼽혔다. 중국 다른 지역의 도시와 농촌 간 소득격차가 3.23배에 달했을 때 장쑤성의 도농都農 간 격차는 2.15배로 낮아져 전국 최저를 기록했다. 이는 중요한 행정 지표에 해당했다.

후진타오-원자바오 체제가 들어섰을 때의 중국이 당면한 가장 큰 문제가 바로 이 소득격차의 확대였다. 개혁개방을 주창한 덩샤오핑이 선택한 국가발전 전략의 큰 토대 중의 하나가 '불균형 성장'이었다. 우선 개혁개방의 실험이 가능한 지역의 주민들을 잘 살게 만들고, 이어 이를 점點에서 선線으로, 다시 면面으로 확대해 간다는 이른바 '선부론先富論'이 발전전략의 핵심을 이뤘던 것이다.

이는 장쩌민 시대에 충실하게 지켜져 중국은 연 8~10%대의 경제성장을 지속했다. 그러나 장쩌민 시대의 왕성한 발전이 남긴 후유증은 매우 컸다. 당초의 의도와는 다르게 잘사는 계층은 더욱 잘살고, 그렇지 못한 계층의 수입은 크게 나아지지 않는 '빈익빈 부익부貧益貧富益富'의 현상이 더 깊어지고 말았다. 그 뒤를 이은 후진타오-원자바오의 정부는 그런 사회적 불평등 현상을 깊은 경각심으로 지켜보고 있었다.

그래서 나온 게 이른바 후진타오의 '과학발전관' '조화발전和諧發展'이었다. 당면한 중국 정부의 가장 큰 과제에 부응하는 길이 중국 최고위층의 환심을 사는 일이라는 점을 리위안차오는 충분히 간파했다. 이어 그는 잦은 사건 사고에도 불구하고 그 방면에서 업적을 쌓기에 주력했던 셈이다.

그에 가장 극적으로 부응한 사건이 역시 중국 전역을 떠들썩하게 만들었던 '타이후太湖 녹조 오염'이었다. 사건이 벌어진 시점은 2007년이었다. 타이후는 장쑤성 남부에 있는 중국 제2의 담수호淡水湖다. 이곳에 녹조綠藻가 끼기 시작하면서 심각한 냄새를 풍기고 있었다. 급기야 타이후를 취수원으로 하는 지역의 수돗물 공급에 문제가 생겼다. 악취 때문이었다. 녹조가 가득 낀 이유는 환경오염에 관한 관리의 부실 때문이라는 지적이 나왔다. 그러나 원인 제거보다는 우선 민생을 위한 안전하고 냄새 나지 않는 수돗물 공급이 우선이었다.

그는 이 문제에 신속하게 대처했다. 회의를 열어 "GDP가 15% 이상 깎여도 상관없다. 이번에 문제가 난 타이후를 제대로 복원해라. 이제 우리가 경제성장을 위해 무분별하게 해친 자연에 보답할 때"라며 관료들을 다그쳤다. 그는 당장 타이후 주변의 공장시설 가동을 모두 멈추도록 했다. 아울러 장강長江의 물을 끌어들여 썩은 물을 대체했다. 또 대대적으로 인력을 동원해 타이후에서 6000톤 이상의 녹조를 제거했다.

일선에 서서 그 모든 과정을 지휘한 덕분에 타이후 녹조는 신속하게 걷혔다. 그는 또 한번의 정치적 위기를 자신의 기회로 바꾸는 데 성공했다. 중앙 권력 핵심이 가장 신경을 곤두세우고 있던 분야인 환경오염 방지의 항목에서 리위안차오는 타이후가 지닌 상징성 못지않은 정치적 상징을 획득한 셈이었다.

후진타오가 내세운 '과학발전관'은 단순한 소득 증대, 그리고 사회 저층의 수입 증가에만 눈길을 두지 않았다. 고속의 경제성장에 따랐던 환경오염과 무분별한 공장 증설 등을 합리적으로 조정하는 데 정책의 중점을 둔 편이었다. 그런 상황에서 리위안 차오의 선전은 중앙으로부터 관심을 받지 않을 수 없었다. 장쑤성은 소득격차의 확대를 줄이는 것과 함께 환경오염과 산업 조정 등에서 가장 모범적인 성적을 이룸으로써 중앙의 주목을 받았고, 그를 이끈 리위안차오 또한 최고 권부에서 알아주는 지방관으로 자리매김을 하며 자신의 정치적 입지를 다질 수 있었던 것이다.

그는 결국 2007년 후진타오-원자바오의 집권 2기 개막과 함께 '중앙'으로 불려 올라간다. 중국의 벼슬자리에서 지방관을 거쳐 중앙의 핵심으로 들어서는 것은 매우 큰 의미를 지닌다. 그는 결국 그해 당 대회를 통해 공산당 정치국에 진입한다. 아울러 중앙서기처 서기, 중앙조직부 부장이라는 거창한 타이틀을 거머쥔다. 핵심 권력인 정치국원이자 8000만 당원의 인사와 고위직 승진을 좌지우지하는 조직부장이라는 매우 실질적인 권력을 손에 잡은 것이다.

그의 아내 가오젠진高建進은 중국 음악교육계에서 이름이 난 사람으로 중앙음악학원의 교수로 알려져 있다. 아들은 상하이 명문 푸단復旦대학을 졸업한 뒤 금융계에서 일을 하고 있다고 전해진다.

汪洋

1955년 생

1972년 안후이 쑤셴 식품공장 노동자

1976년 안후이 쑤셴 '오칠 간부학교' 교사

1979년 중앙당교 이론 선전 간부 반 정치경제학과

1981년 공청단 안후이 쑤셴 부서기

1983년 공청단 안후이 부서기

1987년 안후이성 체육위 주임

1988년 안후이 퉁링시 시장

1992년 안후이 계획위원회 주임

1993년 안후이 부성장

1999년 국가발전계획위원회 부주임

2003년 국무원 비서장(장관 급)

2005년 충칭시 서기

2007년 중앙정치국 위원, 광둥성 서기

왕양

그의 성姓과 이름을 합쳐 적을 경우 그 원래의 새김은 '넓은 바다'다. 대개 그 이름과 인물의 취향, 행동거지가 반드시 일치하는 법은 없지만 중국 차세대 지도자로 꼽힌 이 왕양이라는 인물은 '바다'가 주는 상징성의 몇 단면을 지니고 있다.

그는 후진타오-원자바오 집권 시기2002~2012 중 중국의 주요 정치인 또는 행정 고위 관료 가운데 아주 드물 정도로 '정치개혁政改'을 여러 차례에 걸쳐 주창한 사람이다. 이 정치개혁은 웬만한 중진국이나 개발도상국가의 중심적인 화제다. 그러나 중국에서 이 정치개혁이라는 단어가 차지하는 비중은 꽤 높다.

이 책에서 여러 차례 언급했던 사안이 바로 이 중국의 정치개혁 문제다. 중국은 일당전제의 틀을 허물 생각이 없다. 중국 공산당이 출범해 국민당과 치열한 내전을 벌이면서 사회주의 중국을 세우고, 이어 지금까지 13억 대륙을 이끌면서 그 일당전제의 틀을 허문 적은 결코 없다. 앞으로도 중국 공산당은 자신의 통치 기반을 이 일당전제의 원칙 위에 둔다는 점에서는 한 치의 양보도 없을 것이다.

그렇기 때문에 중국에서 정치개혁을 언급하는 일이 자유롭지 않다. 보다 많은 정치적 요소를 고려해야 하고, 집권 공산당의 핵심을 이루고 있는 각 정치적 파벌의 입장도 감안해야 한다. 아울러 공산당에 참여해 권력 최고위층을 구성하고 있는 실력자들, 그리고 수많은 중층과 하층의 간부, 종국에는 8200만 명이 넘는 중국 공산당원 모두가 '일당전제=공산당의 이익'이라는 등식에 몸과 운명을 함께 맡기고 있다는 점을 무시할 수 없다.

거대한 대륙, 그리고 그 안에 잠재한 수많은 이질적이며 분열적인 요소를 이끌어 통일체로서의 국가형태로 중국을 이끌어가는 일은 결코 쉬운 일이 아니다. 공산당에 앞서 중국 대륙의 패권을 움켜쥐었던 장제스蔣介石의 국민당도 그랬고, 그를 창당한 신해혁명辛亥革命의 주역 쑨원孫文도 그랬다.

따라서 중국이라는 거대한 국가체제를 이끄는 집권 공산당의 주요 간부가 정치개혁을 외친다는 일은 쓸데없이 비바람을 불러들이는 경망한 짓으로 비치기 쉽다. 그럼에도 왕양은 비교적 자주, 그리고 그에 따르는 호응呼應이 없음에도 불구하고 정치개혁을 외친 아주 드문 중국 고위 권력자다.

결론적으로 말하자면 왕양은 정치개혁을 주창하는 본인의 입장에도 불구하고 중국 고위층 권력자 중에서는 비교적 '정치적이지 못한 정치인'에 해당한다. 주변을 감싸는 기운을 읽고, 수시로 변하는 권력의 풍향風向에 예민하게 반응하며, 그래서 제자리의 앞과 뒤를 연결하는 '관시關係'의 촘촘한 네트워크에 몸을 잘 얹는 그런 정치인은 아니다. 조금 눈치가 없으며, 그래서 현상보다는 본질에 더 가까이 가려다가 스스로 고립孤立을 자초하는 경우도 있는 정치인이자 관료에 해당한다.

그런 점을 두고 중화권 언론들은 그에게 '중국 정가의 한 마리 늑대狼'라는 닉네임을 갖다 붙인다. 떼를 짓기 전에 혼자 떠도는 그런 늑대 말이다. 아울러 강인한 생존력으로 제 자신의 능력을 밑천 삼아 늘 새로운 목표를 향해 움직이는 그런 늑대 말이다.

고생으로 점철했던 유년과 청소년기

그는 광둥廣東의 당 서기 신분으로 2009년 11월 서울을 방문한 적이 있다. 한국의 언론은 중국 최남단의 경제 대성大省인 광둥의 최고 지도자가 한국의 경제발전을 호기심 있게 관찰했다는 식의 우호적인 기사로 그의 동정을 소개했다. 그리고 그가 서울 방문 기간 이명박 대통령이 서울 시장 시절 진행한 청계천 복원작업에 관심을 보였다는 기사도 실렸다.

그러나 주목을 받지 못한 그 당시의 일화 하나가 있다. 낮에 청계천을 직접 방문해 도심 개발의 발상 전환에 관심을 보였던 왕양이 일정을 끝낸 뒤 숙소에 머물다가 수행원 몇 명만 거느린 채 이 청계천을 다시 둘러봤다는 얘기다. 어느 일간지가 조그맣게 실은 기사는 한국인의 관심을 끌지는 못했으나, 중국 지도자에 관심을 기울이고 있던 필자에게는 매우 큰 관심거리였다.

중국의 권력 상층을 구성하는 지도자들은 한국을 종종 방문한다. 투자 유치에 관심이 많아 한국의 기업들을 본인이 관할하는 지역으로 유치하기 위한 발걸음이 대부분이다. 그러기에 한국의 '디테일'한 측면에 관심을 두는 사람은 적다. 공식 일정을 마무리한 뒤에는 특별한 동정 없이 다음 출발지로 떠나거나 귀국길에 오른다.

그 점에서 왕양의 '늦은 저녁 청계천으로의 행보'는 필자의 관심을 끌었다. 그는 중국의 다른 권력자들에 비해 무엇인가는 조금 달라 보인다는 느낌을 주기에 충분했다. 형식보다는 내용에, 겉 차림보다는 실질에 눈길을 더 주는 사람이라는 인상을 받았다.

그는 중국 중부의 가난한 농업 지역인 안후이安徽성의 쑤저우宿州에서 1955년 출생했다. 안후이를 거론할 경우 우선 연결지을 수 있는 사람이 후진타오다. 후진타오의 조상이 대대로 살았던 곳이 바로 이 안후이다. 아울러 리커창도 마찬가지다. 리커창의 조상이 살았던 곳은 딩위안定遠, 자랐던 곳은 허페이合肥다. 그런 점에서 왕양은 고향의 인맥으로 아주 든든한 권력자들과 맥을 같이한다.

그러나 지연地緣은 그리 중요치 않다. 같은 안후이 출신이라고는 하지만 지역적으로 멀리 떨어져 있어서 굳이 그를 내세울 만하지 않기 때문이다. 게다가 그는 아주 가난한 집 출신이다. 후진타오가 할아버지 때부터 부친까지 이어진 찻잎 판매업으로 비교적 부유한 배경을 갖춘 집안 출신이며, 리커창이 사회주의 혁명에 참여해 공산당의 중견급 간부인 부친을 뒀다는 점과는 사뭇 다르다.

그가 어린 시절 살았던 고향의 집은 한국식으로 표현하자면 '다 쓰러져 가는 초가집' 정도였던 모양이다. 부모 또한 특별한 사회적 배경을 지니지 못한 평범한 농촌 주민이었으며, 그나마 부친은 일찍 세상을 떴다고 알려져 있다. 생업으로 손수레 비슷한 것을 끌었다고 알려졌으니 행상으로 근근하게 입에 풀칠을 할 정도였으리라 짐작할 수 있다. 그는 말하자면 '소년 가장'이었던 셈이다. 어머니를 도와 집안의 생계를 책임지는 그런 경우였다.

그는 17세에 학업을 접는다. 다니던 고등학교를 중퇴한 뒤

17세에 현지의 식품공장 노동자로 취업한다. 그의 청소년기에 관한 자세한 사정은 제대로 알려져 있지 않다. 그러나 그는 나중에 중국 최고 권력인 공산당 지도부에 이름을 올리는 사람이다. 그의 자질은 생계를 위한 공장 노동자로서 출범했음에도 금세 드러난다. 공장에서 그는 곧 생산의 한 축을 담당하는 책임자로 승진했다고 한다.

20세에는 고향인 안후이 쑤셴宿縣에 있는 '오칠 간부학교五七幹校'로 자리를 옮긴다. 이 간부학교는 당시의 중국 최고 통치자 마오쩌둥과 관련이 있다. 마오는 1966년 문화대혁명을 벌인다. 10년 동안 수많은 당정黨政 간부와 지식인, 교사 등을 홍위병의 모진 이데올로기 투쟁 무대 위에 세운 모험주의적인 실험이다.

마오는 이 문화대혁명을 추진하면서 1966년 5월 7일 담화를 발표한다. 당과 정부에 있는 간부들을 농촌으로 보내 빈농貧農의 프롤레타리아 계급으로부터 다시 사상적인 교육을 받으라는 지시였다. 이에 따라 정치투쟁에 내몰린 수많은 당과 정부의 관료, 그리고 지식인들이 농촌지역으로 내려가 사상교육을 받는다. 이들을 수용하고 프롤레타리아의 계급정신을 가르쳤던 곳이 바로 '오칠 간부학교'였다.

가난한 집안 출신의 왕양이 도시 지역으로부터 내려와 수용소 생활을 하면서 '계급정신'을 교육받아야 했던 당과 정부의 간부들을 가르치는 교사로 변신한 셈이다. 그러나 어쨌든 왕양에게는 이 간부학교가 당과 정부에 처음 발을 들여놓는 발판으로 작용한 점만은 분명하다. 공장의 노동자 생활을 하면서도 그랬듯이, 왕양은 이 간부학교에서도 능력을 발휘한다.

1979년에 이르러서 왕양은 한걸음 더 올라가 자신의 정치적 신분을 높인다. 간부학교의 보통 교사에서 교육연구를 담당하는 부주임 자리를 거쳐 다시 간부학교 당 위원회 위원이라는 자격을 얻는다. 이때 왕양의 나이 24세였다.

왕양이 걸어온 길을 전체적으로 살펴보면 이때가 그에게는 중국 권력으로 발을 내딛는 매우 중요한 변곡점變曲點이라는 인상을 지울 수 없다. 홍콩을 비롯한 많은 수의 중화권 매체들도 이 점에 주목한다. 권력 최상층에 오른 다른 중국의 고위 관료들과 마찬가지로 이 시기의 왕양에게도 어떤 중요한 '인연의 줄'이 내려와 닿았다고 보는 것이다.

이 무렵 안후이성의 당정을 이끄는 최고 책임자는 완리萬里였다. 1916년 출생인 완리는 1977년부터 2년 동안 안후이의 당 서기로 있었다. 그는 중국 개혁개방의 흐름에서 매우 중요한 위상과 명망을 차지하는 인물이다. 안후이에서 농민들에게 논밭을 자체적으로 일구게 하는 농업개혁을 주도했기 때문이었다.

개혁개방의 초기 흐름에서 이는 매우 중요한 개혁조치였다. 쓰촨四川에서는 나중에 중국 공산당 총서기에 오른 자오쯔양趙紫陽이 농업개혁을 이끌어 '쌀을 먹고 싶으면 만리를 찾고, 식량을 구하려면 자오쯔양에게 가라要吃米找萬里,要吃糧找紫陽'는 유행어를 만든 주인공이기도 하다. 만리는 나중에 공산당 정치국원으로서 국무원 부총리직을 거쳐 1993년 스스로 은퇴했다.

중국에서는 한 사람의 운명 여정에 홀연히 나타나 그를 높고

왕양 **267**

밝은 곳으로 이끌어 주는 사람을 '귀인貴人'이라고 적는다. 우리식으로 적는 '은인恩人'도 물론 중국에서 함께 쓸 수 있는 단어다. 역사적인 콘텐츠를 적용하자면 '백락伯樂'이라고 적을 수도 있다. 그 백락은 중국에서 뛰어난 말의 자질을 파악해 단숨에 천리를 내닫는 명마名馬로 키워 낸다는 말 감식의 천재다.

도시의 간부가 몰려와 사상교육을 받는 안후이의 척박한 산골 속 간부학교에서, 그저 평범한 교원이자 초급 간부로 있던 왕양이라는 필마匹馬의 잠재력을 간파한 '백락'은 누구일까. 중화권의 언론들은 바로 이 사람이 당시 안후이 지역 당정 최고 책임자 완리일 것이라고 추정한다.

당시의 중국은 개혁개방의 새로운 흐름을 당정 일선에서 이끌고 갈 젊은 인재가 절실하게 필요했다. 따라서 각 지역의 당정 책임자에게는 그런 차세대 일꾼들을 발굴해 중앙으로 올려 보내거나 좀 더 실력을 펼칠 자리로 내보내는 작업이 필요했다. 완리 또한 그런 수요에 따라 젊은 인재 찾기에 상당한 관심을 기울였을 것이다.

왕양은 1979년 고등학교 중퇴의 학력을 극적으로 보완할 기회를 얻는다. 그는 그해에 베이징으로 상경해 중견급 간부 이상으로 클 당의 인재들이 교육을 받는 '중앙당교中央黨校'에 입학하는 기회를 얻는다. 당시로서는 중앙당교에 입학하는 일 자체가 커다란 영예라고 할 수밖에 없는 상황이었다. 그 계기는 왕양의 정치적 '백락'인 완리의 입김이 작용했기 때문에 가능했다는 것이 중화권 언론들의 관측이다.

왕양은 약 1년 반의 중앙당교 학습과정을 마친 뒤 1980년 9월 원래의 직장이었던 간부학교로 돌아온다. 그 다음부터는 이른바 승승장구乘勝長驅였다. 너른 들판을 향해 마구 달려가는 그런 기세로 왕양은 '출세의 가도'를 따라 마냥 올라간다. 완리라는 백락이 골라낸, 왕양이라는 명마가 큰길을 따라 질주하는 기세였다. 1981년에 간부학교가 있는 행정단위인 쑤셴의 현 부서기에 오르고, 이어 안후이의 공산주의청년단共靑團 위원회 선전부장 겸 부서기에 오른다.

정치적 파벌을 따지자면 왕양은 후진타오가 이끄는 '공청단파'에 속한다. 왕양이 이때 공청단에 발을 들여놓았기 때문이다. 왕양은 이 무렵에 3년 동안에 걸쳐 공청단 안후이의 지역 간부로 활동하며 당시 베이징의 공청단 본부 중앙서기처에 있던 후진타오 등과 교류한다. 정치적으로 미래의 공산당 총서기 후진타오와 인연을 맺는 계기였다.

1984년에는 안후이성 정부에서 체육위원회 부주임, 주임을 차례로 맡는다. 일선이라고 할 것도 없는 아주 밑바닥의 간부학교에서 성 정부의 국장급 이상으로 오르는 데 걸린 시간은 8년이었다. 중화권 언론들은 이를 '매우 기록적인 승진'이라고 부른다. 물론 일을 잘하고, 판단력이 좋고, 주위의 사람들과의 관계도 좋았다고 말할 수밖에 없을 것이다.

이는 고위직을 향해 고속 승진을 한 중국 관료에게 따르는 일반적인 평이다. 왕양에게는 그런 요소가 다 갖춰져 있다고 볼 수 있을 것이다. 그러나 지금까지 전해지는 일화에 의하면 왕양은 스스로를 매우 엄격하게 가뒀던 모양이다. 그 내용은 단순하다. 그가 안후이성 정부의 체육위원회 주임으로 있을 때 친구가 찾아왔다고 한다. 매우 가까운 친구를 맞으러 나가는 왕양은 자전거를 탔다고 한다.

성 정부의 체육위원회 주임이면 최소한 국장급 이상의 간부다. 따라서 운전기사가 딸린 자동차가 나온다. 그럼에도 왕양은 굳이 자전거에 올라탄 뒤 기차역으로 친구를 마중하러 나갔다는 얘기다. 중국식으로 표현하자면 이는 공직자로서 자신에게 엄격한 잣대를 적용하는 '율기律己'에 해당한다. 왕양이 공직자로서 그런 성실하며 엄격한 자세를 유지했다는 점을 보여주는 일화다.

덩샤오핑의 개혁 기운에 올라타다

왕양은 이어 1988년 안후이의 퉁링銅陵시 시장 겸 당 위원회 부서기로 취임한다. 일선의 행정 책임자로 실력을 드러낼 위치에 오른 셈이었다. 그는 불과 33세의 나이 어린 시장이었다. 그래서 현지의 사람들은 그에게 '꼬마 시장'이라는 별칭을 붙였다.

그러나 그는 결코 '꼬마'가 아니었다. 그는 시장으로 부임한 뒤 여러 가지 개혁조치를 선보였다고 한다. 공무원의 철 밥통, 당 간부 등의 철 의자, 노동자들의 철 임금 등 이른바 '3철鐵'을 단숨에 없애는 과격한 방식이었다고 한다. 이 '철'이 붙으면 '한번 해병대면 영원한 해병대'식의 논리가 생긴다.

공무원은 한번 그 자리에 앉으면 무슨 잘못을 저질러도 제 밥그릇을 챙길 수 있으며, 간부는 한번 앉은 자리에서는 웬만큼 잘못해도 쫓겨나지 않으며, 노동자들은 한번 취직하면 그 월급봉투를 잃지 않는다는 식의 논리다. 사회주의 중국의 체제가 그렇게 만들었던 것이다. 개혁과 개방은 이런 관행을 없애는 데서 시작해야 한다는 게 '꼬마 시장' 왕양의 생각이었다.

그러나 그런 개혁조치는 개혁개방의 전체적인 흐름에 부정적이었던 좌파들의 반발을 불렀다. 중앙에서도 그랬고, 왕양이 집무하는 안후이의 퉁링에서도 마찬가지였다. 이에 왕양은 한 발 더 나아가고 만다. 1991년 11월 퉁링의 '꼬마 시장'은 드디어 '사고'를 치고 말았다. 그는 현지의 신문에 약 4000자에 달하는 긴 문장

왕양

을 싣는다. 퉁링시에서 선전 등을 담당하는 홍보부서의 직원들을 데려다가 지은 문장이었다. 그러나 큰 작심을 하고 쓴 문장임에 틀림없었다. 제목은 '깨어나라, 퉁링! 醒來, 銅陵!'이었다.

제법 긴 문장이었으나, 요약하자면 이런 식이다. "반드시 사상을 해방해야 하고, 이미 관료화해서 딱딱해진 것, 이미 썩어버린 것, 닫히고 막힌 사고와 관념을 향해 칼을 겨눠야 한다"는 내용이다. 아울러 '살과 뼈를 도려내서라도 병의 근원을 찾아내자'라는 표제도 달았다. 당시의 중국 사정으로 볼 때는 '나가도 너무 나간' 과격하기 짝이 없는 내용이기도 했다.

왕양이 작심하고 내민 문장은 하늘을 놀라게 하고 땅을 울리는, 중국식의 수사법 경천동지 驚天動地의 파동을 낳고 말았다. 정치적으로 매우 민감한 시기였기 때문이다. 이 무렵의 중국은 극심한 정치적 파동을 겪고 난 뒤였다. 1989년의 천안문 사태는 그 분수령이었다. 그를 기점으로 옛 소련과 동유럽 등 사회주의 전선이 크게 요동치고 있었다. 같은 사회주의 대국인 중국으로서는 큰 위기에 직면한 상태였다. 특히 덩샤오핑이 이끌었던 개혁개방의 반대편에 서 있던 중국 정단의 좌파 그룹에게는 위기감이 아주 크게 부풀려져 있던 상황이기도 했다.

천안문 사태의 파동으로 실각한 자오쯔양에 이어 새로 공산당 총서기에 취임한 장쩌민의 정치적 세력은 미약했다. 따라서 장쩌민 또한 덩샤오핑의 개혁개방에 충실할 것인지, 좌파의 경고에 귀를 기울여야 할 것인지 헛갈리던 시점이었다. 옛 소련과 동유럽 사회주의 국가들의 잇따른 몰락은 좌파들의 목소리에 힘을 보태고 있었다. 곧 덩샤오핑의 확고한 방침인 개혁개방이 좌초할지도 모를 상황이었다.

이런 민감한 시기에 안후이의 작은 도시를 맡은 '꼬마 시장'이 내뱉은 '살과 뼈를 도려내자'는 식의 개혁 주장은 중국 최고 권력이 몰려 있는 베이징의 주목을 끌기에 충분했다. 그의 문장은 일파만파로 번져 나갔다. 당 기관지 〈인민일보〉는 '깨어나야 한다, 퉁링만 그렇지 않다'는 제목의 사설까지 실어 그를 전폭적으로 지원했다. 이어 전국적으로 토론회까지 벌어졌다.

왕양은 신문에 글을 싣는 것과 별도로 현지 텔레비전에도 출연해 "양어장을 하는 사람이 물고기 도둑이 무서워 양어장을 하지 못한다는 얘기, 장사하는 사람이 속임수가 무서워 장사를 접는다는 얘기가 다 마찬가지다. 가난이 두렵지 않다는 얘기란 말이냐"는 식으로 자신의 개혁개방에 관한 생각과 의중을 거침없이 쏟아냈다.

그런 그를 가장 관심 깊게 눈여겨본 사람이 바로 덩샤오핑이었다고 한다. 덩샤오핑은 이듬해인 1992년 2월 남쪽으로 여행을 다니며 개혁개방의 필요성을 역설해 분위기를 반전시키기 위한 '남순강화南巡講話'에 나선다. 그때 덩샤오핑은 안후이를 거쳐 가면서 특별히 퉁링의 '꼬마 시장' 왕양을 불러 접견했다고 한다.

일부 중화권 매체들이 전하는 내용에 따르면 덩샤오핑은 이 '꼬마 시장'을 면전에 불러 세운 뒤 "자네가 실은 '깨어나라, 퉁링!' 그 문장을 한번 이 자리에서 읽어 보게"라고 주문했다는 것이다. 아울러 그를 수행한 수많은 간부 앞에서 덩샤오핑은 왕양을 가리키며 "이 사람이 바로 우리가 필요로 하는 인재人才"라고 말했다는 것이다.

1992년은 중요한 해였다. 덩샤오핑의 남순강화로 개혁개방의 초석이 다시 다져지는 한편 14차 공산당 당 대회가 열리는 해이기도 했다. 그해 당 대회에 참석하기 위해 베이징에 간 왕양은 안후이 농촌개혁을 이끌었던 전 당 서기 완리 전국인민대표대회 상임위원장을 만났다고 전해진다. 완리는 아울러 전국인민대표대회에서 왕양이 추진했던 개혁개방에 찬성하는 발언을 했다고 알려져 있다. 그 이후로 왕양이 이끄는 퉁링은 전국적으로 주목을 받았다.

이런 분위기 덕분에 이듬해인 1993년 왕양은 안후이 부성장으로 승진한다. 당시 왕양의 나이 38세로 전국에서 가장 젊은 부성장에 해당했다. 식품을 만드는 공장의 노동자에서 출발해 고향이 있는 안후이의 가장 젊은 책임자로 승진한 셈이었다. 그는 부성장으로 재직하면서 중국과학기술대학 관리과학과에 진학해 석사 학위까지 취득했다.

그의 승진은 더 이어졌다. 1999년에는 드디어 중국 정치의 중심지인 베이징에 간다. 국무원 산하 국가발전계획위원회 부주임이었다. 이 위원회는 중국 공산당 지도부가 정한 개혁개방의 기조基調에 따라 국가의 경제 및 사회 발전 전반에 걸친 계획을 수립하는 중요한 부서였다. 후진타오와 원자바오 체제가 출범한 뒤인 2003년에는 장관급인 국무원 판공청 부副비서장직을 맡는다.

주룽지, 원자바오와의 인연

1990년대 중국의 경제를 호령했던 사람은 '철혈 재상'이라고 일컫는 주룽지朱鎔基였다. 그의 바통을 이어받아 2002년 이후 중국 경제를 이끌었던 사람은 원자바오. 주룽지는 냉정하면서도 과감한 정책 드라이브, 부패 관료에 대한 가차 없는 응징으로 유명했다. 원자바오는 그 반대의 이미지였다. 10년 넘은 낡은 점퍼를 입고 현장시찰에 나서며, 다 떨어진 운동화를 신고 대형 재난과 사고가 벌어진 현장을 다니는 '서민庶民 총리'의 풍모다.

그러나 두 사람에겐 공통점이 있다. 둘 모두 강한 개혁 성향을 지녔다는 점이다. 주룽지는 강한 의지를 보이며 중국 국유기업 및 정부행정 시스템 개혁을 이끌었다. 원자바오는 주룽지에 미치지 못하지만 역시 지속적인 개혁을 주문하면서 국정 전반을 주도했다. 왕양은 베이징의 첫 임지인 국무원에서 이 두 총리를 보좌한 인연이 있다.

주룽지 역시 안후이에서 갓 올라온 왕양에 매우 주목했다고 알려져 있다. 왕양은 국무원 핵심 부서인 국가발전계획위원회의 부주임으로 있으면서 농촌 경제와 기구 개혁, 물가 부문의 사안을 관리했다. 당시 주룽지 정부의 핵심 사안이 대부분 겹쳐 있는 영역이다. 이 때문에 주룽지는 왕양을 크게 신임했다고 한다.

원자바오는 왕양이 더 가깝게 보좌한 총리였다. 국무원 판공청이라는 곳은 총리의 스케줄 전반을 관리하는 일종의 비서 그룹이 모여 있는 부서다. 그 판공청의 부비서장이라면 총리의 최측근에 해당한다고 봐도 무방하다. 총리가 신임하는 사람만이 갈 수 있는 자리였다.

그렇게 해서 왕양은 중국 최고 권력이 머무는 영역에 발을 들였다. 2002년 16차 당 대회에서 공산당 중앙위원회 후보위원으로 이름을 알렸다. 커다란 과오를 범하지 않는다면 왕양이 중국 공산당의 핵심 권력층으로 진입한다는 데 이견을 달 수 없는 분위기였다. 아울러 왕양은 중앙 정가에서 지속적으로 성장할 것으로 보였다.

그러나 다른 자리가 그를 기다리고 있었다. 이번에는 중앙이 아닌 지방의 벼슬이었다. 중앙의 경관京官, 수도가 아닌 다른 지역의 지방관을 두루 거치면서 여러 차원의 검증대에 서야 중국의 관료는 제대로 높은 곳까지 오를 수 있다. 그런 테스트 기간이 다시 그를 기다리고 있었던 것이다. 2005년 12월 왕양은 서남부의 대형 직할시인 충칭重慶의 당 서기에 부임한다. 이제 지방 행정의 일인자 자리에 있으면서 본격적인 실력을 발휘해야 할 시점이었다.

그가 충칭에 부임한 이유가 별도로 있다고 한다. 그는 국무원 국가발전계획위원회에 재직할 때 이 지역의 발전계획을 주관했다. 충칭은 1997년 중국 정부의 행정개편에 따라 직할시로 승격했다. 충칭은 원래 쓰촨四川의 행정구역에 속해 있었으나, 이때 쓰촨의 일부 행정지역을 포함한 인구 3000만 명의 대형 직할시가 된 것이다.

그로 인해 후속적으로 필요했던 작업이 바로 전체적인 중국 서남 발전 계획과 맞물려 진행해야 했던 충칭시 개발 업무였다. 왕양은 국가발전계획위원회 부주임으로서 이 업무를 주관했고, 장기적으로 서남 지역 개발이 시급했던 정부는 왕양을 적임자로 선택했다는 후문이다.

이 충칭은 2012년에 '보시라이 사건'이 벌어졌던 곳이기도 하다. 두 사람은 충칭시를 다스리는 지방관의 전임과 후임으로서 아주 극명한 대립 장면을 연출했던 정치적 라이벌이기도 하다. 그 무대가 바로 충칭이라는 점을 우리가 주목할 필요가 있다.

두 사람은 모두 정치적 스타일에서 '튄다'는 공통점을 지닌 인물이다. 안후이의 퉁링에서 '꼬마 시장'으로 재직하다가 개혁개방을 촉구하는 격렬한 문장을 실어 전국을 떠들썩하게 만든 왕양이나, 동북3성의 다롄大連과 랴오닝遼寧을 다스리면서 화려한 언변과 제스처로 차세대 정치스타로 성장한 보시라이나 정치적인 감각에 있어서는 타의 추종을 불허하는 사람이라고 볼 수 있다.

보시라이와의 악연惡緣은 나중에 언급하겠지만, 정치적으로 튀는 스타일의 왕양이 중국 중앙정부가 주목하고 있는 서남부의 대도시 충칭에 부임한 뒤 그냥 세월을 보낼 리가 없었다. 중국에는 '새로 부임한 관리는 세 번 불질을 한다'는 말이 있다. '신관상임삼파화新官上任三把火'라고 적는다.

원래 『삼국지연의』 속 제갈량諸葛亮과 관계가 있는 말이다. 유비劉備의 책사로 나선 제갈량이 조조曹操의 군대를 향해 공격을 펼칠 때 적벽대전赤壁大戰을 포함한 세 차례의 화공火攻을 펼쳤다는 얘기에서 비롯하는 일종의 성어다. 지금은 보통 새로 부임한 관리가 무엇인가 일을 만들어 자신의 존재감을 알린다는 뜻으로 쓰인다.

왕양이 충칭에 부임한 이듬해에는 현지에서 '100년 만의 가뭄'이라는 재난이 덮쳤다. 그 현장에서 왕양은 자주 모습을 드러냈다. 다른 우수한 중국의 고위 관료 대부분이 그렇듯이 그 또한 현장을 중시하는 스타일이다. 현장시찰, 현장학습을 통해 얻어지는 정보와 판단을 근거로 해서 정책을 입안하고 집행하는 것은 중국 개혁개방 이래의 전통이기도 하다.

가뭄 피해 현장에 나타난 왕양은 유명한 발언을 쏟아낸다. 중국 중앙텔레비전CCTV의 카메라 앞에서는 "GDP는 중요하지 않다, 인명이 훨씬 소중하다" "GDP가 줄어도 좋다, 인명을 살려야 한다"는 식이었다. 또 일부 매체의 전언에 따르면, 왕양은 시장에 들렀을 때 농촌에서 도시로 올라와 채소를 파는 농민들을 일으켜 세우고 호령하는 도시 정비 관계자들에게 옆에 있던 고추를 집어서 던지며 "보기 싫어, 당장 꺼져"라며 호통을 쳤다고 한다.

그에 따르는 일화는 여기서 그치지 않는다. 싼샤三峽 댐을 시찰하러 갔을 때 당 서기의 행렬을 막지 않기 위해 경찰 등이 거리의 시민들을 소개疏開시키자 차에서 내려 "우리가 이런 행동을 한다면 군벌軍閥시대의 관료와 무슨 차이가 있느냐"고 했다는 일화, 어느 지방에 갔을 때 자신을 위해 경찰이 시민들의 차를 막아 세우자 "군중과 나를 대립하는 상황으로 몰아가지 말라"는 식의 말을 남겼다는 일화 등이다.

그 말의 진실 여부와는 상관없이, 왕양은 우선 매우 개혁적인 취향을 지녔으며 그런 사고와 뜻을 말로써 잘 표현하는 능력이 있는 사람이다. 자신을 필요로 하는 곳에 나타나 당시 상황에 잘 들어맞는 언어를 구사한다는 점은 정치인으로서 그가 지닌 재능의 일단을 되돌아보게 만드는 대목이다. 그는 그러면서도 중국의 민영기업에 관한 중요성을 역설하고 다녔다.

당시 중국 경제계의 화두 중 하나가 바로 이 민간기업을 포함한 '민영民營경제'였다. 중국 개혁개방의 흐름을 타고 왕성하게 발전하는 민간기업의 활력을 어떻게 유지하느냐, 민간기업이 성장을 이루면서 관료들과 결탁해 부패를 조장하는 현상을 어떻게 막느냐 등이 핵심적인 논란거리였다.

이 점에서 강한 개혁 성향의 왕양은 주저함이 없었다. 각종 기업 연설에서 "민간기업은 지금보다 더 발전해야 한다"면서 그들을 후원했다. 나중의 일이지만, 왕양의 뒤를 이어 충칭시의 당 서기로 부임한 보시라이의 입장은 완연히 달랐다. 그는 민간기업의 성장 주도에 착안하기보다 그들이 남긴 문제점에 주목한 편이었다.

민간기업과 현지 관료들의 결탁, 그리고 그 주변을 둘러싼 조직폭력배의 발호에 더 주목하면서 이를 문제로 간주하고 그를 일소하는 데 주력했다. 따라서 차세대 공산당 정치국 상무위원 자리를 다퉜던 왕양과 보시라이는 개혁개방에 관한 상반된 정치적 입장으로 극단적인 라이벌 관계로 발전한다.

왕양의 정무적인 판단이 매우 개방적이라는 점을 알 수 있게 하는 사건이 하나 있다. 바로 '알박기 사건'이었다. 충칭시 도심 개발 과정 중에 있었던 것으로 한 시민이 불도저가 밀어버린 철거지역에서 "합법적인 내 재산을 침범하지 말라"며 끝까지 버티며 행정당국에 맞선 사건이었다. 왕양은 이 사건에 대한 현지 언론의 보도를 일절 통제하지 않았다.

아울러 당국의 강제 철거도 막으면서 관계자들에게 "끝까지 협상을 통해 해결하라"고 지시했다. 이 '알박기'는 현지와 해외의 중국 주재 언론들이 절묘한 각도로 사진을 찍어 국내외로 알리면서 아주 유명해진 사건이었다. 왕양은 마지막까지 협상을 통해 이 사건을 해결함으로써 관 주도의 일방적인 개발과 그에 저항하며 싹트는 중국인의 민권民權의식이라는 두 흐름 속에서 정치적인 균형을 제대로 잡았다는 평가를 들었다.

보시라이와의 혈전

2007년 한 사람은 떠나고, 다른 한 사람이 충칭에 왔다. 떠난 이는 왕양이요, 새로 충칭의 비행장에 도착한 사람은 보시라이였다. 왕양은 그해 11월 중국 남단의 최대 경제지역인 광둥의 당 서기로 자리를 옮겼다. 그 후임으로 충칭에 도착한 사람이 2012년 한 해 동안 중국을 내내 떠들썩하게 만들었던 '보시라이 사건'의 주인공 보시라이였다.

국내 언론 등을 통해 이미 잘 알려진 내용이 '보시라이 사건'이다. 그래도 그 개요를 간단히 소개하자면 이렇다. 보시라이는 중국 초기 공산당 멤버로 1980년대 중국 권력 그룹을 형성했던 보이보薄—波의 아들이다. 그런 점 때문에 보시라이는 정계에 입문한 뒤 아주 강력한 '태자당 그룹'의 일원으로 차세대 유망주 중 으뜸으로 꼽히던 인물이었다. 그는 동북3성의 핵심 지역인 랴오닝의 지방행정을 주관했고, 그전에는 다롄을 중국의 유명 도시로 키운 업적을 쌓았다.

랴오닝에서 베이징으로 진입해 국무원 상무부장을 역임한 뒤 2007년 충칭시 당 서기로 부임했다. 그는 전임자였던 왕양의 토대를 급격히 무너뜨렸다. 왕양이 애써 키운 민영기업의 활력을 '현지 관료와의 결탁'이라는 부정적인 먹이사슬의 연장선상에서 보았고, 그 주변을 둘러싸고 있던 불법과 폭력 조직을 시급한 척결 대상으로 간주했다.

아울러 민영기업의 불법 및 탈법 사실을 들춰내며 이들과 결탁한 공무원들에 대한 대대적인 사정작업을 주도했다. 그와 함께 보시라이는 노골적인 좌경화 노선을 주창했다. 급속한 경제발전의 사각지대에 놓인 저층 시민들의 마음을 움직이려고 했던 것이다.

마오쩌둥식의 극좌적인 실험, 문화대혁명 시기를 회고하며 그 때의 정신을 복원하자는 식의 대대적인 정치 선전을 벌였다. 부조리와 비리, 부정에 대한 대대적인 단속과 척결은 중국식 표현으로 '타흑打黑'이다. 문화대혁명 시기의 붉은 이념을 회고하기 위해 시민들에게 당시의 좌파적 옛 노래를 부르도록 부추긴 작업은 '창홍唱紅 혁명가요 따라 부르기'이다.

보시라이는 이 둘을 엮어 한데 적은 '창홍타흑唱紅打黑'의 운동을 강력하게 추진했다. 그로써 그는 중국 정단에 거대한 논란을 불러일으켰다. 덩샤오핑 이래로 추진해 왔던 중국 공산당의 기본 정책 철학인 개혁개방의 근간을 무너뜨릴 수도 있다는 점에서였다.

그로 인해 보시라이의 주가가 한껏 올라간 점은 부인할 수 없다. 개혁개방의 그늘에 놓였던 수많은 저층 국민들에게 정서적인 호응을 얻었고, 중국 정계에서 그동안 잠복해 있던 좌파들로부터도 열띤 반응과 지원을 얻어낼 수 있었기 때문이었다. 그러나 거기까지였다.

보시라이는 '튀는' 측면에서 이야기하자면, 중국 정계 내에서 함부로 그 앞에서 명함을 내밀 사람이 없는 그야말로 '튀고 또 튀는' 스타일의 정치인이었다. 유창한 언변에 잘생긴 얼굴, 화려한 제스처, 그리고 끊임없이 그 뒤를 따른 염문艷聞으로 볼 때에도 그는 타의 추종을 불허하는 연예인에 가까운, 그래서 중국에서는 정말 보기 힘든 정치인이었다.

그러나 2012년 문제가 발생했다. 그의 심복으로 민간기업인은 물론이고 조직폭력배, 부정부패의 공무원에 칼을 겨누며 잔혹한 탄압을 펼쳤던 충칭 공안국장 왕리쥔王立軍이 2012년 4월 돌연 쓰촨 청두成都 주재 미국 총영사관에 들어가 망명을 기도한 사건이 벌어진 것이다.

나중에 밝혀진 내용에 따르면 보시라이의 아내 구카이라이谷開來 변호사가 이권 다툼 때문에 영국인 사업 파트너를 독살했고, 이를 알고 있던 왕리쥔이 보시라이로부터 박해를 피해 망명을 기도했다. 망명의 동기에 관해서는 더 자세한 내막이 있겠으나, 그 점은 여기서 별도로 서술할 필요는 없겠다.

어쨌든 중국의 고위간부인 왕리쥔이 미국 영사관에 망명차 진입했다는 점은 보통의 사건이 아니었다. 중국 권력의 많은 비밀이 왕리쥔을 통해 고스란히 미국으로 넘어갈 수도 있었기 때문이었다. 그로 인해 중국 권력층은 본격적인 보시라이 제거에 나선다. 결국 보시라이는 당적과 공직자로서의 모든 직위를 빼앗기고 형사처벌을 받는다.

'보시라이 사건'의 개요는 소개한 내용대로다. 중국 권력층 내에서 벌어진 심각한 권력투쟁의 일환이라고 보는 사람도 있지만, 그 발단을 보면 꼭 그렇지만은 않다. 단지 왕리쥔의 망명 사건이 벌어진 뒤 정치적으로 보시라이의 생명을 끊는 과정에서는 여러 권력 파벌 간의 힘겨루기가 작용했지만, 그 발단의 일차적인 토대는 보시라이의 아내 구카이라이가 저지른 살인이었다.

아울러 보시라이는 수도 베이징으로부터 멀리 떨어진 서남 지역의 대도시에서 지나치게 힘을 키웠다. 물리적으로 먼 곳에 가서 힘을 키웠다가 중앙에 반대 목소리를 내는 것은 옛 중국의 왕조 시절에는 일종의 반역에 해당했다. 중앙의 황제가 지방에서 힘을 키운 제후諸侯를 경계하는 심리는 그 때문에 늘 있었던 현상이었다.

보시라이는 자신의 정치적 역량을 발휘해 순식간에 현지 시민들의 마음을 휘어잡았으나, 전체적인 정책의 흐름보다는 순간적인 인기 올리기에 함몰했다는 '포퓰리즘'의 혐의도 받고 있다. 국가적인 정책 취향에 반하는 포퓰리즘의 선동정치를 했으니 그에 대한 중앙의 제재는 단지 시간의 문제였다. 구카이라이의 영국인 독살, 왕리쥔의 미 영사관 망명은 그를 촉발하는 기폭제에 불과했다는 평이다.

보시라이는 자신의 포퓰리즘적인 정책을 구사하면서 먼저 전임자인 왕양의 업적 허물기에 나섰다. 왕양이 정책을 만들고 집행하면서 양성했던 충칭시 주요 간부들을 독직과 비리 혐의로 잡아넣는 한편, 왕양의 지원을 받으며 경제성장을 주도했던 현지 민간기업들에게도 모진 압박을 가했다. 민간기업이 매입한 토지 등을 반 강제적으로 싼값에 회수해 서민 아파트를 짓는 등의 조치가 대표적인 사례였다.

중국의 문화적 현상 가운데 가장 두드러진 것을 꼽으라고 한다면 아무래도 '관시'다. 남과의 관계를 고려해 여러 가지 요소를 감안하며 행동한다. 상대의 체면을 무시하고 행동한다면 그는 쉽게 지탄을 받는다. 그 '관시'의 요소는 관가에서도 작용한다. 지방관의 경우 전임자의 토대를 함부로 건드리지 않는 게 관행이다. 그와의 '관시'를 감안해야 하기 때문이다.

그러나 유감스럽게도 신임 충칭시 당 서기 보시라이는 왕양과의 그런 '관시'를 무시했다. 철저하게 그의 업적을 부정하면서 전임자와는 전혀 다른 정책 집행으로 대중의 인기를 얻기에 바쁜 편이었다. 이 같은 보시라이의 움직임은 어쩌면 원래부터 계산한 행동이었을지 모른다. 개혁적 성향의 왕양을 좌파적이면서 회고적인 성향으로 압박하며 중국 정계에 화두를 던짐으로써 자신의 정치적 위상을 높이려는 그런 계산 말이다.

이런 보시라이의 바람은 거셌다. 한때 중국 정가에서는 보시라이가 추진한 이런 정책을 '충칭 모델'이라고 부르며 과거 30여 년의 개혁개방에서 드러난 문제점을 보완할 수 있는 정책의 하나로 꼽기도 했다. 보시라이의 바람이 거세면 거셀수록 왕양의 입지는 좁혀졌다. 따라서 그 둘의 사이는 정치적 라이벌에서 한걸음 더 나아가 숙적宿敵의 관계로까지 번질 정도였다.

그럼에도 불구하고 왕양은 자신이 부임한 광둥에서 착실한 행보를 보였다. 전국을 뒤흔들었던 2011년의 우칸烏坎촌 민관民官 대립 사건의 풍파도 주민들과 끝까지 협상해서 문제를 해결한다는 왕양의 원칙에 따라 평화적으로 해결됐다. 이는 경제의 성장으로 드러난 빈부격차, 그로 인해 생겨나는 민권民權의식이 합쳐져 발생한 전형적인 민과 관의 충돌 사건이었다.

출동한 경찰과 주민들 사이에 심각한 대립과 충돌이 빚어지기도 했으나 왕양은 이 사태의 유혈 또는 무력 진압을 끝까지 자제했다. 주민들이 뽑은 임시 대표의 지위를 인정하면서 막판까지 타협의 실마리를 찾기에 골몰했고, 결국 성공했다. 외국의 언론들은 이 전형적인 민과 관의 충돌 사건에서 보여준 왕양의 인내심과 개방적 정치 성향에 주목했다.

경제라는 분야에서 볼 때 왕양의 광둥성 당 서기 시절은 곤혹스러운 시간이었다. 그의 전임자는 장더장張德江이었다. 밑바닥에서 쌓은 노련한 경험으로 별다른 잡음 없이 일선 행정을 다뤘던 관료였으나 그가 남기고 간 과제는 적지 않았다. 싼값의 풍부한 노동력으로 버텼던 광둥의 현지 기업들에 대한 전체적인 구조조정이 필요한 시점이었으나, 그 점에서 장더장은 별다른 업적을 내지 못했다.

따라서 왕양이 부임한 뒤 광둥은 싼 노동력에 의지해 저렴한 상품을 생산하면서 수출에만 의지하던 현지 기업들의 도산과 이전이 줄을 이었다. 중국을 대표하던 광둥의 경제적 활력이 급속히 식어가고 있었던 것이다. 그러나 그 점은 광둥뿐 아니라 중국에서 이른바 잘나가던 동남지역의 모든 지역이 맞이하고 있던 문제였다.

광둥 당 서기로서의 왕양이 주목받는 경우는 몇 차례 있었다. 우선 그는 때때로 중국의 정치개혁에 관한 발언을 선보였다. 초기 중국 개혁개방의 창구 역할을 수행했던 선전深圳을 중심으로 혁신적인 정치 자유화 시스템을 구축하겠다며 왕성한 의욕을 보이기도 했다.

그는 그럴 때마다 주목을 받았다. 젊은 시절 퉁링이라는 한적한 행정구역의 시장으로서 전국을 떠들썩하게 만들었던 '깨어나라, 퉁링!'이라는 문장을 실었던 전력의 소유자였기 때문이었다. 아울러 후진타오와 원자바오의 심복으로 거시 경제를 주관했고, 지방행정에서도 발군의 실력을 보인 젊은 차세대 스타였기 때문이다.

그는 선전시의 노조들에 직선제로 간부를 선발하는 제도를 도입하는 조치를 취했고, 기회가 닿을 때마다 "인민들의 행복은 결코 정부가 주는 게 아니라는 점을 인식해야 한다"는 식의 발언을 쏟아냈다. 정부가 인민을 지도하고 이끈다는 게 전통적인 공산당의 인식이다. 그런 점을 무시하고 국민들이 자발적으로 경제 활동에 뛰어들어야 한다는 점, 아울러 시장에 대한 정부의 간섭을 최소화해야 한다는 주장이었다.

왕양은 2008년 광둥성 당 서기를 맡은 이래 지속적으로 정치 개혁에 관한 강도 높은 발언을 선보였다. 특히 그해 "억눌린 틀로부터 사고를 해방해야 한다"는 그의 '사상해방思想解放'에 관한 발언은 30여 년 전 중국 개혁개방의 선두에 섰던 광둥이 이제는 정치 개혁개방의 선두로 설 수도 있다는 기대를 낳게 만들었다.

그 점은 왕양의 후임으로서 충칭시를 맡아 좌파적 흐름을 과시하고 있던 보시라이와 묘한 대조를 이루고 말았다. 한 사람은 중국 남단의 개혁개방의 선구 광둥에서, 한 사람은 서남지역의 대도시에서 서로 다른 목소리를 냄으로써 중국 정계에 흐르고 있던 개혁개방 마인드 위주의 우파와 사회주의적 이념에 충실한 좌파의 두 흐름을 대변하는 분위기였다.

비교적 우직한 정치인?

왕양을 곱지 않은 시선으로 보는 사람도 적지 않다. 특히 좌파적 성향을 지닌 파벌에게는 걸핏하면 "뜯어고치자"며 목소리를 내는 개혁 성향의 왕양이 좋게 비칠 리 없다. 일부에서는 그를 향해 "말만 요란했지 실제 이룬 게 뭐냐"는 비판도 한다.

앞에서 그의 정치적 성향을 소개할 때 '외로운 늑대'라는 표현을 썼다. 다른 고위직 관료들에 비해 왕양이 '덜 정치적'이라는 이야기도 덧붙였다. 그는 확실히 그런 면모를 지녔다. 큰 흐름에 대한 감지력은 매우 뛰어나 일찍부터 중국 개혁개방의 틀을 지적하는 '깨어나라, 퉁링!'이라는 글로 전국에 이름을 알릴 정도였으니 말이다.

그래서 그는 우직하다는 평을 듣는다. 제 소신을 끝까지 관철한다는 면에서 특히 그렇다. 좌고우면하면서 남과의 '관시'만을 따져 조심스럽게 처신하는 스타일은 아니다. 목소리 낼 때는 과감하게 내고, 무엇인가 개혁적인 흐름에 맞는다고 생각하면 지체 없이 행동으로 또는 말로 옮기는 사람이기도 하다. 그런 점에서 그는 중화권 언론들로부터 '외로운 늑대'라는 표현을 듣기에 부족함이 없다.

전체적인 분위기에서 소외를 감수할지언정, 제 갈 길은 가고 말겠다는 고집스럽고 우직한 점을 벌판을 떠도는 늑대에 비유했으니, 어울리지 않는다고는 할 수 없는 표현이다. 그 점과 관련해서 중화권 언론들이 전하는 일화가 몇 개 있다.

왕양 또한 부정부패에는 결코 양보하는 정치인이 아니다. 관료들의 청렴성을 강조하는 것은 중국의 여느 지도자와 전혀 다르지 않다. 그러나 권력의 주변을 밤안개처럼 소리 없이 감싸는 사람들의 움직임에 대해서는 둔감한 편이다.

중국에서 규모로 손꼽히는 궈메이國美라는 그룹이 있다. 왕양은 광둥에 부임한 뒤인 2008년 10월 10일 광둥 산터우汕頭에서 '중국 최고 부자'로 꼽혔던 궈메이 그룹 회장 황광위黃光裕를 만났다. 광둥의 당 서기가 중국에서 갑부로 이름난 그룹의 회장을 만났으니 전국적으로 그 사실이 언론을 타고 알려졌음은 물론이다.

아울러 왕양은 그 자리에서 광둥성이 고향인 황광위를 한껏 추켜세웠다. "광둥성은 자랑스러운 중국의 대표적 기업인 궈메이를 돕겠다"는 내용의 연설을 한 것이다. 이 역시 현지 언론을 통해 전국에 알려졌다. 문제는 그 다음이었다. 이 황광위라는 인물은 2주 뒤에 사법당국에 붙잡혔다. 경영상의 불법과 뇌물공여 등의 혐의였다.

황광위 사건은 중국에서 매우 유명한 스캔들이었다. 그런 커다란 사건을 앞두고 광둥 당 서기였던 왕양은 궈메이 그룹의 속성을 제대로 파악조차도 못한 채 그들을 높게 평가하는 발언만 하고 있었던 셈이다. 이런 왕양의 처신을 두고 쓴소리를 보내는 사람이 적지 않다. "정치적으로 매우 둔감한 것 아니냐"는 의문이다.

왕양은 18차 공산당 당 대회를 앞두고서 전망이 크게 갈렸던 대표적인 차세대 주자였다. 그가 새로 출범하는 시진핑 체제의 일원으로 정치국 상무위원에 오를 것이라는 관측과 "아직은 때가 아니다"라는 유예적인 전망, 아예 "왕양은 경솔해서 자격이 없다"는 예측이 서로 엇갈렸다.

자질이나 경력으로 볼 때 왕양은 분명히 중국의 새 세대를 이끌어갈 차기 지도자 그룹으로 손색이 없는 인물이었다. 그럼에도 18차 당 대회를 앞두고 관측이 엇갈린 데에는 "그가 정치적으로 개혁발언을 쏟아내 정적을 많이 만들었기 때문"이라는 분석이 나온다.

우선 왕양은 정치적 출신 성분으로 따질 때는 공청단파, 고위 간부 이상의 경력에서는 후진타오와 원자바오의 후원을 받는 신진 세력이라는 평가를 받았다. 그 점에서 볼 때 그의 정치국 상무위원 진출은 자연스러웠다. 그럼에도 그는 안후이 퉁링 시장 이후 지방관을 역임하면서 자신이 믿고 따른 정치적 소신, 개혁개방에 관한 강한 신념을 감추는 데는 실패했다.

그 점 때문에 왕양은 충칭에 후임자로 부임한 뒤 좌파적 회고 성향을 내세우며 중국 정치의 한 흐름을 잡고 싶어 했던 보시라이의 정적으로 떠올랐으며, 아울러 그런 분위기에서 중국 내 좌파가 가장 견제하는 차세대 주자로 자리매김했다는 분석이다. 결론적으로 말하자면, 왕양은 거침없이 자신의 개혁적 성향을 노출함으로써 중국 정가에서 아직까지 일정한 세를 형성하고 있는 좌파들로부터 공격의 대상으로 일찌감치 떠올랐다는 얘기다.

중국의 사회, 나아가 중국의 정치권에서는 보편적으로 받아들이는 사람들의 처세處世에 관한 원칙이 있다. 가능한 한 자신의 의중을 감추고, 주변의 흐름을 조심스럽게 관찰하면서 처신하라는 것이다. 대개의 중국 최고위 관료들은 이 점에 충실하다. 이 책에서 열거한 차세대 중국 정단의 스타들은 대개가 그런 처세의 철학을 마음에 지니고 몸으로 실천한 스타일의 인물들이다.

왕양은 그런 점에서 보면 조금은 색다른 사람이다. 서울을 방문했을 때 낮에 찾아갔던 청계천을 일정이 끝난 저녁에 다시 찾는 사람이다. 제 일에 몰두하면 앞뒤를 잘 가리지 않으며, 형식에 구애받지 않고 매달리는 스타일이다. 2주 뒤에는 공안당국에 잡혀가 있을 중국 내 최고 부자 황광위를 만나 "앞으로 서로 도우며 잘 해보자"라고 할 정도로 정보나 첩보에 신경을 쓰지 않는 편이다.

30대 초반에 부임한 조그만 도시의 시장으로서 격렬한 논조의 개혁지지 글을 써서 전국을 떠들썩하게 만든 이후 그는 줄곧 자신의 신념에 따라, 주변의 정치적 풍향은 제대로 따지지 않은 채 길을 걸어왔다. 그로 인해 쉽게 중국 내 좌파의 표적으로 떠올라 적잖게 고생도 해야 했다. 그런 점에서 보면 그는 분명히 한 마리의 '외로운 늑대'에 해당한다.

왕양을 그런 '늑대'로 본다면 그와 묘하게 겹치는 얼굴이 하나 있다. 그 역시 중국의 개혁, 경제 분야에서 한걸음 더 나아가 정치의 개혁까지 주창한 인물이다. 자신이 옳다고 믿는 방향을 따라 꿋꿋하게 반대파의 비판을 감내하며 제 갈 길을 갔던 사람이다.

1980년대의 공산당 총서기 후야오방胡耀邦이다. 주지하다시피 그는 덩샤오핑과 함께 중국의 개혁개방 흐름을 주도하다가 지나친 정치개혁 성향 때문에 낙마한 사람이다. 그는 오늘날의 공청단을 만든 주인공이기도 하다. 그런 점 때문에 공청단 출신 후진타오의 정신적 스승이라고 보는 사람도 많다.

후야오방은 참신한 개방성 때문에 아직도 많은 중국인들로부터 존경을 받는다. 그를 추종하는 일군의 베이징 젊은이들에 의해 6.4 천안문 사태가 발생했다는 점도 잘 알려져 있다. 후야오방의 인품을 전하는 많은 일화를 듣다 보면 왕양이 그를 참 많이 닮았다는 점을 느끼게 한다.

후야오방 또한 자신이 품은 뜻이 참신하고 곧았으나 주변을 감싸는 정치적 풍향에는 매우 둔감한 편이었다. 줄곧 개혁의 길을 걸으며 공산당이 금기시하는 '일당전제'의 틀마저 깨는 구상을 펼치려 했다가 실권자實權者 덩샤오핑에 의해 정치적 사망선고를 받고 좌절한 사람이다.

왕양이 후야오방이 걸었던 길을 반복해서 걷는다는 얘기는 아니다. 후야오방이 품은 정치개혁의 청사진이 워낙 커서 그를 아직 '큰 그릇'이라고 부를 수 없는 왕양에 비견하는 것도 부질없는 일일지 모른다. 그러나 그럼에도 불구하고 왕양 같은 인물은 중국 정단에서 쉽게 찾아볼 수 없는 독특한 유형이다.

그보다 앞서 걸었던 후야오방이라는 큰 그림자와 조금 겹친다는 점, 그리고 개혁의 의지는 강하지만 그를 펼치지 못했거나 못하고 있다는 점에서 두 사람 다 외롭다. 그런 점에서 왕양에게는 벌판을 홀로 떠도는 늑대의 이미지가 잘 어울린다.